Wer Bin Ich? und wenn ja, wie viele?

✦暢銷紀念版✦

我是誰？

對自我意識與「生而為人」的哲學思考

理察・大衛・普列希特

Richard David Precht 著

錢俊宇 譯

第二部 我應該做什麼？

第三部 我可以期望什麼？

推薦序

由具體到抽象

林正弘

哲學是什麼？有人說：「哲學把原本容易瞭解的道理說得令人不知所云，把原本就不易瞭解的變得更難瞭解。」這是對哲學的極大諷刺，但不全是誣蔑。哲學家會使用非常抽象的語詞，使得概念模糊不清，也會鋪陳繁瑣而曲折的論述，令人難以掌握要點。尼采曾說過：「思想深刻的人會設法儘量把話說清楚，而想要表現得很深刻的人，則會故意含混其詞。」不管艱深難懂是否為哲學的「必要之惡」，一本介紹性的入門書理應儘量加以避免。

普列希特這本《我是誰？》成功地避免了艱深難懂的「必要之惡」或「不必要之惡」。這本書的一大特色是極少使用哲學專門術語，也很少直接引用哲學著作。書中出現的科學術語遠超過哲學術語，所引用的科學理論（包括自然科學及社會科學）也遠多於哲學理論。但這並不表示它不是哲學書，而是一本科普書。作者是要借用哲學以外的知識來闡述哲學問題，介紹重要的哲學學說。這樣的引介方法不但能夠使讀者對抽象的哲學學說有具體的瞭解，也較能充分體會哲學的功能。哲學問題本來就是從知識的追求及日常生活所引發出來的。一個從未看過不公平、不合理的社會現象的人，大概不會去想「正義」的問題，也不會對正義理論感到興趣。一個人在求知過程中若沒有遭遇任何困惑（例如：需要做多少試驗，才可以讓 H1N1 的疫苗上市？為什麼需要如此數量的試驗？），大概很難體會歸納法或驗證理論為什麼必須證成。

本書作者在引用科學知識來闡釋哲學問題及哲學學說的過程中，一方面詳細介紹相關的科學理論，充分呈現科學與哲學之間的關係，但另一方面也清楚指出科學與哲學的異同，科學知識並不能完全解決哲學問題。例如：他從當代腦生理學的知識，談到笛卡爾的心物二元論，並依據當代的知識加以批評。他一方面指出笛卡爾的哲學思考，在腦生理學的發展過程中所做的貢獻，另一方面也指出腦生理學的研究成果，並不能完全回答「自我」及「意識」的哲學問題。

本書對所引用的科學理論及哲學學說都有詳細而清楚的解說，讀者不必有預備知識。它甚至會講述科學家及哲學家的生平、趣事及其主要貢獻。其中有些與所討論的問題相干，有些不太相干，但會引起讀者的興趣，擴展讀者的見聞。例如：除了人類學家之外，大概很少人知道一九七四年在衣索比亞阿法爾三角洲發掘的那具南方猿猴骨骸為何取名「露西（Lucy）」。作者告訴我們這原來跟披頭四的約翰・藍儂有關。這當然只是一樁茶餘飯後的趣聞，但有些趣事則與所討論的議題密切相關。例如：羅爾斯年輕時在第二次世界大戰的

從軍經驗，對他的政治哲學有深遠的影響。

哲學家的學說通常會有基本的立場及架構。如果沒有掌握其學說的整體系統，而只零碎地捕捉其對某些議題的看法，則很難充分理解其論述的基礎。作者在本書中雖然沒有充分解說各重要哲學學派或系統的內容，但對所提到的重要哲學家，不但談到他們的生平，也會簡明扼要的介紹他們的學說。這有助於讀者瞭解各哲學議題之間的關係。

哲學家為了清楚呈現哲學問題，或為了論證的方便，往往會設想一些類似科幻小說或鬼怪影片的情節。其中最著名的是笛卡爾的「魔鬼」及帕特南（Hilary Putnam）的「桶中大腦」。其實，在法律書籍中也常出現許多揑造的情節，用來區分不同而相近的概念，或用來論述某一條款設置的必要。但在法律書中所揑造的情節，通常是實際上有可能發生的，而哲學家所設想的情節，很多只是邏輯上的可能，實際上發生的機率極低。這樣的解說或論述方式，儘管在邏輯上並無瑕疵，但會讓讀者覺得不切實際，初學者會認為哲學與實際生活毫不相干。本書所舉的例子，除了極少數（例如：笛卡爾的魔鬼）之外，全是實際發生的例子。作者的知識非常廣博，所舉的例子涉及物理學、化學、天文學、古生物學、生理學、心理學、人類學、政治學、經濟學、歷史、文學等領域。他的博學造就了一本令哲學界引以為榮的入門書。

（本文作者為台灣大學哲學系退休教授）

前言

希臘的納克索斯島（Naxos）是愛琴海上基克拉迪群島（Kykladen）中最大的一個。島中央的宙斯山（Zas）有海拔一千公尺高，山羊和綿羊在清香的原野上吃草及遍地種植葡萄和蔬菜的景象隨處可見。一九八〇年代，納克索斯島上的阿吉阿娜村（Agia Ana）附近還有一片長達數公里、富有傳奇色彩的沙灘。當時沙灘上只有零星的遊客搭蓋的小竹屋，慵懶地徜徉在樹蔭下。一九八五年夏天，兩名剛滿二十歲的青年正躺在一座岩壁底下。其中一位名叫尤根，來自杜塞多夫，另一位是我。我們是幾天前才在沙灘上認識的，此刻正討論著一本我從父親的藏書裡帶來度假的書。那是一本破爛不堪、因日曬而褪色的口袋書，封面印著一座希臘神廟和兩個穿著希臘服飾的男人。作者是柏拉圖，書名是《蘇格拉底對話錄》。

我們熱烈交換著彼此甚為淺薄的觀點，那氛圍猶如烈日般深深地烙印在我心中。夜晚時分，我們享受著乾酪、葡萄酒和甜瓜，離開人群，繼續討論著我們的想法。我們討論的焦點主要圍繞在蘇格拉底的申辯詞。根據柏拉圖的說法，那是蘇格拉底被控腐化青年的罪名而被判死刑時所發表的。

這篇申辯詞曾一度驅離了我對死亡的恐懼，而死亡是個令我非常不安的課題。尤根則不甚苟同。

尤根的長相我已經不記得了。我再也沒見過他。就算現在在街上相遇，我肯定也無法認出他來。而據可靠的消息來源指出，那個我沒再去過的阿吉阿娜海灘現今已變成了度假勝地，充斥著飯店、柵欄、遮陽傘和付費躺椅。只有蘇格拉底的全篇申辯詞還留在我的腦海中，而且必定將繼續陪伴著我，直到住進養老院。但不知到時候那申辯詞還能不能安撫我畏懼死亡的心靈。

自阿吉阿娜的那幾天後，我對哲學的狂熱始終不曾減退。從納克索斯島回來，我先服了一段不甚愉快的國民役。那正值道德氛圍濃厚的時期。北約雙軌制及和平運動使人心沸騰，還有像美國考慮在歐洲發動區域性核子戰這種在今天讓人覺得不可思議的驚險事件。我所服的國民役是擔任教區社會福利執事，這當然不是個能激發什麼大膽想法的工作。而且當我自內部觀察新教教會之後，覺得還是比較喜歡天主教。接下來要做的便是尋求真實的生活，以及為人生的大問題找尋滿意的解答。我決定在大學主修哲學。

然而，我在科隆大學就讀哲學系的一開始就感到失望了。當時我對哲學家原本的想像都是些有趣的名人，過著他們理想中刺激而又堅持一貫的生活。比如提奧多・阿多諾（Theodor W. Adorno）、恩斯特・布洛赫（Ernst Bloch）或尚保羅・沙特（Jean-Paul Sartre）這樣了不起的人物。「大膽的思想與大膽的生活兩者結合」的幻景，在我第一眼看到未來的老師時就煙消雲散了：他們都是些乏味、身穿棕色或藍色如公車司機制服的老男人。我想起詩人羅伯特・穆西爾（Robert Musil）也曾對日耳曼帝國時代前衛、從海陸空征服新疆界、卻留著過時的翹鬍子、穿背心帶懷錶的工程師們感到驚奇。同樣的，科隆的哲學家們在我看來似乎並沒有將其內在精神的自由實踐於生活中。不過他們之中還是有一位指導了我思考。他教我去問「為什麼」，並且不滿足於輕率回覆的答案。他同時也灌輸了我在思路和立論上應該完備無漏洞的觀念，以致於每一步都應盡可能嚴謹地踏在前一步的基礎上。

我度過了非常精彩的大學生活。記憶裡生活充滿了好書、隨性地相約做飯、一邊吃麵一邊談話、劣質的紅酒、課堂上激烈的討論和在食堂裡一杯接一杯咖啡挑戰著我們的哲學讀物，內容包羅了認知與錯誤、真實的生活、足球，當然還有為什麼就像羅利歐（Loriot）說的：男人和女人無法相合等等。哲學的美好就在於它不是一個可以念完的系。更精確地說，它甚至不能算是一個系。這樣說來，我似乎應該繼續留在大學裡才對。但是就如同前面曾提到的，我的教授們所過的生活在我看來簡直無聊得離譜。而看到大學的哲學如此不具影響力也令我感到沮喪。論文和著述只有同事們會看，並且看的原因多半只是為了和它們劃清界線。而我以博士生身分參加的學術研討會和專業代表會，最終也只是讓我原來的幻想（以為參加人員都想達到相互理解的目的）完全破滅罷了。

繼續陪伴我人生的只有哲學的問題和書籍。一年前突然注意到，市面上僅有極少合乎水準的哲學入門書。當然，稱得上有趣的、關於邏輯思考和反覆辯證的書不少，但是我指的並非此類。我指的也不是那種講述特定哲學家生平和影響，或介紹其著作的那類聰明的、實用性的書。我感到的缺憾是對於重大意義問題並沒有系統化的興趣。大部分所謂系統化的入門書總是介紹一系列的思潮與思想主義，我覺得它們常有太著重歷史、太過龐雜或寫得過於枯燥等缺點。

這些書之所以會無趣，其實可想而知，因為大學並不見得是個鼓勵發展自我風格的地方。大學教育依然更希望學生們「依樣畫葫蘆」，而非開拓他們智能的創造力。而哲學作為一個「系」的想法特別讓人不舒服的地方，在於它刻意造作的自我設限。當我的教授們在根據康德和黑格爾的理論解釋「人的意識」時，與他們僅相隔八百公尺的醫學院裡，同事們正在對腦傷病患進行最有教學價值的示範性實驗。短短八百公尺在一所大學裡卻可說是非常遙遠的距離，因為兩邊的教授們活在完全不同的星球上，甚至連彼此的姓名都不知道。

哲學、心理學和神經生物學的知識如何在「意識」這個概念上相互協調？它們的關係是彼此阻礙，還是截長補短？有沒有一個「我」存在？什麼是感覺？什麼是記憶？這些最有趣的問題都完全不在哲學系的教學計畫中，而且據我所知這樣的情況至今仍沒有太大的改變。

哲學並非歷史的學科。當然我們有保存遺產的義務，應該不斷重訪精神生活的古蹟並適時加以整修。但是與當代的哲學相比，繼棧過往的哲學在學院機制裡還是過度處於主導地位。在此我們應該考慮到，哲學並不如部分人士所想的那樣，是奠定在其過往的堅固基礎上的。哲學的歷史也是時尚和當代的精神潮流、被遺忘或壓抑的知識以及許多嶄新嘗試的歷史。而那些新的嘗試之所以會顯得如此新，是因為許多從前的思想都被忽略了。不過如果把人生比喻成造房子的話，建築所需要的磚塊很少不是從別處取得的。大多數哲學家的思想都是奠基在前人留下的殘壁片瓦上，而不是像他們常以為的建立在整個哲學歷史的遺跡上。然而，不僅有許多聰明的見解和觀點一再地遺失，同樣也有許多奇特和脫離現實的想法不斷出現或重生。而智慧與不滿之間的內心矛盾也表現在哲學家自己身上。例如十八世紀的蘇格蘭哲人大衛．休姆（David Hume）雖然在許多方面都是極其前衛的思想家，但是他對其他民族，特別是對非洲民族的看法卻是沙文和種族主義的。十九世紀的弗里德里希．尼采（Friedrich Nietzsche）可說是最具洞察力的哲學評論家之一，但是他自己對於人的理想形象卻是庸俗、傲慢且荒唐的。

不過，一位思想家的影響也不見得只取決於他的觀點正確與否。比如方才提到的尼采在哲學上有著非凡的影響，即便他所說的大部分都不像聽起來的那樣具有原創性；佛洛伊德（Sigmund Freud）絕對有資格作為一個代表性的哲學家，也可說是最偉大的思想創始人之一，至於他在精神分析的細節上有許多的錯誤又是另一回事；還有黑格爾（Georg

Wilhelm Friedrich Hegel），他在哲學和政治上代表的偉大意義也和他推論中出現的許多荒謬形成了有趣的對比。

綜觀西方哲學史，可發現大部分的衝突對立都發生在少數幾條界限分明的敵友關係上，如唯物論者和唯心論者（或是依英語的說法習慣：經驗主義者和理性主義者）。事實上這些觀點雖然總以所有想得到的組合及不斷更新的面貌出現，卻不停重複。唯物主義相信除了感官能體驗的自然環境以外別無其他，沒有上帝也沒有理想世界。這樣的觀點首次流行於十八世紀法國的啟蒙時期，而它第二次的大規模興起是在十九世紀後半，呼應生物學的成功及達爾文的進化論。而今天它達到了史上第三次的高峰，與現代腦部研究的成果有關。在唯物主義的幾次高峰之間各有形形色色的唯心主義也曾盛行一時。與唯物論者相反的是，唯心論者不甚相信感官所獲得的知識，他們依靠的是獨立客觀的理性力量和理性的想法。當然，在這兩種哲學史標籤的背後，時而隱藏著兩派哲學家完全不同的動機和概念體系。作為唯心論者的柏拉圖，所想的絕對不會和同是唯心論者的伊曼努爾．康德（Immanuel Kant）一樣。因此我們絕對無法寫出一本「誠實」的哲學史：既不能以大哲學家的時間順序作為邏輯的結構，也不能作為哲學思潮史。作者將被迫摒棄許多讓事實可信與完整的材料。

因此，這本引導思考人類以及「身為人」之哲學問題的入門書也將不採用歷史的角度切入；這不是一本關於哲學史的書。康德曾把人類的重大疑問劃分為幾個問題：「我能知道什麼？我應該做什麼？我可以期望什麼？人是什麼？」這些問題同時也為本書的段落劃分建構了一個很好的主軸。由於其中最後一個問題可以輕易地透過前三個問題來解答，所以我認為大可捨棄。

「我能對自我有何認識」這個認知理論的典型問題，在今日已不純粹屬於哲學的範疇，它更是腦部研究所關心的課題，而腦部研究能為我們解釋認知系統和其認知的可能性。哲學在這裡的角色反而比較像是一位幫助腦部研究的顧問，使其在某些狀況下更了解自己。儘管它仍然對這些根本的問題起了激發的作用，但具體貢獻是什麼呢？我單從個人角度選出了一個世代，以其經驗來說明。那個世代曾經歷過巨大的變革，對現代主義時期具有決定性的影響：生於一八三八年的物理學家恩斯特・馬赫（Ernst Mach）、生於一八四四年的哲學家弗里德里希・尼采、生於一八五二年的腦部學家聖地亞哥・卡哈爾（Santiago Cajal）以及生於一八五六年的精神分析學家佛洛伊德，這四位新思想的先驅之間只相隔十六年，而他們的對後世具有極為深遠的影響。

本書的第二部分探討的問題是「我應該做什麼」，也就是倫理和道德的問題。在此同樣也必須先將前提加以釐清。人類的行為究竟為什麼能合乎道德？善或惡到底何者更接近人的天性？諸如此類的問題也不再只有哲學可以提供解答。腦部研究、心理學和行為研究都已經能夠也應該提供它們的專業看法。人類若被描述為具有道德能力的動物，而大腦也能以

鼓勵和肯定來回報其道德行為，那麼自然科學的各個學科就應退居幕後。因為今日我們社會所關心的種種實際問題，事實上都在等待一個哲學的答案。從墮胎和安樂死、基因科技和複製醫學、環境和動物倫理等等，一切都有規範、權衡、說服力或強或弱的論點作決定。它們對於哲學的討論和思考來說，正提供了一個理想的練習機會。

第三部分「我可以期望什麼」討論的是大多數人一生中最關心的問題，比如幸福、自由、愛、上帝和人生的意義。這些問題都不容易回答，卻又都如此重要，值得我們潛心思考。

本書中經常隨性擺在一起討論或對照的理論和觀點，在現實中有時候乃是取自幾乎互不相關的學術領域。雖然這些來自不同領域的理論或觀點可能經常會在枝微末節處互不相容，我仍然認為用這樣的方式把它們聯結在一起是有意義的。此外我也將它們和事件的發生地點結合，完成一個小小的世界之旅。比如到笛卡兒（Descartes）於小農舍裡創立近代哲學的所在地烏爾姆（Ulm），到康德生活的科尼斯堡（Königsberg），到傳說中最快樂的人生活的萬那杜（Vanuatu）。我也有幸結識了一些書中所提到的人物，比如腦部研究學家艾瑞克・肯德爾（Eric Kandel）、羅伯特・懷特（Robert White）和班傑明・利貝特（Benjamin Libet）以及哲學家約翰・羅爾斯（John Rawls）和彼得・辛格（Peter Singer）。他們有些人的見解我曾聆聽過，有些人曾與我進行過學術辯論並讓我獲益匪淺。我相信在這過程中我所認知到的是，對某個理論的取捨不一定表現在抽象的理論比較上，而是在可從它們身上收成的果實上。

前言

「提出疑問」是一個永遠都不應該喪失的能力，因為學習和享受是讓人生圓滿的祕密。只有學習而不享受將使人憔悴；只有享受卻不學習則會使人愚笨。倘若能夠激發讀者樂於思考、鍛鍊思考，那麼本書的目的就達到了。還有什麼比因著自我認知的提升而能更加自信地生活來得有成就呢？好比能夠導演自己的生活，或如尼采一樣，他曾希望能成為自己人生的「詩人」（雖然他自己沒能實現）：「能夠用藝術家的眼光細察自己的處境，這是一個很美好的能力，即使是身陷苦楚、疼痛和不舒服的境遇中。」

說到詩人，這篇前言若是不交代一下本書書名的話就不完整了。本書書名出自一位偉大的哲學家之口。說得更精確點，他是我的好朋友作家蓋伊・海明格（Guy Helminger）。我們倆有時喜歡出門耗時間。一天夜裡，我們都喝多了，我開始有點擔心他（雖然他酒量其實比我好很多）。當他站在路中央高聲說著醉話時，我問他還行不行？這時他睜大眼睛、歪著頭、用沙啞的聲音回答：「我是誰？如果有我的話，那麼有幾個我？」當場我就知道，他還沒有醉到不省人事的地步，也還能自己一個人走回家。然而，他提出的問題卻像現代哲學和腦部研究的箴言一般，在這個對於「自我」和「經驗的連續性」存在著根本懷疑的時代裡，烙印在我的腦海中。我對蓋伊的感謝更甚於對很多其他人，當然不僅是由於這本書的書名，還加上我是因為他才認識了我的妻子，要是沒有她，我的人生將不會是現在這個幸福的狀態。

我能知道什麼？

第　章

錫爾斯瑪麗亞

宇宙中聰明的動物：何謂真理？

「曾經，在閃爍著無數星系的宇宙一隅，出現了一顆星球，而居住在星球上的聰明動物發明了認知。那是『世界歷史』上最傲慢也最虛假的一分鐘，卻只有一分鐘。在大自然的幾次呼吸之後，這顆星球便荒蕪了，而那些聰明的動物必須死亡。可能有人會如此撰寫一篇寓言，卻無法充分描繪人類的知性在大自然中顯得多麼可悲、模糊而短暫、無意義而無所謂；過去歷劫以來，並沒有知性這個東西，而當知性消失以後，一切也彷彿未曾發生過。因為知性的使命從不曾逾越人類的生活。知性是屬於人類的，也只有它的擁有者和創造者才會如此激情地對待它，彷彿它是世界的軸心一般。倘若我們可以和蚊子溝通的話，那麼我們將知道，就連蚊子也是同樣激情地遨遊空中，並且感到飛翔著的世界中心就在它裡頭。」（譯注1）

人是聰明的動物，卻也完全高估了自己。因為他的知性不是用來理解重大真理的，而只能應付生活瑣事。哲學史上幾乎找不到第二篇文字，以如此詩意卻不假辭色的筆觸，讓人類在鏡子前面自我檢視。這段最美麗的哲學作品的開場白撰於一八七三年，題為「非道德意義下的真理與謊言」（*Über Wahrheit und Lüge im außermoralischen Sinne*）。作者是一位年輕教授，剛滿二十九歲，任教於巴塞爾（Basel）大學的古典語文學系。

不過尼采並沒有發表這篇關於聰明又傲慢的動物的文章。他甫遭重大的打擊，因為他寫了一本關於希臘文化基礎的書，而批評者斥為沒有科學根據的無稽之談，而的確也如此。他成了人們口中小時了了的失敗者，其古典語文學家的聲譽也一落千丈。

然而他的前途原本是不可限量的。尼采出生於一八四四年薩克森的小鎮洛肯（Röcken），他在薩勒（Saale）河畔的瑙姆堡（Naumburg）長大，是眾人眼裡天資過人且勤奮好學的學生。父親是路德派的牧師，母親也是非常虔誠的教徒。尼采四歲時，父親離開人世。不久後他的弟弟也過世了。其後舉家遷往瑙姆堡，而尼采就在一個全為女性的家庭中成長。他的天才在小學和後來的主教中學（Domgymnasium）都受到注目。尼采後來又進入一所著名的寄宿學校普夫達中學（Schulpforta），接著於一八六四年到波昂（Bonn）大學研

譯注1：語出《非超越道德意義下的眞理與謊言》。

究古典語文學。他雖然也開始研究神學，不過念了一個學期就放棄了。他原本想為了母親而當個牧師，只可惜他並沒有信仰。那個曾經在瑙姆堡被稱作「小牧師」（Kleiner Pastor）的虔誠的牧師之子已經拋棄了信仰。他的母親、牧師的住所和信仰本身都變成了囚禁他的牢獄。雖然他逃了出來，但這個轉變終其一生都在折磨他。一年後，尼采跟著他亦師亦父的教授轉往萊比錫（Leipzig）就讀。這名教授非常看重尼采，甚至推薦他任職巴塞爾大學的教授。一八六九年，年方二十五歲的尼采取得非教席教授的職位，而大學也順利授予他所欠缺的學位、博士證書以及教授資格證書。尼采在瑞士結識了當代的學者和藝術家，其中包括理察・華格納（Richard Wagner）和夫人柯西瑪（Cosima）。他先前就曾於萊比錫見過他們。尼采十分欣賞華格納，甚至在一八七二年受其熱情激昂的音樂影響，寫出了同樣熱情的失敗之作《悲劇的誕生：源於音樂的靈魂》（*Die Geburt der Tragödie aus dem Geist der Musik*）。

尼采的作品旋即乏人問津。音樂所謂的「戴奧尼索斯精神」（Dionysisch）和造型藝術所謂的「阿波羅精神」（Appolinisch）兩者的對立，其實早在浪漫時期初就很有名，也被認為是不符史實的大膽空想。再說，當時歐洲學界所關心的是另一個重要得多的悲劇的誕生。一年以前，極富學術盛名的英國神學暨植物學家達爾文（Charles Darwin）出版了《人類起源》，指出人類是從動物演化來的。雖然人類可能是從低等生物形態演化而來的想法至少已存在十二年了（達爾文在他的《物種起源》就曾預示人類也可能是個「典型的例子」），這本書還是大受歡迎。一八六〇年代，許多自然科學家做出相同的結論，將人類和不久前才被發現的猩猩歸為同一類。直到第一次世界大戰前，天主教和基督教不斷抨擊達爾文及其支持者，而尤以德國為甚。但自始就很清楚的是：已經改變的世界觀不可能再回到從前，而作為人類創造者和帶領者的上帝已經死了。自然科學紛紛打著實事求是的人類新形象慶祝他們的勝利：人們對於猿猴的興趣已經超越了上帝。上帝以自己的形像創造人類的這個崇高真理自此一分為二：那個崇高的真理似乎不足採信，而人類或許其實只是聰明的動物。

尼采非常熱中於這個新世界觀。他後來曾寫說：「我們需要的是一個關於道德、宗教、美學的想像和感知的**化學**，猶如我們在文化和與社會大大小小的交流裡甚或在孤獨中體驗到的一切感動的**化學**。」十九世紀的後三分之一，許多科學和哲學家都在探討這個所謂的「化學」：一個沒有上帝存在的生物學。不過尼采本身完全沒有參與其中。他關心的是另一個問題：實事求是的科學見解對於人類的自我認識有什麼意義。它讓人類更偉大或是更卑微？人類是失去了一切，還是因為更清楚自己而有所得？就在這時，他寫就了一篇關於真理與謊言的文章，這也許是他最美的作品。

關於人類變得更偉大或更卑微，尼采的回答總是依當下的氣氛和情緒而定。他狀況差的時候（他的狀況經常不好）便顯得沮喪、忿恨，發表世界是骯髒負面的看法。相反地，要是他情緒高亢，則激昂地懷抱著「超人」（Übermensch）的夢想。他那如鵬鳥展翅高飛的想像力和書中無比強大的自信，與他矮小、微胖、柔弱的外表形成強烈的對比。為了修飾給人柔弱印象的五官，使自己看起來更陽剛些，他蓄起了兩撇有如大毛刷的鬍子。但是自童年起就體弱多病的身體讓他看起來還是很虛弱，而他也確實經常感到虛弱。他有深度近視、胃病和嚴重的偏頭痛。三十五歲時的他已經覺得自己像個報廢的軀殼，並辭去了在巴塞爾的教職。一般猜測，尼采後來更感染了梅毒，而這似乎讓他瀕臨絕境。

一八八一年夏天，就在尼采離開大學兩年後，他意外發現了自己心目中的天堂：位於瑞士上恩加丁（Oberengadin）的一個名叫錫爾斯瑪麗亞（Sils Maria）的小地方。那裡絕美的風景立刻吸引住他，也激發了他的靈感。往後幾年他不斷重遊舊地，在那裡獨自漫步，激盪出新的熱情激昂的想法。其中還有許多是他於冬季在拉帕洛（Rapallo）和地中海岸、熱那亞（Genua）和尼斯（Nizza）完成的。從這些著作中大致可以看出尼采是個很聰明的、文學造詣很高並且毫不留情揭露西方哲學瘡疤的批評家。他棄自己的新知識論和倫理學於不顧，醉心於不成熟的社會達爾文主義，且經常流於模糊不明的俗氣。他的文章表現越是慷慨激昂，就越像是費盡力氣卻撲了個空。他經常寫到的「上帝已死」，其實大多數人在當時早已從達爾文和其他人那裡得知了。

一八八七年，尼采最後第二次來到錫爾斯瑪麗亞欣賞白雪皚皚的山峰，從以前的作品裡重新發現「聰明的動物」這個題目，也就是人類認知的侷限性。他引發論戰之作《道德譜系學》（*Zur Genealogie der Moral*）開頭就說：「我們對自己並不熟悉，我們這些所謂認知者，不熟悉的對象竟是自己。這是其來有自的。我們既然從未找尋過自己，那麼我們又如何會有**找到**自己的一天呢？」他在提到自己時經常使用複數形，就如同在描述一種很特別的物種一樣，而他自己是做這種描述的第一人：「**我們**的珍寶就位於我們的認知的蜂巢。我們總是熙熙攘攘，作為天生的飛行動物和精神的採蜜者，我們關心的其實只有一件事，就是能**帶些收穫回家**。」然而對他來說，所剩的時間不多了。兩年後尼采在杜林（Turin）精神崩潰。於是他母親到義大利去接他，將他帶往耶拿（Jena）的精神療養院。當時尼采年方四十四。後來尼采住進了母親家，此時的他已經無法寫作。八年後母親過世，而已嚴重瘋癲的尼采則搬到了他一直都不甚喜愛的妹妹家中。一九〇〇年八月二十五日，尼采於威瑪（Weimar）過世，得年五十五歲。

尼采的自信心很強，那是因為他在著作中一再對自己洗腦：「我明白自己的命運，它有朝一日將會把我的名字和偉大事件的記憶連結在一起。」的確，尼采在過世後被公認為二十世紀影響力最大的哲學家。然而他的不尋常或偉大之處又是什麼呢？

尼采最大的成就在於他無情卻又充滿熱情的批判。在他之前，不曾有任何一位哲學家如此激烈指出人類如何狂妄無知地以自己的邏輯和事實（人類這個物種的邏輯）去評斷所生存的世界。這些「聰明的動物」相信，他們享有得天獨厚的地位。而尼采卻堅決主張人類其實

只不過是動物，因此人類的思維也像動物一樣，受限於本能和直覺、受原始的意圖和有限的認知能力。在他看來，西方大多數哲學家所認為「人類是獨一無二的、像一種自我認知的高效能電腦」的看法是不正確的。因為人類真能認識自己和客觀事實嗎？他難道真的有這樣的能力嗎？大多數的哲學家在此之前不曾存疑。有些哲學家甚至不曾問過自己這個問題。他們不假思索地認為，人類的思維就是普世的思維。他們認為人類並不只是聰明的動物，更是完全不同層級的生物。他們有系統地否定人類繼承自動物界的特徵，即使這些特徵打從他們早上站在鏡子前刮鬍子、直到下班後躺在床上都如影隨形。他們將人和動物之間的鴻溝越挖越深，認為人類的理智和理解力、思考和判斷力是唯一可以被接受來評價所處之自然環境的標準。對他們而言，「單純」身體的部分是完全次要的。

為了確定他們對於「人類是卓越的」這個想像正確無誤，哲學家們必須假設上帝為人類配備了不同凡響的認知系統。透過它，人類便可以閱讀「大自然」這本書中關於世界的真理。但是如果上帝真的死了的話，那麼這個認知系統也不可能有多麼高明。因為這個認知系統勢必只是個自然的產物，而如同所有自然產物一樣，它也不會是完美無瑕的。尼采在叔本華（Arthur Schopenhauer）的著作裡就讀到了這樣的觀點：「我們只不過是一時的、有限的、短暫的、夢境的、如幻影一般稍縱即逝的生物罷了。」而對這些生物而言，擁有「可理解無盡、永恆、絕對關係的智慧」又有什麼用呢？人類精神的認知能力，就如叔本華和尼采所預知的，與演化的要求有直接關係。人類的認知僅限於物競天擇的演化所產生的認知系統。就像其他所有的動物一樣，人類也根據其感官和意識所允許的看法為自己塑造世界。因為有一點是確定的：我們的認知完全取決於我們的感官。凡是我們聽不到、看不到、感覺不到、嚐不到或觸摸不到的東西，我們也不會察覺，它們也不會出現在我們的世界中。即便是再抽象的事物，也必須以某種記號形式讓我們讀到或看到以後，我們才能夠加以想像。若想對世界獲得完全客觀的印象，人類則需要超人的感官系統去接收所有可能的感官知覺：擁有老鷹敏銳的眼力、熊可聞出幾公里外味道的嗅覺、魚的側線系統和蛇的地震感應系統等等。然而這些都不是人類能做到的，因此一個對事物全面且客觀的觀點也不可能存在。我們的世界永遠不會是它「如實」的樣貌，也不會是狗和貓、鳥和甲蟲的世界。就像水族箱裡的魚爸爸會對魚兒子這樣說：「兒子啊，世界就是一只裝滿水的大箱子。」

尼采對於哲學和宗教的犀利眼光告訴我們，人類大部分的自我定位是多麼過度誇張。（雖然他自己也為世界帶來了新的過度誇張和複雜不清。）人類的意識不是靠著迫切地追問「何謂真理」構成的。更重要的問題是：什麼對於我能存活下去和繼續前進是最好的？對這兩者沒有助益的，大概也沒什麼機會在人類的演化過程中扮演要角。雖然尼采隱約希望，也許正是這個自我認知能讓人類聰明些，甚至可以把人變成真正擴大了認知感官的「超人」。但是，「謹慎」在這裡顯然還是比「慷慨激昂」來得穩當。因為雖然從尼采以來，人類

在對於人的意識以及我們之後還會看到的「化學」的認識上已有長足的進步，但即使是最精密的測量系統和最敏銳的觀察也改變不了一個事實：人類不可能擁有絕對客觀的認知能力。

但是這真的有那麼嚴重嗎？倘若人類果真能完全了解自己，會不會反而是更糟糕的情況呢？我們是否真需要一個盤旋在我們頭頂上自由而獨立的真理呢？有時候道路本身也是一個很美的目標，尤其當它是一條有如引導我們通往自己的蜿蜒之路。尼采曾在《道德譜系學》說：「我們從未找尋過自己，那麼我們又如何會有**找到**自己的一天呢？」所以我們只能努力試著在現階段能力所及的條件下找尋自己。我們應該走哪一條路，用什麼方法呢？而我們最終找到的會是什麼樣貌？如果我們所有的認知能力都受限並且反映在我們所屬的脊椎動物的大腦上，那麼我們最好還是從大腦著手吧。而第一個問題就是：大腦是從那裡來的？為什麼它會是現在這個樣子？

第2章

哈達

天空中的露西：我們來自何處？

我在這裡要說三個故事。第一個故事是這樣的：一九六七年的二月二十八日，時間正值美軍以凝固汽油彈轟炸北越並噴灑橙色落葉劑（Agent Orange）；首波的學生示威抗議在柏林進行；「第一公社」（譯注1）剛部署完畢；切・格瓦拉（Che Guevara）正開始在玻利維亞中央高地展開游擊戰。就在這一天，保羅・麥卡尼（Paul McCarney）、約翰・藍儂（John Lennon）、喬治・哈里森（George Harrison）和林哥・史塔（Ringo Starr）四人把自己關在倫敦的艾比路錄音室（Abbey Road Studios）裡。

譯注1：「第一公社」於一九六七年一月一日，由昆策爾曼（Dieter Kunzelmann）率領一群「德國社會主義學生聯盟」（Sozialistischer Deutscher Studentenbund）的成員在西柏林成立。主要訴求為「徹底拒絕資本主義制度」。

錄音的成果是一張名為「花椒軍曹寂寞芳心俱樂部」（*Sgt. Pepper's Lonely Hearts Club Band*）的唱片，其中一首歌名叫「天空中的露西戴著鑽石」（Lucy in the Sky with Diamonds）。由於歌名和其超現實的歌詞意境，許多披頭四的歌迷至今仍相信約翰・藍儂是在旅行途中寫下這首歌的，而歌詞中描寫的繽紛夢境則是在向迷幻藥（LSD）（譯注2）致敬。其實真相更單純且更感人一些。露西原本是藍儂的兒子朱里安（Julian）的同班同學，而朱里安親筆為爸爸畫了一幅畫，畫的是班上的露西，並取名為「天空中的露西戴著鑽石」。

接著是第二個故事。唐納德・喬漢森（Donald Johanson）於一九七三年和一組國際研究團隊來到遍地塵土而又乾枯、距離哈達市（Hadar）不遠的衣索比亞高地，他還是個未滿三十歲的年輕人。喬漢森是位著名的黑猩猩牙齒研究專家，不過在他看來，這個名聲更像是一個詛咒，因為他關於黑猩猩牙列的博士論文已經寫了三年，也到所有歐洲的博物館研究了人猿頭骨，對黑猩猩的牙齒其實興趣全無了。然而像他擁有這般知識的人，對於一些比他更有名氣的法國和美國同行來說，有著很大的價值。想找尋人類化石的人，需要一位牙齒方面的專家協助，因為牙齒經常是保存得最好的出土物，而人類牙齒和黑猩猩牙齒十分相近。喬漢森本人很慶幸能有機會參與此行，因為對這位康乃迪克州哈特福德市（Hartford）的瑞典後裔來說，學術發展這條路其實並不符合他的本性。喬漢森的父親在他兩歲時過世，所以他幼年是在貧困的環境中度過的。鄰居中有一位人類學家對小喬漢森亦父亦友，協助並啟發了他對遠古和早期歷史的興趣。後來喬漢森果真也在大學主修人類學，步了他鄰居的後塵。他自己後來的成就和影響當然比他鄰居要大得多，只是當時那個頂著深色頭髮、高瘦靦腆的年輕人還沒料想到。此刻的他正身處人稱阿法爾三角洲熾熱的荒漠中。他在阿瓦什河畔（Awash）紮營，在石堆和塵土中找尋著遠古生物的遺骸。不久後他便找到了幾塊不尋常的骨頭：一塊是脛骨的上部，另一塊是大腿骨的下部，而這兩塊骨骸可以完美地拼湊在一起。喬漢森判定這副膝蓋骨骸是來自一個身長約九十公分、直立行走的靈長類動物，距今三百多萬年前。這是個驚人的重大發現！因為當時沒有人知道或料想到，早在三百萬年前就已經有類似人類的生物能夠直立行走了。但是誰會相信他這個默默無聞的黑猩猩牙齒專家的發現呢？他只有**一個**選擇：他必須把整副骨骸完整地找出來！雖然這次沒有時間了，但是一年後喬漢森又回到了阿法爾三角洲。一九七四年十一月二十四日，他和一名美國學生湯姆．格雷（Tom Gray）來到一處遺址。返回營地之前，他又繞了一段路。就在途中的碎石堆裡，他發現了一塊手臂的骨骸，其周圍還有手骨、脊椎骨、肋骨及頭骨的碎塊，全都來自同一副遠古的骨骸。

這個事件和我的第三個故事有關，是一個生活在今日衣索匹亞地區的矮小女人的故事。

譯注2：LSD是Lysergic acid diethylamide（麥角酸二乙胺）的簡寫。恰巧也是Lucy in the Sky with Diamonds的縮寫。

她以直立方式行走，她的手雖然比現代成人略小，形狀卻出奇地相似。這名女子身材頗為矮小，她的男性血親有可能長到一百四十公分高。以她的身高來看，她算是十分強壯有力。她的骨骼結實，手臂相當長，她的頭與人猿的頭類似，卻不同於人類，她的頷骨嚴重突出，顱頂平坦。據推測她的毛髮與其他非洲人猿一樣是深色的，不過這當然無從證實。我們也很難評斷她的智力程度。她的大腦尺寸幾乎等同於一個黑猩猩的大腦，但是我們無從得知這個腦子裡實際的運作情況。她死亡時年約二十歲，死因不明。三百一十八萬年以後，這副「AL 288-1」（譯注3）成為當時出土最古老且尚稱完整的近似人類的骨骸，而這名年輕女子屬於阿法南方古猿（*Australopithecus afarensis*）。Australopithecus 意為「南方猿猴」，而 afarensis 指的就是位於阿法爾三角洲的發現地。

這兩位研究員駕著他們的越野汽車飛也似地趕回營地。「我們找到了！」只聽格雷遠遠便高喊：「天啊，我們找到了，我們整副都找到了！」他們陶醉在歡欣鼓舞的氣氛中。「發現後的第一個晚上我們都沒睡。我們徹夜暢談，啤酒一瓶接著一瓶。」喬漢森日後回憶道。他們歡笑著，他們跳著舞。就在此刻，第一、第二和第三個故事聯結了起來：衣索匹亞的夜空下，卡式錄音機裡大聲傳來一遍又一遍的「天空中的露西戴著鑽石」。不知不覺中，「露西」成為了這副完整度達百分之四十的骨骸的代名詞。而露西．歐唐諾（Lucy O'Donnell），朱里安．藍儂的同班同學，或許與有榮焉，因為她的名字和整個遠古和早期歷史最出名的發現有關。

喬漢森的露西證明了一件原本就被認為可能性很高的事：「人類的搖籃」確實位於非洲。以個體發生研究構成的種系發生學的圖像，維繫創世神話於不墜。就算我們節制想像力，以較理性的態度來看，當我們談到這個所謂人類的搖籃時，還是會希望能夠清楚指出人類和動物之間的界限，不僅把地點確定出來，同時還指出人類是什麼時候從東非古格里裂谷這個巨大地理子宮中誕生，帶著石斧直立行走，漸漸長成會說話的猛獸獵人。不過，那第一個也是唯一一個選擇直立行走、使用工具和進行狩獵的靈長類動物，真的就是同一個物種、同樣的人類嗎？

人猿第一個具代表性的出土化石源於約三千萬年前。關於這種早期猿猴，我們其實一無所知。一些不完整、破損的下頷以及兩三塊顱骨，大概就是科學家們推論依據的全部材料了。對於較後期古猿的分類工作，差不多也像是在黑暗中摸索。由於後來森林漸漸稀疏，也就是廣闊大草原的出現，古人類學才有機會進行更好的研究。距今約一千五百萬年前，巨大的力量將非洲東部的地殼拱起並向上推擠，使其突出海平面近三千公尺。大陸板塊隆起，形成了四千五百多公里長的裂縫，也為完全不同的地表植被提供了環境條件。古格里裂谷和東

譯注3：AL是Afar Locality的縮寫。「AL 288－1」為這副在阿法爾發現之骨骸的學名。

非大裂谷的形成是造就新的靈長類動物（也就是人類）的重要環境因素。著名的古人類學家理查．李基（Richard Leakey）推測說：「倘若古格里裂谷在另一個時間和地點發生的話，人類這個物種很可能就根本不會出現了。」

在這條大溝渠的西部，肥沃的原始叢林提供了性喜攀爬的猿猴理想的生活空間。相反的，四、五百萬年以前，在東邊那些新形成且變化豐富的環境，因森林死亡而形成半沙漠、熱帶草原、小河谷叢林和沼澤中，有一些如南方古猿類的人科首先選擇了直立的行走方式。他們當中有些漸漸絕種，有些則繼續演化。就在距今約三百萬年前，南方古猿類分成了許多著名的物種，其中有一種是可能為素食、具有堅硬顱骨和巨大顴骨的粗壯南方古猿（*Australopithecus robustus*），絕跡時間約於一百二十萬年前。另一種則是顱骨較輕、牙齒較小的非洲南方古猿（*Australopithecus africanus*）。非洲南猿目前被視為巧人（*Homo habilis*），也就是人類家族（*Familie Homininae*）第一個代表性物種的原始種。不過巧人至少還可再分為兩種，其血緣關係也還十分可議。

南方古猿類的大腦是典型猿猴的大腦。如所有的靈長類動物一樣，他們的眼睛位於頭顱前方。這意味著猿猴總是只能目視單一方向。他們必須轉動頭部才能擴展視野。一個可能的結果是，靈長類總是一次只能處於一個意識狀態。由於他們無法同步感知不同的事物，因此這些事物總是只能依序進入意識當中。這樣有限視角的特性在哺乳動物中是不多見的，更不用說在其他動物種類，如蒼蠅或章魚這些視野極度寬廣的動物。在視力方面，所有猿猴類都屬中等，他們的視力比馬或犀牛等好，比起鷹類卻差得多。如大多數的脊椎動物一樣，靈長類的感知系統也有左右之分。「左邊」和「右邊」的概念也影響著他們對世界的體驗和他們的思考。水母、海星和海膽則不同，它們的感知並不是由兩個半邊所組成，而是環狀的。靈長類也不像其他許多動物如鯊魚一樣對電波具有感受力。靈長類的嗅覺很差，狗、熊、甚至許多昆蟲都遠遠優於他們。他們的聽覺不錯，但還是比狗和熊等動物遜色很多。

距今約三百萬年前發生在少數靈長類身上的驚人變化，至今仍是科學界的一大謎團。因為在相對而言極短的時間內，他們的腦部尺寸就大了三倍。如果南方古猿的腦容量為四百至五百五十公克的話，距今約兩百萬年前的巧人已有五百至七百公克的腦容量。一百八十萬年前出現的海德堡人（*Homo heidelbergensis*）和直立人（*Homo erectus*）之腦容量已達八百至一千公克。而約於四十萬年前出現的現代人，智人（*Homo sapiens*），已有一千一百至一千八百公克的腦容量了。

從前的科學家喜歡用猿人所面對的新挑戰來解釋其腦容量的劇增。大裂谷的熱帶草原的生存條件迥異於過去雨林，而南方古猿和早期人屬適應了這些條件。這樣的說法到這裡尚無問題。然而腦部以如此快速的增長來因應環境條件的改變，既史無前例也絕非常態。動物配合環境並不值得驚奇，它們會變大或變小，但是它們的腦部容量卻不會突然暴增。即便是今日生活在熱帶草原的猿猴也絕不比生活在雨林地區的同類來得聰明，但在早期人屬身上卻發生了極不尋常的變化：他們的腦部生長速度比身體更快，而就目前科學已知的，只有兩種動物發展出了這樣的過程，即人類和海豚。

人類腦部特殊的發展機制是在一九二〇年代由法國人艾米爾・德沃（Emile Devaux）及荷蘭人路易斯・波爾克（Luis Bolk）發現的。他們兩人不約而同地發現，人類於出生後尚未完全成熟，而人猿於出生時卻已大致長成。人類停留在胎兒階段的時間比人猿長得多，且在這段期間仍保持相當的學習力。腦部研究今日已能證實上述這項推論了。所有其他哺乳動物的腦部在出生後的成長速度都比身體慢，而人類在出生後卻有一大段時間其腦部的生長速度還與在母體內時一樣。人類腦部長成後的大小明顯超過了其他人猿，這個繼續增長的過程對小腦和腦部皮層特別有幫助。而腦部皮層內主要是一些對於空間方向感、音樂感和專注力特別重要的區域。

上述是目前已知的腦部增長過程。不過它在三百萬年前究竟為何如此開始，對此依然只有十分模糊的推測。雖然我們很清楚知道發生了什麼，但對其原因還是所知太少。因為我們不能以適應環境去解釋一個如此重大的改變，即使我們認定為了在熱帶草原上生存必須作特別大的轉變和適應，但此認定並不是沒有爭議性的。直立的行走方式會改變逃遁行為是毋庸置疑的；家庭組織在熱帶草原上的共存方式不同於在雨林中也是可能的；主要食物內容的改變也是可想而知的。但是像腦部容量增大三倍如此根本的轉變，卻絕對無法以此作為解釋的。因為人類的腦部太過複雜而精密了，所以不至於發生這種從外部強加而來的改變。一位不來梅（Bremen）的腦部研究學家傑哈德・羅特（Gerhard Roth）寫道：「人類之所以有一個特別大的前額葉皮質區，絕對不是因為急需要它。說得貼切點，它是人類平白得到的配備。」

這樣說來，人類的腦部不僅是對於環境要求的反應結果。本書第一章曾說到，我們脊椎動物的腦部是適應演化過程之結果，我們得承認的是，這其中確切的關連性仍舊非常不清楚。這個「最佳化」可以說是在一個至今仍不明原因的情況下發生的。此外，雖然在我們遠祖的頭部長成了高效能的配備，他們卻有很長的時間沒有善加運用。因為在南方古猿進化成巧人和直立人時，腦部雖以驚人的速度增大，卻顯然並未立刻帶來什麼文化上的成就，例如對不同工具的使用。即使到了一百萬年前，腦部的增長已大致完成時，那些擁有高效能腦部的人科在漫漫數十萬年的光陰中，除了一把簡陋的石斧以外，幾乎已沒有其他貢獻了。四萬年前才剛絕跡的尼安德塔人所使用的工具依然算是簡單而不夠完善的，雖然他們的腦部容量甚至稍稍超過了現今的人類！

人類腦部的容量和特性，對於現代人及其獨一無二的文化，無疑具有決定性的意義。然而人類卻為何這麼晚才開始應用腦部所提供的技術革新能力呢？答案是可想而知的：顯然

腦部尚有大量比技術革新更重要的其他功能必須完成。即使是今日仍和南方古猿一樣使用原始工具的人猿，聰明程度也顯然比只能用些簡單的石頭和樹枝要大得多。人猿的智力絕大部分是運用在應付複雜的社群生活。就算對人類而言，與同類的相處也是日常生活中最大的挑戰。（參考〈屠龍者的劍〉）即使如此，我們還是只應用到腦部容量的極小部分，因為只有在不知道該怎麼辦時，智力才會派上用場。就算是讓靈長類研究學家用望遠鏡來觀察愛因斯坦，像他們今天觀察猿猴一樣，他們大部分的時間也不會有什麼特別的發現。愛因斯坦一般作息裡的睡覺、起床、穿衣、吃飯等等行為並不會用到他的天才，因為絕佳的靈感和創意在這裡根本無用武之地。

人類的腦部確實不簡單，但是它也不是一台隨時設定在最高階運算的國際象棋電腦。大部分時間它都是運轉在較低階的，而這也使人類順理成章地和遠祖歸在同一列。一些根深柢固的本能和行為模式，如爭戰與侵略、生物衝動、家庭與群體觀念等，都是人類和猿猴（特別是人猿）的相同之處。我們越了解動物的生活，就越能認知自己，越能在我們腦部蜿蜒錯雜的曲線中看出兩億五千萬年哺乳動物發展的痕跡。

尼采所謂「聰明的動物」原來真的是動物，而他們獨一無二的認知能力依然是個謎。有些十九世紀初浪漫主義時期的哲學家曾賦與大自然進程一個意義，並把人類放置於這個發展進程的終點。也就是說，人類是被創造來了解宇宙運行的。他們自我膨脹地認為，大自然在人類的體內意識到了自己的存在。在現實中當然沒有證據顯示人類和其行為就是演化的目的。姑且不論這種對歷史過程的假設，單單「目的」這個概念本身就很有爭議性了。「目的」屬於一個非常人性的思考範疇（難道蠑螈會有目的嗎？），它和「進步」或「意義」一樣，都與人類才有的「時間」概念密不可分。而「自然」所涉及的卻是物理學、化學和生物學等學科。用「意義」這個概念為例，它與「蛋白質」便有截然不同的特性。

尼采所說的聰明動物中那些較為聰明，且對這些有所了解的，也就不再把研究精神花費在「客觀事實」這個巨大的整體問題上。他們給自己提出的疑問是：我究竟能夠知道些什麼？而這個「知道」和「能夠知道」又是如何作用的呢？哲學家喜歡稱之為「認知的轉向」，轉向我們對自我和世界理解的基礎。若是您想了解這一點，那麼請隨我作一趟關於我們的「認知基礎」之旅，而這些認知基礎的重要部分，其實是我們和喬漢森的露西共有的。讓我們和露西一起翱翔宇宙，一個幾乎比從前哲學家所能想像的都更加刺激而有趣的宇宙。讓我們探索自己的感覺和思想，作一趟深入腦部內部之旅！

第3章
馬德里

心靈的宇宙：我們的腦部如何運作？

世界上最複雜的東西是什麼？這個問題不容易回答。然而，在自然科學的眼中，答案其實很清楚，那就是人類的腦！不可否認，從外觀上來看，腦並不特別起眼。它重不過三磅，形狀像個充了氣的核桃，濃稠度可比一顆半熟的雞蛋，但其中含藏的也許是全宇宙最複雜的機制。一千億個神經細胞在腦裡反覆發出信號，產生多達五百兆條連結。一個有名的比喻是，這個數字相當於亞馬遜雨林區所有樹葉的總和。

直到約一百二十年前，腦的內部活動仍是個謎。當時那些曾對腦部進行論述或猜測的人，充其量只是拿著手電筒探照整個夜空。正因為如此，我們很訝異史上第一位指出腦部總體運作流程及其根本機制的人，現今卻幾乎無人認識。如果要客觀推舉出二十世紀最重要的學者和思想家的話，就絕不能漏掉聖地牙哥．拉蒙．卡哈爾（Santiago Ramón y Cajal）這個名字。然而書店裡竟然連一本關於他的德文傳記都找不到。

卡哈爾於一八五二年出生在西班牙納瓦拉省（Navarra）的佩提雅黛阿拉貢（Petilla de Aragón），比尼采年輕八歲。在他童年時期，達爾文正在倫敦附近的道恩市（Down）撰寫他的巨著《物種起源》。當時並沒有人想到，卡哈爾自己後來也會和生物學結緣。他小時候立志成為畫家。為了研究人的身體，年輕時的他還曾和父親一起到廢棄的墓園挖掘屍骨。卡哈爾的父親在薩拉戈薩（Saragossa）一所醫院的解剖部門擔任外科醫師。卡哈爾對骨骼的研究終於從繪畫走向解剖學。偉大的達爾文曾經因為對解剖屍體感到噁心而中輟學醫，然而卡哈爾研究屍體時卻滿心的狂熱。他二十一歲便成為醫生。由於特別醉心屍體和骨骼，他決定從軍。一八七四到一八七五年，他隨著一支遠征隊來到古巴，在當地罹患瘧疾與結核病。回國後他到了薩拉戈薩大學醫學院擔任助理醫師，並於一八七七年取得馬德里大學的博士學位。在瓦倫西亞大學教授「描述解剖學及解剖總論」期間，他逐步發現了腦的奧祕。為什麼從來沒有人深入研究人類的腦呢？在此之前，只有腦部區域基本解剖分布的研究而已。卡哈爾訂定了一個挑戰性很高的計畫：他要了解腦的運作過程，並建立一個所謂「理性心理學」的新科學。他在顯微鏡下一點一滴觀察人腦的細胞組織，並把所有看到的都描繪下來。一八八七年，他轉任巴塞隆納大學組織和病理學教授，一八九二年再轉到西班牙最大也最重要的學府馬德里大學任教。此外，他還於一九〇〇年獲得「國家衛生中心以及生物研究中心」主任一職。

我們可以在一張照片上看到卡哈爾坐在他在馬德里的書房裡，背後是堆積如山的藏書，蓄著蓬亂的鬍子，右手支頤凝望著一副人體骨骼。在另外一張照片中，他身穿東方色彩的長罩衣，頭戴馬格里布的帽子，坐在他的實驗室裡，身體姿勢和前一張照片差不多。他有一雙深邃的深色眼睛。人們可能真的會以為他是個畫家，而不會料到他其實是位科學家。上了年紀的他，臉上出現了明顯陰沈的表情，看起來像是好萊塢電影裡會出現的可疑壞蛋、一個與魔鬼打交道的科學家。事實上卡哈爾完全不是個陰沈的人，他的同儕都十分看重且喜愛他。他是個謙遜、慷慨、充滿溫暖幽默感而又泰然自若的人。

卡哈爾的研究對象僅止於死去的人和動物的腦。對活體腦部的研究在十九世紀末尚未成熟。這當然是個十分艱鉅的工作，因為在完全不能觀察腦部活動過程的情形下，又該如何知道腦部是怎麼運作的呢？不過卡哈爾還是完成了驚人之舉。如果真要說他具有什麼魔幻特質的話，那麼就是他將死亡的神經細胞「喚醒」的奇妙能力。他幻想自己是個討人喜愛的鐘樓怪人，因為他描述在顯微鏡下的腦部細胞運作過程，就好像親眼見到它們工作一樣。在他的文章和著作中可以讀到他以活潑的筆調描寫了一件生氣勃勃的事：這些神經細胞能感覺、行動、希望和死亡。一個神經細胞以它所形成的纖維組織向四周「探索」著，「為的是找到另一個神經細胞」。卡哈爾就是以這樣的方式描寫腦的細微結構，為腦神經系統的現代研究奠定了基石。他在多年的研究生涯裡一共寫了兩百七十篇學術論文和十八本書。這些著作使他成為有史以來最重要的腦研究學者，並於一九〇六年榮獲諾貝爾醫學獎。

卡哈爾的研究之所以如此重要，乃是因為腦神經細胞的外觀與一般身體的細胞全然不同。它們奇特、不規則且帶有許多細小突起的外形，是以前的科學界完全無法捉摸的。卡哈爾將這些細胞繪成非常精確的圖像，它們是一些有奇特蜘蛛網結構的細緻素描，而大部分的圖看起來都像是小局部的海藻。雖然沒有一個重要且至今仍通用的概念是由他所親自命名的，但是從未有人像他一樣把腦部神經系統的元素描寫得如此詳盡。他描繪並解釋了神經細胞，**神經元**，以及神經元兩端長短不一的纖維：軸突。軸突的分枝，**樹突**（Dendrit），首次清楚呈現在世人眼前。至於樹突末端神經細胞的訊息交流處，他則以與他成就相當的英國同事查爾斯．史考特．薛靈頓（Charles Scott Sherrington）所用的突觸（Synapse）來命名。透過無比精密的研究，卡哈爾可說是發現了腦神經細胞的「字母」。但是相應的腦部語法或其神經元所使用的語言，以及他所謂神經元轉換電路的工作等，都是他必須藉助想像力另外構思出來的。

卡哈爾的許多推測都在後來被證實為正確無誤。其中最重要的，就是神經流在通過腦部和背脊時總是只能以單一方向流動。一個神經細胞可經由突觸與另一個神經細胞進行訊息交

流。但是這些神經線路都是**單行道**，而每個訊息流的方向也總是不可逆轉的。當然，卡哈爾無法用死亡的腦來展示突觸如何傳遞訊息，因為這些腦部已沒有任何靜電或化學的活動。但是他知道確實有信號傳遞發生。德國生理學家奧托・勒維（Otto Loewi）於一九二一年首次證實神經脈衝如何藉由化學的傳導物質從一個突觸轉移到另一個。不過卡哈爾卻無緣親眼見到。

卡哈爾於一九三四年去世，享年八十二歲。在他去世後的三十年間，當歐洲、美國和澳洲的科學家都在研究腦中電子化學信號傳導的基本機制時，其他人則致力於對個別的腦部區域作更進一步的解釋。腦部中何者負責什麼工作？原因又是什麼？這當中尤以美國人保羅・麥克連（Paul MacLean）於一九四〇年代提出的模型特別著名。他將人類腦部作了清楚的劃分。由於人類是從較低等的動物形態演進而來，因此麥克連將人的不同腦部區域劃歸演進的不同階段。根據他的理論，腦部其實是由「三個腦」組成的。第一個是「物種發展的古代爬蟲類腦」，主要由**腦幹**和**間腦**組成。爬蟲類腦是腦部「最低等」的形態，裡面有與生俱來的本能，後天學習力低，對所有社會行為均不適用；第二個是「早期哺乳類腦」，相當於**邊緣系統**。在這裡面不僅有本能和情感，麥克連認為更是自然界第一次嘗試發展出意識和記憶的所在；第三個是「進階哺乳類腦」，相當於**腦部新皮質**，為理智、理解力和邏輯思考的所在地。進階哺乳類腦的運作與較原始的腦部區域互不相干。由於麥克連認為這三個腦的劃分是非常嚴格而清楚的，因此在邊緣系統與新皮質之間應該只有極少的連結，而感覺與理智也應該是被嚴格分在不同的腦中才對。這也似乎是我們很難用理智來控制感情的原因。

麥克連對於腦部的整理工作在當時很受歡迎，而這些理論也不難理解。如同兩千年來哲學家區分動物的本能、高尚的情感和人類聰明的理性，麥克連也理所當然地將腦部分成三部分。只不過，麥克連這個至今在許多教科書裡仍可讀到的理論其實是錯誤的：腦部裡並沒有三個各自獨立工作的腦！而「這三個腦是從爬蟲類演進到人類的過程中逐一形成」的這個單純想法也不正確，因為即使是爬蟲類也已經具備了和人類相似的邊緣系統，而它們也同樣擁有類似哺乳動物所具備的「端腦」，只是相對而言比較簡單罷了。最重要的是，腦幹、間腦、小腦和腦部各部分之間的連結其實是非常密切的，它們並不像麥克連所主張的只是簡單地疊在一起而已。它們之間緊密而複雜的連結具有重要的意義，因為只有這個連結才能解釋我們本能、感覺、意圖、思想等真正運作的方式。

過去百年來腦部學者對我們腦部所作的推測中，許多都沒有通過時間的考驗。事實上，法國生理學家佛洛昂（Jean Pierre Marie Flourens）（後來成為達爾文的堅決反對者）早在十八二〇年代就已斷定腦部的運作方式並非各自為政。他將受實驗動物（主要是雞和鴿子）的各個腦中部分一個一個地取下，以便觀察哪些功能因而喪失。他很驚訝地發現，結果並非個別的能力減弱，而是許多能力突然同時變差，約莫如同史坦利．庫柏力克（Stanley Kubrick）

的電影《二〇〇一太空漫遊》（*Odyssee 2001*）中那具名叫赫爾（HAL）的電腦，雖然每關掉一個電源按鈕它都變得較為緩慢而笨重，但智力卻並未因此而明顯降低。佛洛昂發現，關於腦部區域的傳統看法是錯誤的。也就是說，它們並非各自只負責如計算、說話、思考或記憶等特定的功能。不過他卻得到另一個極端的結論，認為腦中所有區域都共同負責所有的功能。因此，介於佛洛昂和卡哈爾之間的世代，則著眼於根據基本功能去尋找腦部的區域和中心，並加以分類。有志之士紛紛繪製腦部地圖。最震撼的發現要數法國解剖學家保羅・布羅卡（Paul Broca）和德國神經醫學家卡爾・韋尼克（Carl Wernicke），他們不約而同地找到了一個人類的語言中心：於一八六一年發現負責發聲的「布羅卡區」和於一八七四年發現負責語言理解的「韋尼克區」。

今天，腦部被分為腦幹、間腦、小腦和大腦四個部分。腦幹位於頭部中央的最底部，由中腦、腦橋和末腦（骨髓的延伸）所組成。腦幹連結感官印象，調節我們的心跳、呼吸、新陳代謝等自動機能及眨眼、吞嚥、咳嗽等反射動作；間腦位於腦幹上方，是一個較小的區域。其組成部分有丘腦上部、下視丘、底丘腦和上視丘。間腦扮演的角色主要是個中間站和情緒鑑定者，能察覺感官印象並繼續傳達至大腦。間腦是一個佈滿神經和激素的敏感系統，控制著我們的睡眠、甦醒、痛覺、體溫調節以及本能，例如性行為；小腦主要影響我們的行動能力及運動學習能力。小腦在其他脊椎動物身上比在人類身上要顯著得多，尤其是魚類，其運動過程在某方面看來比人類身上的要求更高。人類的小腦還有其他方面的任務，包括認知功能、語言、社會行為和記憶等，不過這些任務都是在無意識下進行的；**大腦**位於其他三個區域的上方。人類的大腦比其他腦部區域的體積總和還大三倍以上。大腦還可劃分成好幾個區域，而這些區域又可分成「較簡單的」感應區和「較高等的」聯合區。人類所有精神智力方面的高等工作都非常（但不僅止於）仰賴「聯合皮質區」的作用。

我們腦部的工作成效視我們生活的經歷而定，這一點康德早就知道了。他在主要著作《純粹理性批判》的導言中便開宗明義寫道：「我們一切的知識都始於經驗，這是毋庸置疑的。因為若不是透過一些對象的話，那會是什麼激起我們的認知能力呢？這些對象觸動我們感官，有的自己引發想法，有的刺激我們的理解力，讓我們去比較、聯想或區分這些對象。未經處理的感官印象便是如此被處理成對於對象的認知，也就是所謂的經驗。」我們的注意力能決定我們的感覺和思想，而反之我們的感覺和思想也決定我們的注意力。人類總是一次只能處理一件事，就算有時候每件事的間隔非常短，所謂的「多重任務處理」（Multi-Tasking）也並不表示能同時專注於不同事物，只不過是能快速來回切換而已。在這種情況下，我們注意力的有效範圍經常受限。其原因不只是我們的生物性的知覺能力，還有我們的容納和處理能力。無庸置疑的是，人類僅僅使用腦部神經細胞的極小部分，但想要擴大這個極小部分卻也絕對是困難的。由於我們的注意力只足夠大腦進行有限的活動，因此對一項活動的專注必定會犧牲掉另外一項。我那四歲的兒子奧斯卡對於動物有極大的興趣，能毫無困難地列舉恐龍的名稱和分辨海獅與海豹，卻仍然無法輕鬆地自己穿件T恤。因此，限制我們學習能力的並不是我們神經細胞的數量，而是我們注意力範圍的大小。

無論如何，我們今天已經大致知道注意力如何形成，以及我們在認知時會發生哪些神經化學方面的現象。今天我們之所以能夠認識大腦的種種運作過程，並確認個別腦部區域的功能，必須歸功於許多腦部研究測量儀器進步的技術。卡哈爾還來得及看到德國精神病學醫師漢斯．柏格（Hans Berger）於一九二九年發明的「腦電波測量法」。透過這項發明，腦部學者終於能夠測出腦中流動的電流電壓。到了一九五〇年代，電極改良了，利用敏銳的微電極可以觀察到單一神經元的活動。接下來就是對磁場的探索。如同所有的電流一般，腦中的電流也會形成一個磁場。精密的磁場感應器從六〇年代以來就測量著這些磁場並計算腦中的電源。「腦磁波測量法」正是用這個方式指出腦部此刻特別活躍的所在。七〇和八〇年代又出現了其他方法來測量甫於腦中發現的神經化學作用。從九〇年代開始，腦部研究終於擁有了美麗的腦部彩圖。今天，所謂的「成像處理」，如「X光電腦斷層成像」和「核磁共振成像」等讓我們能清楚窺見腦內的運作。從前只能顯示靜電和化學作用的地方，現在可利用新的方法測量腦中的充血狀況並提供高解析度的照片。也因此科學界才能首次嘗試去研究「邊緣系統」，也就是我們情緒與感覺的根源。

不少腦部研究學者對這些新的可能性無比興奮，進而相信他們的研究早晚會讓哲學甚至心理學等領域關門大吉。對此，西雅圖華盛頓大學的腦部學者威廉・卡爾文（William Calvin）便以「大樓管理員的夢想」（譯注1）做了一個很適當的比喻。卡爾文認為，管理員對於其身處的陰暗地下室感到不舒服，因此他很想向上一躍，最好直接躍上明亮的屋頂閣樓。而想從腦內的細胞和蛋白質輕鬆躍進哲學領域的那些腦部學者們也差不多就是這樣。然而「蛋白質」和「意義」這兩個概念之間的鴻溝太大了，就算腦部研究領域知道自己在揭開腦部中心和腦部功能方面已有所進步，但產生精神、意義和理解力的機制卻依然成謎。目前我們未知的部分仍然比已知的多得多。而我們對大腦的認識越深，就越感覺到大腦的複雜。

其實，最大的謎是在於「意識」的個人組成，也就是我們非常主觀的體驗。為什麼有些事物會帶給我們特定的感受？這依然是我們最大的祕密。個人的感覺和愛好是無法用一般神經化學的知識來解釋的。無論是測量儀器或心理諮商，都不能探究並且呈現這些體驗的性質。當路易斯・阿姆斯壯（Louis Armstrong）有一次被問到什麼是爵士樂時，他的回答十分貼切：「要是你還得問的話，那麼你永遠也不會懂的！」主觀的經驗狀態總是外人無法進入的，即使對腦部研究領域來說亦是如此。因為核磁共振成像雖然可以顯示在播放爵士樂時，

譯注1：「大樓管理員的夢想」為卡爾文著作《大腦如何思考》第三章之章名。

腦部某些特定的情緒中心會產生較高的供血量，但它既不能顯示爵士樂**帶給我的感覺，也無法解釋為什麼我會有這樣的感覺**。

儘管如此，腦部研究的科學仍然是我們認知以及自我認知的基礎，其原因是顯而易見的。相對於哲學，今日的腦部研究提供了更多刺激而有趣的動力。問題只在於，我們是否能夠在完全不借助哲學的情況下處理這些問題。畢竟對腦部的研究是一個十分奇特的冒險，因為嚴格來說，人類的腦部正試著探索人類的腦部，也就是一個系統在試著了解自己。腦部同時扮演者研究主體和研究客體兩個角色，這形成了一個棘手的狀況。而腦部學者們難道不也和兩千年以來以思考的方式了解自己的思考的哲學家一樣，雖然他們所採用的是另一種方法！長久以來，研究人類精神的主要方法，都是以思考的方式探索自己，並盡可能地觀察自己的思考行為；而把這個方法發揮得最淋漓盡致的一刻，就是在距今約四百年前的一個值得紀念的冬夜裡……

第 章
烏爾姆

三十年戰爭中的一個冬夜：從何得知我是誰？

這個場景給人頗為溫馨舒適的感覺：一個向外突出的大型瓷磚壁爐，旁邊坐著一個二十三歲的男子，身著帝國軍人的冬季制服。他有一張很容易讓人想像的臉，因為這張臉並不陌生，從著名的荷蘭肖像畫家佛朗斯・哈爾斯（Frans Hals）的一幅晚期作品中可以看到：一雙深色大眼，其中一隻眼如卡爾・達爾（Karl Dall）（譯注1）一樣下垂，寬嘴薄唇，嘴角帶著一絲笑意，蓄有短髭，深色長髮及肩，臉上透著既狡黠又憂鬱、聰明而又些許瘋狂的氣息。不過他的臉雖然如此令人感到熟悉，他身處的場景卻十分模糊。因為按這名男子自己所寫的，他其實不是坐在壁爐旁邊，而是坐在壁爐

譯注1：Karl Dall生於一九四一年，為德國知名電視節目主持人、歌手和喜劇演員。臉部特徵為右眼眼皮下垂。

裡面。對此人們可以有許多的想像空間。而事實上「裡面」這個詞也確實引起了諸多討論。也許他所指的是個洗澡間或是一個在當時很常見的三溫暖烤箱？但是他怎麼會是衣著整齊的呢？或者有沒有可能是壁爐太大了，大到讓人可以放一把椅子進去坐著？或許他是把整個房間加上房間裡的巨大火爐一起稱作他的「壁爐」，因為它們提供了禦寒的功能。外頭確實很冷，時值一六一九年的冬季，而這個場景的所在位置是離烏爾姆不遠的一個農舍裡。我們還是讓這名男子自己來說吧：「我當時身在日耳曼，尚未結束的戰爭將我召喚到那裡去。當我從皇帝加冕典禮回到軍隊時，乍到的寒冬將我滯留在一處駐地。由於我在那兒沒有可消遣的娛樂，也慶幸沒有煩惱或消遣作為干擾，因此我整天獨自關在一個溫暖的小房間裡，清閒地與自己的思想進行對談。」

「與自己的思想對談」背後其實有著一個挑戰性很高的目標：當外頭這場即將徹底摧毀歐洲的三十年戰爭爆發時，這名男子想追求安靜、秩序和清晰。他要追求關於自己和世界絕對與最終的確定性。他第一步先規定，只要不是清晰明白的事，都不認為那是真的。他也懷疑一切可疑的事物。人不能相信自己的眼睛和其他的感官，因為人太容易出錯了。帶著懷疑的心，他慢慢向前摸索。即便是思想也不可以不經審查就加以採信，因為惡靈有可能影響我而作出錯誤結論。等一等！難道就沒有什麼是絕對不容懷疑的嗎？因為就算我懷疑一切，我還是不能懷疑「我在懷疑」以及「我是那個懷疑的人」這兩件事啊！而如果我知道當**我**

在懷疑的時候正在懷疑，那麼我必定**想著**我在懷疑。也就是說，有一個不容懷疑的確定性，一個高於所有其他原則的首要原則：**我思故我在**（cogito ergo sum）。當他想到這句話並且脫口而出時，壁爐裡的火還沒熄，但是哲學的世界卻已經完全改觀。

這位在三十年戰爭開始時的一個初冬夜晚為哲學帶來革命性改變的人是誰呢？他的名字就是勒奈·笛卡兒（René Descartes）。他出身於一個貴族家庭，父親是位於雷恩（Rennes）布列塔尼省（Bretagne）最高法庭的法官。他的母親於一五九七年（也就是生下他的第二年）就去世了，因此笛卡兒是由外祖母帶大。八歲時他進入一所耶穌會學校就讀，雖然這並不是一個好玩的經歷，但是當他十六歲離開那裡時，已具備了傑出的古典學以及數學知識。這名天資優異的學生在普瓦捷（Poitiers）大學學習法律，然後申請進入巴黎一所只招收年輕貴族的學院，把錯過的年少生活彌補回來。他在那裡學習擊劍、跳舞、騎術、社交禮儀和其他不可不學的東西，卻完全不知道要用它們來做什麼。（直到兩年後他才有機會讓其中一項技藝派上用場：他在一場對決中擊敗並刺死了對手。）二十二歲時，他追隨荷蘭統帥莫里斯·馮·歐拉年（Moritz von Oranien）從軍，踏上冒險旅程。他在那期間學到許多自然科學方面的知識，至於軍人的生活則乏善可陳。隨後不久，他遊經丹麥和德國，並再次入伍從軍，這次跟隨的是馬克西米里安·馮·拜恩（Maximilian von Bayern）。笛卡兒參與了這支軍隊攻取布拉格的戰役，並在當地參觀了天文學家約翰尼斯·克卜勒（Johannes Kepler）的

工作室。他頓時清楚自己想成為什麼：一名為黑暗的科學界帶來光明的啟蒙者。他充滿自信地夢想著一個清晰而符合邏輯和「普遍的方法來探索真相」。而他，笛卡兒，便身負找到這個方法的使命。

一六二〇年四月，二十四歲的笛卡兒在烏爾姆遇見了數學家約翰尼斯·福爾哈伯（Johannes Faulhaber）。笛卡兒於反掌之間就解出了一道非常複雜的數學題。他自己曾大言不慚地寫道：那道數學題能讓當代最聰明的人舉白旗投降，而他即將成為能為每個問題找到一個簡單又聰明的解答的人。他在烏爾姆農舍靜思的一年後便放棄了軍旅生活。他到洛雷托（Loreto）去朝聖，並遊歷了日耳曼、荷蘭、瑞士和義大利。他於一六二五年遷往巴黎，結交了當地的知識份子。雖然經常是晚會的座上客，但是他的社交圈並不算大。五年以後，他離開巴黎，搬到了繁榮的荷蘭。當時荷蘭正瀰漫著全歐洲最自由的思想和宗教氣氛，而笛卡兒正想利用這個環境來完成構思已久的巨著。他的開始深居簡出，唯一的交流是頻繁的書信，特別是和女士們的信件往來。他一心想完成他的《論世界》，卻並未付梓。一六三三年他得知義大利同行伽利略（Galileo Galilei）關於宇宙和世界的新科學觀點被教廷駁斥。即使是對於笛卡兒這樣一個相信上帝（一個他試著證明為最高原則的、相對抽象的上帝）的人來說，天主教會還是個危險的敵人。雖然荷蘭比義大利或法國自由開放，笛卡兒仍然謹慎而迅速地搬家。他發表了關於幾何、代數和物理的文章，並成為極具聲望的數學家。直到一六三七年他才發表了那本書，那本在八年前想像整個世界縮小成一個有壁爐的農舍、並想出著名的「我思故我在」的書。這是一本適合大眾閱讀的小書，名為《論正確運用理性和科學性的真理探究的方法》。為了安全起見，這本書以匿名出版，不過背後的作者是誰依然很快就流傳開來。笛卡兒享受著來自四方的讚譽，然而他的高傲態度和極度的猜疑，使他在面對任何批評時都非常敏感。他的下一部思想類似的著作在萊登（Leiden）和烏特勒支（Utrecht）遭受非議，而笛卡兒的猜疑更逐漸擴大成為妄想症。他曾多次考慮搬到英國去，也倉促避走法國，最後於一六四九年冬季應筆友瑞典女王克麗斯蒂之邀來到斯德哥爾摩。然而這次的停留卻讓他付出了生命的代價。女王堅持要他早上在一間未經預暖的房間裡為她授課。一六五〇年二月，五十三歲的笛卡兒終因肺炎病逝。

笛卡兒成就了些什麼？首先，他提出了一個方法：只有通過一步步滴水不漏的驗證過程證明為無誤的命題，方能接受其正確性。而他也把「我」作為哲學的中心。如果說從前的哲學家總試著找出世界「本身」是如何的，那麼笛卡兒便選擇了一條完全不同的道路。唯有探究出世界在我的**思想**前面展現何種面貌，才能發現世界「本身」是什麼樣子。因為我所知道的世界的一切，並不是透過任何客觀的鳥瞰，而是單單透過我腦中的思想。尼采後來將笛卡兒稱作「只承認理性才是權威的革命之父」。

笛卡兒給了「從何得知我是誰」這個問題一個答案，那就是：透過我的思想！而這個答案比從前的所有答案都好得多，即便神學家聖奧古斯丁（Augustinus）於四世紀就已經提出類似的說法。不過，這個論證後來也顯示了一些不足之處，因為他的說法並非如笛卡兒所說的一樣完全沒有前提。為了描述我對世界一切事物的懷疑，我必須具備一個充分可行的語言，而笛卡兒並未懷疑**語言**。他在使用語言時，不曾懷疑過人們也有可能在字詞、句子和語法上產生錯誤。其他的哲學家更批評笛卡兒沒有區分**知性**（Verstand）和**理性**（Vernunft）。符合知性的是否就必定同時符合理性？這兩個意義在這裡是不是被混為一談了？笛卡兒遭受的第三個批評，在於他花了極大的功夫去探究「思」，卻沒有想出什麼來解釋何謂「在」。

而這正是一個值得深入探究的問題。笛卡兒是個舉足輕重的哲學家，甚至可以說是影響力最大的哲學家之一。雖然他起初曾受到嚴厲的攻擊，卻仍是許多關於身體、腦部和精神世界等新觀念的創始者。然而他在探索思考方面的傑出表現，從後人的眼光看來更顯現出他在對於人的身體看法上的薄弱。因為他認為身體只是頭部的累贅附屬品罷了！這位精神的機械師用冷酷的口吻對他的讀者說，所有生物的身體都只是一個肢體機器、一個自動裝置或是精密的推進裝置。身體上的器官如同十七世紀水景花園裡的自動給水裝置一般運作：神經就是水管，腦部的空間像是儲存容器，肌肉可比作機械錶裡的彈簧，而呼吸就是錶內的運動。而這一切都受腦部裡的一個小人「松果體」所控制。將人類的身體解釋為一個物理的機械裝置，是當時自然科學界最時興的方式，也是笛卡兒最擅長的。他幾乎在一夕之間被視為身體新觀點的思想權威。而在面對他的批評者（大多來自天主教會）時，他感覺自己是客觀、時髦和前衛的。倘若笛卡兒活在現今這個時代，他將肯定是位人工智慧領域的先驅，或是一名傑出的腦部研究學者。

因此，如果我們想像一下笛卡兒在今天對於心靈和身體的關係大概會有什麼想法，那必定會是非常有趣的。要是他今天再一次閉門沈思，並客觀清楚地尋找關於人和世界最終的確定性的話，他會對那個四百年前的另一個自我（alter Ego）說些什麼呢？

二〇〇七年春。位於波士頓不遠處的一幢粉刷成白色的木造單層樓房，屋前有一大片種著青翠草坪的庭院。在這裡住著笛卡兒二世（René Descartes junior）。他坐在客廳的壁爐邊，衣著輕便：一件燈心絨的褲子、格子衫外頭套了一件編織毛衣。他舒適地靠坐在沙發裡，開始訴說著：

我身處美國。我的事業從法國經過荷蘭，最後到了這裡。此刻，我剛從紐約一個國家健康中心所舉辦的專業研討會回來。趁著新學期還沒開始，不會被授課和考試牽絆之際，我有機會好好安靜地與我的思想對談。由於我已決定對一切不清楚明白、無法縝密探究和呈現的事物存疑，因為這是通往真理唯一的路，因此我首先必須對於未經查驗就被哲學帶來世上的那些錯誤的確定性提出質疑。讓我們從那個身體和意識被不幸地分割之處開始吧。雖然那並不是由很久以前的那個另一個自我發明的，卻根深柢固地為哲學界所深信。然而唯一真正的事實是：心靈和身體是不容分離的！因為任何想在腦中試著將兩者加以區分的人都將徒勞無功。腦部並不是一個把心靈作為軟體配備的硬體，這兩者是以一個不可分割且至為複雜的方式共同作用的。雖然「我思故我在」這個句子的名氣如此響亮，但是當中卻不幸地摻雜了一些瑕疵。因為這句話不僅說明只有藉助思考才能知道我和我的存在，它還主張思考以及思考的意識兩者是存在真正的基礎。而由於這個思考應該在嚴格與身體分開的前提下進行，因此這個句子便強調了精神世界和身體的徹底分離。另一個自我在當時寫下的，已經無法得到今日腦部學者的認同：「我認知到，我是一個實體。這個實體的整個本質和天性都只存在於思想裡，且其存在不需要一個空間，也不依賴任何物質的東西。因此這個我，亦即讓我成為我的靈魂，完全與身體不同，即使沒有了身體也不會停止成為它要成為的一切。」如果這段話是對的，那麼心靈便成了存在於一具機器裡的鬼魂。但這並不正確，因為在腦中並沒有一個名叫心靈的一個獨立的地方。這無稽的程度，大致就像如果我們相信有一個名叫大學的地方，它卻獨立地存在於大學樓房、街道、草坪和人群之外一樣。

相反的，腦部的研究已經知道，不管是感覺還是最高等的精神活動，都無法與生物組織的結構和運作方式分隔開。因此，倘若這是可能的話，那麼腦部研究學者就根本無事可做了；他們就不需要去研究腦區、記錄靜電連結狀況和為化學物質命名，因為這些都與心靈毫無關係了。當然，我們也不能單純用「心靈就是以上所述的相反」來解釋心靈。而只是圈選出腦部的一個區域並列出一些物質，然後就號稱「這便是人類的心靈」，這也是不夠的。人類的意識是身體和它對環境的經驗兩者的交互作用。為了了解我們的心靈，我們不能只把它限制在我們的腦中，或像笛卡兒一樣把它認定是存在於一個與身體分開的空間裡，我們還必須學習從我們的整體生物結構去了解它。我們的感官、神經和神經元都與外界，與我們所看、所聽、所嗅、所嚐和所感覺的進行交流。從何得知我是誰這個問題大約可以如此回答：我知道我是誰，因為我的感官將信號傳送到大腦的神經細胞，這些信號以精密複雜的轉換電路擴散，其精密程度可讓知道我自己的思想和想像我的存在等如此複雜而抽象的概念產生。

以上是波士頓這位現代腦部學者的說法。不過，被他嚴厲批評的那位三十年戰爭時代的前輩，在衣袖裡還有最後一張王牌。這個腦部學者真的解答了「從何得知我是誰」這個問題嗎？為了找出腦部的運作方式，以及描述感官和神經細胞如何為我反射出我自己的形象，我必須思考這些想法。而這一切即使都看似真實，卻都還只是存在於我頭腦裡的想法和想像而已！這麼看來，「我思故我在」這個句子還真有幾分道理。但是，我們最好別將它理解成我的思考構成了我的存在，或者單單只有思考是重要的，其他一切都毫不相干，因為這是錯誤的。但是如果我說只有思考能帶給我「我存在」的想法，那麼這個句子就是正確的！

也就是說，有兩條完全不同的道路可達到「我的存在」。我可以從我的思考開始，並質疑我的確定性從何而來。這是笛卡兒的道路，也是近代哲學的道路。這條自我觀察的路對哲學有著深遠的影響，並將它導向一個反省的思考方法，而這個方法把所有關於世界的斷言都帶回其主觀的源頭並加以審查。然而這條路作為科學的認知理論卻已遇到了瓶頸，我們幾乎無法再找到什麼令人驚奇的新大陸了。第二條研究人類的通路是不去考慮觀察者本身以及他個人的感知與思想。這是現代自然科學之路，而這條路較不強調反省，目前卻廣泛應用且成果豐碩。這兩條道路所傳達的認知方式可說是南轅北轍。

許多腦部學者認為，他們探索心靈的道路才是唯一正確的。而從前被認為是哲學的領域，今天則應該要歸屬於神經生物學的範疇。如果人類要知道自己是誰，就必須學習去了解他的腦部。腦部研究以一個冷靜理智的自然科學研究，取代了到目前為止關於人類感覺、思想和行為的臆測。然而許多腦部學者都容易忽略一件事，那就是他們也並非走在通往絕對真實的道路上。每個自然學科本身都是人類精神的產物，而人類精神是自然學科想以自己的方法探究的對象。人類精神的認知能力端賴於人類演化過程中適應的需求。我們的腦部之所以會像現在這樣，正是因為它顯然在演化的競賽中通過了考驗；而它在雨林和熱帶草原裡的任務也從來不是要全然客觀地認知這個世界。如此一來，要說腦部並不是被完美設計來完成這個任務的，也就不足為奇了。

如果人類的意識不是依照一個絕對客觀的標準而造就的，那麼如前面說過的，人類的認知僅限於經由演化競爭而形成之認知系統提供的認知能力。自然科學的理解視典型人類的認知條件而定。如果這些認知條件不受其影響的話，自然科學界就不會有進步，也不會有矛盾和修正了。研究的標準，如無矛盾性、可重複性和有效性等也並非獨立的標準，它們都在某個特定時間和特定知識狀態下符合人類的認知能力。一百年前被自然科學家認定為毫無疑問的，今日的我們則予以搖頭否定。那麼何以同樣的情況不會在一百年後發生呢？

因此，對於哲學家來說，從「思考的我」開始思考，進而一步步了解世界，仍然是個可行的方法。從這點來看，笛卡兒在今天並不比四百年前落伍。不過哲學家們當然應該認清，他們既不是脫離腦部、也不是藉腦部的幫助來思考。腦部自己在思考，而腦部也產生出這個在想「我在思考」的「我」來。然而，笛卡兒在使用「我」這個詞上是否正確無誤呢？他難道不是應該說「如果人在懷疑的時候無疑是處於思考狀態的，那麼必定存在著**思考**這件事」才對嗎？與其說「我思故我在」，不是更應該說「思想存在」嗎？這個被偷偷帶進來的「我」到底是什麼呢？

第5章 維也納

馬赫經驗：「我」是誰？

世紀經驗有時會隱藏在不起眼的註腳裡，而以下便是一個例子。一八五五年，年方十七歲且即將成為大學物理系新鮮人的恩斯特・馬赫（Ernst Mach）正在維也納附近散步，途中有經個深刻而強烈的體驗：「在一個晴朗的夏日戶外，突然間感覺到世界和我似乎融合成一個由諸多感覺組成而彼此相連的整體，而這個整體以我為中心。雖然我到後來才真正反省了這個經驗，但那個時刻卻對我的整個直觀帶來了決定性的影響。」這名大學生當時還不知道，那可說是一個「世紀經驗」，而這個經驗在五十年後記載於他的《感覺的分析》的一個小註腳裡。

恩斯特・馬赫於一八三八年（比尼采早六年）出生在奧匈帝國，即今捷克的希爾利茨（Chrlice）。他的家庭屬於少數以德語為母語的家庭。馬赫的父親是農夫，由於也身兼家庭教師，因此他親自為兒子上課。上課之餘，馬赫還同時完成了木匠的學徒訓練。他十五歲才進入中學，後來順利通過畢業考試，取得進入大學的資格。這名天資聰穎的學生在維也納研讀數學與自然科學，並取得了電學博士的學位。一年後他成為教授，從格拉茲（Graz）轉到布拉格，最後又到了維也納。他的興趣十分廣泛，幾乎是無所不包；所教授的課程包括了物理學、數學、哲學和心理學。他以物理學家的身分計算出了音速，而後來音速也以他的名字作為單位詞。因此我們說超音速飛機是以「兩馬赫」的速度飛行的。

馬赫當時在布拉格和維也納都享有盛名。他做了火箭砲彈的實驗並研究出氣體動力學。他一再批判牛頓的物理學說，並因此被奉為相對論的創始者。愛因斯坦喜歡自稱是他的學生，雖然馬赫從未親自教過他。在政治方面他原是個自由黨人，後來逐漸偏向在當時被評為激進政黨的社會民主黨。他在自己的世界觀裡是個不可知論者，喜歡和教會作對。物理學家和哲學家都積極鑽研馬赫的理論。年輕的列寧曾以馬赫理論為題寫了一本很厚的書，因為馬赫的哲學在俄國的知識份子圈非常風行。他還讓感覺心理學成為一個新的學科，並深深影響了美國的行為研究。然而儘管他啟發了這麼多的科學，馬赫的聲名在他一九一六年去世後還是很快地被世人淡忘，因為第一次世界大戰震撼了歐洲，而物理學此刻也走著全新的道路。一九七〇年美國航空及太空總署才又想起了這位幾乎被人遺忘的火箭先驅，並以他來為一座月面環形山命名。

馬赫的哲學思想是很激進的。對他來說，他只承認能經由經驗證實的或能計算出來的事物。以這樣的標準來看，絕大部分的哲學都不合格。因為當他去審查是否一切都符合物理定律時，幾乎就為整個哲學史打上了個頗低的分數。他尤其反對笛卡兒的二元論，因為馬赫認為：身體的感覺和心靈的想法兩者是由一個相同的物質所構成的。就如同他年輕時的那次夏日經驗，一切都似乎彼此相連一樣，他將自我和世界的二元論解構而改成一個**一元論**：這個世界的一切都是由相同的元素所構成的。若這些元素出現於腦部，就稱之為「感覺」，但是它們並不因此就有什麼特別之處。

這個感覺理論的爆點在於我的死亡。哲學家談論「我」已經超過兩千年了，而每個平凡人要意指自己時也都會說「我」，但是馬赫提出抗議。他對於用「我」來說自己這件事感到非常困難。這個「我」到底是什麼呢？他認為：「『我』並不是一個不變的、特定的、清楚界定的單位。」在人類的腦部裡並不存在一個「我」，而僅僅存在與外界元素頻繁交流下所產生的錯綜複雜的感覺，或者如馬赫開玩笑說的：這些感覺「獨自在世界裡散步」。然後他用他最有名的句子向哲學宣告：「這個『我』是沒得救的。一部分是因為這個看法，另一部分是對這個看法的擔憂，兩者導致了宗教和哲學中最特異的悲觀和樂觀的謬誤。」

馬赫並非第一位想到把「我」從世界上抹去或至少將「我」貶得非常渺小的人。他很驕傲地相信這必須是一個物理學家才做得到。但是有個人也做到了，他原是位失敗的法學家，後來變成一個愛思考的商人：蘇格蘭人大衛・休姆（David Hume）。他於一七三九年出版《人性論》時，年方二十八歲。休姆在尋求「我」的過程徒勞無功。因為靈魂和「我」都並非可經驗的實體。人類並不需要一個「我」才能覺察感受、概念和情感，這些都可以自然而然地發生。因此「我」完全不是真實的，而是眾多想像中的一個。休姆所想到唯一一個可以解救「我」的想法，是「我」可能是像「感覺的組合」這樣的東西。雖然這是個幻覺，但可能是個必要的幻覺，它給人在腦部裡擁有一個監督者的美好（且不可或缺？）的感覺。

真是這樣嗎？「我」是一個幻覺嗎？每個平凡人自以為是的，都只是一個存在於腦部中騙人的戲法嗎？兩千年來，當西方的哲學家理所當然地把「我」當成一個前提，而這個「我」又多少能應付世間諸事時，其實都是在自我欺騙嗎？我們的「我」難道不就是精神、情緒和意志檔案進進出出的腦袋嗎？這個「我」難道不是禁得起人生風浪起落的堡壘嗎？或像是未經修剪的影片一樣，可以保證終其一生總是感受到唯一的、同樣的自己？如果不是我的這個「我」，那麼此刻究竟是誰在這裡跟讀者您說話呢？倘若不是同樣以「我」自稱的讀者您，那麼又是誰正在讀著這些句子呢？

讓我們暫且重新釋放這個被特異的物理學家和失敗的法學家所箝制住的「我」，讓我們來問一些行家，比如心理學家對這個「我」是怎麼說的。心理學家們點點頭，堆起臉上的皺

紋，面面相覷交談幾句，然後再度堆起臉上的皺紋，再次點點頭。「嗯，您知道的……」其中一位開口說：「我們大概不會把『我』刪除掉，但是我和我同事對於『我』究竟是什麼，還是莫衷一是。我們無法將『我』視為一個確定的事實，因為如您所知，心理學是一門自然科學，而自然科學大體上只把看得到、聽得到和測量得到的認定為真實的。這個『我』卻並非如此。如果存在一個『我』的話，那麼它也只是推論出來的，而休姆的說法也就是對的。可是問題是：它是由什麼推論出來的呢？如果我們是從感覺推論出『我』的，那也就是說存在一個名叫『我』的感覺？或者我們是從觀念推論出來的，從一個名叫『我』的觀念？關於這點我們也不太確定。因此我的許多同事都規避這個概念而寧可改用『自體』。這個『自體』就如同我們的意志和判斷中樞。我們在這裡喜歡區分『自我概念』和『自尊感』。自我概念告訴我們的是我們如何知覺自己。為了達到這個目的，我們必須再次把『I』（英語中作為主語的我）導入，但只作為小的結構，好讓『Me』（英語中作為賓語的我）來與它對照。這兩者分工合作：『I』負責行事，『Me』負責評判。而自尊感是由『Me』頒發給『I』的那張非常主觀的證書。我們已經對幾十萬個自我對話的人們進行觀察和描述。但是，請看在這個思想的原創者威廉．詹姆斯（William James）的份上，別問我們該如何證明！它基本上就是這樣，而大概只有慈愛的上帝、達爾文或者哪個張三李四才知道為什麼吧。」

以上是心理學的說法。當然這個描繪是經過強烈簡化的，而心理學其實有許多不同理論和學派、涵蓋範圍也相當廣。但同樣清楚的是，心理學在關於我的問題上並無法提供簡單明瞭的答案。因此現在只剩下向腦部學者求教一途了；而腦部學者在過去幾年也確實經常自告奮勇地參與其中。他們似乎比其他所有人都覺得自己肩負回答這個問題的使命。針對「是否存在一個我」這個問題，許多（即使並非全部）的腦部學者的回答是：「不！我並不存在。從未曾有人是我或擁有過一個我！沒有任何東西從內部將人緊緊束縛住。休謨和馬赫的看法一點都沒錯：這個我是一個幻覺！」

想了解他們的回答，我們得先問，一個讓腦部學者滿意的「我」到底必須長成什麼模樣，才會讓他承認：「沒錯，這就是那個『我』！」若是他在腦部中發現操縱或產生「我」的一個局部、一個區域、一個中心，對他就有用了嗎？大概不至於吧。因為這樣的話，他就會去研究這個操縱機制，並確定這個中心就像腦部的所有中心一樣並非獨立運作，而是與其他中心相連結的。而他還會去研究神經細胞、靜電脈衝的傳導以及化學反應，然後他會說：這個「我」不過就是一個複雜的電化學機制罷了。約莫像是孩童將會說話的玩偶剪開後，在裡頭找到一個小小的、令人失望的裝置一樣。

值得慶幸的是，每個明智的人都知道這並不正確，因為這個名叫「我」的中心並不存在。這是一個很棒的消息，完全不令人失望，甚至令有些腦部學者為此而歡呼。早在十九世紀，著名的解剖學家魯道夫・菲爾紹（Rudolf Virchow）就很樂於矯正哲學家對於「我」的主張。他說：「我解剖過上千具屍體，但是還沒在裡頭找到過一個靈魂。」而這時我們大概可以（不帶任何宗教動機地）說：「感謝上帝！」因為沒有找到靈魂或沒有找到「我」，當然好過找到一個「我」，然後將它切割、分析、除魅。您能想像要是腦部外科醫師能夠手術將「我」切除的情況嗎？

好吧，一個名叫「我」的中心並不存在。這其實也沒什麼好大驚小怪的，因為除了笛卡兒和他的松果體以外，又有誰相信過呢？過去的兩百年以來，沒有一位知名的哲學家曾斷言說「我」是存在於腦裡的一個物質實體。他們大多都完全不確定。舉例來說，康德曾頗為含糊地表示，我是一個「內感的對象」，相對於「外感的對象」，也就是身體。這樣的說法並不周延，因為誰能由此得到一個具體的概念呢？

哲學以盡可能不明確的態度處理關於「我」的疑問，有點像是：我們不去談論「我」，我們有個「我」就是了。而腦部研究無法立刻找出「我」來，其實也是不足為奇的，因為以他們研究腦部的方法來看，根本也不可能會有個「我」跑出來。由於在他們的世界裡，並沒有一個可以畫在腦部圖片的「我」，因此「我」也就不存在。它不是一個可以在腦部中清楚找到的基本配件。

話雖如此，我們難道不是一直在經驗著一個「我」嗎？這些經驗有可能騙人嗎？就算這個「我」的感覺再怎麼搖擺不定，它的存在難道不是個不爭的事實嗎？「我」有沒有可能包含整個腦部，甚至延伸到整個神經系統或至少到許多重要的部位？是否可能就像從腦部神經細胞的音樂廳中產生一段旋律，一段名叫「自體」的旋律，而它雖然在生物學上無法掌握，卻在物理學上毫無疑問地存在呢？不能這樣說嗎？就如同我們對音樂廳內各個樂器所進行的描寫並不會從而產生出一首交響樂曲一樣，我們也無法用腦部解剖的方法來掌握和理解「我」。

從某方面來看也許沒錯。但是腦部研究還有第二條路來解決這個問題：我們研究失常或有障礙的病人，而這些病人的「我」有的顯然完全無法運作，有的只能部分運作，還有的在病變下運作。著名的英國腦部學者和心理學家奧利佛．薩克斯（Oliver Sacks）花了四十年的時間研究這類的人。他自己也是個獨特而傳奇的人。他在《錯把太太當帽子的人》裡描寫了病人們的生活和世界。這些人患有自我功能失調，或如薩克斯聲稱的，他們是「在無法想像的國度裡漫遊的旅人；若不是透過他們，我們對這些國度的存在一無所知」：有個音樂學家的左半腦受了輕傷，卻因此得了「視覺辨別缺陷症」，變得「精神失明」而無法辨認物體。當他要伸手拿帽子時，抓的卻是他太太的臉；有一位音樂學教授充滿關懷地撫摸著停車計時器，因為他把它們當成了小孩子；還有一位患有神經梅毒的老婦人，突然開始對年輕男人產生無法滿足的慾望。

薩克斯於二十多年前只能描寫的狀況，之後已經能進行多種研究。許多腦部學者傾向於認為不僅存在一個「我」，而是有很多不同的「我」的狀態：**身體的「我」**讓我知道和我生活的這個身體真的是我自己的身體；**定位系統的「我」**告訴我此刻身在何處；**作為觀察點的「我」**說我是我的經驗世界的中心；**作為經驗主體的「我」**說我的感覺印象和情緒確實是我自己的，而不是屬於別人的；**作為行動主體和審查者的「我」**讓我明白，我要對自己的思想和行為負責；**自傳裡的「我」**讓我主演自己的電影，讓我總是體驗到唯一且相同的「我」；**反身性的「我」**讓我可以思考自己並且玩「I」和「Me」的心理學遊戲；最後，**道德的「我」**建立我的良知，讓我明辨是非。

在所有這些「我」的狀態中，都能找到某個「我」功能失調的狀況，就像薩克斯在他的故事中所敘述的。如果我們利用成像技術（請參考〈心靈的宇宙〉）來研究這些病患，終究也能找到功能失常的腦部區域。例如**身體的「我」**和**定位的「我」**都和頂葉的作用有關；**作為觀察點的「我」**和顳葉右下部有關；**作為經驗主體的「我」**除了配合顳葉右下部的作用，也和杏仁體及其他邊緣系統的中心等有關。

我們可以說有許多的「我」存在。但是這個說法當然也只是一套模式。因為即使知道每個單一配料的味道，我們還是無法預知最後整道菜會怎麼樣。同樣的，雖然我們準確劃分了各種「我」的狀態，它們其實是在我們腦中被「拌炒」在一塊的。有時其中一個味道脫穎而出，有時又是另一個味道。它們在我們的日常意識裡幾乎是無法區分地共同作用著。有些只是不時地露個臉，有些卻是無所不在。而這些配料的來源也似乎完全不同。有些我們只是感覺到，有些卻在某種程度上是已知的。例如**作為觀察點的「我」**是每個正常人與生俱來就確定的，就像**身體的「我」**一樣，後天的影響不大；但是**自傳裡的「我」**卻無疑是我自己、而且是透過我說話創造出來的。我在講述我自己，也就是對我自己和別人講述我時，也同時塑造著我。相同的情況也適用於**反身性的「我」**，可能也還有**道德的「我」**（前提是如果真有**道德的「我」**存在，我們會在後面的章節深入討論）。

腦部研究提供的各種「我」的狀態雖然有意義的劃分，但我們不能混淆的是：它們不是絕對劃分精確的結構。它們完全沒有證明「一個整體心理狀態」是不存在的，這樣的一個整體心裡狀態被部分腦部學者稱為「『我』的感受流」。但是為什麼我們就不能心安理得地用一個簡簡單單的「我」呢？

腦部研究有個奇怪的現象：有些神經學家雖然否定「我」的存在，卻又同時研究它是如何形成的。「我」經常是實驗室裡最愛的敵人，因為必須得以它為前提，才能對付它。這樣腦部學者可以精確說明人格（也就是「我」）是如何塑造的。邊緣系統早在胚胎階段初期就已形成。胎兒出生後，腦部與外界接觸後再次接受徹底改造。腦部結構會適應環境，減少神經細胞數並同時包覆住腦中的線路。十八至二十四個月大時，「『我』的感覺」形成，此時幼兒第一次能在照片上認出自己。接著便產生出社會法律概念的「人」：能為行事負責之社會

成員的「我」。這些能力和特性，有的是在青春期期間或之後才於腦部中發展的。所有這些描述都解釋人格的發展，並同時和「我的感覺」緊密相連，因為人們都以「我」來自稱。多數人認為，這個人格發展有一半左右取決於先天的能力，約有三十至四十個百分比則視零到五歲的塑造和經歷而定；只有百分之二十到三十是明顯受到後來家庭、學校等的影響。

想把「我」給除魅，並不是那麼簡單的事。當哥白尼證明地球繞太陽運行時，他發現的是一個前人所未知的事實。以前的地球中心說確定是錯的。當達爾文主張所有生物都是從低等的祖先演化而來，且人類也不例外時，他顯然也同樣在描述一件事實。上帝以自己的形象造人的猜測也確定是錯的。但是如果今天腦部學者想將「我」抹去，他們卻不一定是在證明一個新的事實。關於「人的心靈和一個名叫『我』的主管有關」的傳統想法，至今尚未被反駁。這個「我」是個複雜的東西，它有時能分裂成許多不同的「我」，而仍是一個自然科學無法輕易解決、而我們卻可以感覺到的真實事物。單憑「我們能感覺自己是一個『我』」這樣的觀察，難道不足以確定「我」的存在嗎？社會學家尼克拉斯．盧曼（Niklas Luhmann）曾寫道：「人是個體，就因為他如此認定，這就夠了。」我們大概也可以用相同的句子來說明「我」吧。

「我並不是一個不變的、特定的、清楚界定的單位。」馬赫這句話說得沒錯。除非，我們在腦部中發現一個單位、一個界限，或一個像某些腦部學者所說的「框架」。不過我們的感覺不太可能「**獨自**在世界裡散步」。「我」像是一個頗為專注留神的幼稚園老師，大部分時間都在我們身邊觀察、一起感受並且謹慎待命。人類沒有核心，也沒有一個可以絕對抓住的「真實的自己」。真正要想除魅的話，其實應該是找到一個名為「我」的裝置，拿到哲學家的面前說：你看，就是它！不過，就像我說過的，這樣的想法也未免太簡單了。而我們所擁有的卻是一個獨特的、多面向的、多重觀察點的我。腦部研究並不是證明沒有「我」的存在，而是證明說，我們所感覺到的「我」是腦部中一個非常複雜的歷程，而且我們仍然有一切理由為它感到讚歎。腦部研究領域距離「我的狀態」的全面探究還有很長的路；更精確地說，還有數十年之遙，而且還不能保證最後一定會成功。如果把對簡單情緒的觀察比喻為腦部研究的「登陸月球」，那麼這趟通達「我」的旅行至少是載客飛向木星。到目前為止，還沒人能想像我們在這趟旅行中會遭遇到什麼……

第6章 米拉星三號殖民地

史巴克先生戀愛了：何謂感覺？

公元二二六七年，恆星時間三四一七點三。星艦企業號正在前往執行一項新任務的途中。米拉星三號殖民地（Omicron Ceti III）的情況危急。來自宇宙的一道強烈的貝爾托射線將這個星球上的動物毀滅殆盡，而企業號的任務就是尋找當地殖民者的下落。然而他們的希望非常渺茫，因為米拉星三號殖民地暴露在貝爾托射線下已有三年的時間了，不可能還會有倖存者。然而當寇克艦長帶著一支登陸小組來到這個星球時，卻驚奇地發現，所有的殖民不但都還活者，而且健康狀態極佳：一種神祕植物的孢子讓這群人免於射線的傷害。問題是這些殖民不僅抵抗力提高了，甚至連他們的價值觀也在孢子的作用下產生了改變。只要是吸入孢子的人，都會突然變得無比溫和，並且希望能永遠留在這個星球上。在這銀河的香格里拉中，連原本感情冷漠的瓦肯人史巴克也發生了變化。「感覺」在他原本只能理性思考的腦中接管了主導權。史巴克愛上當地一個年輕女子；於是這個無可救藥的理性主義者變成了一個無可救藥的浪漫主義者。所有企業號艦員最後都屈服於自己的情感，只剩下寇克艦長獨自與神祕植物所釋放的情感吸引力奮戰著。眼見下一個任務正等著他們去執行，艦員們卻不願意回到崗位上。就在此時，寇克發現了一個中和孢子效應的方法：提高腎上腺素。他找個藉口誘騙史巴克回到艦上，並費了一番力氣將這個瓦肯人激怒。隨著腎上腺素升高，史巴克漸漸回到了現實的理性狀態；接著他與寇克共同想出了一個對抗孢子效應的辦法：他們傳送強烈聲波到星球上，這種聲波讓還在那裡玩樂遊蕩的企業號艦員發怒。這個方法奏效了，所有人都得到治癒而恢復清醒，可以再度翱翔於宇宙之中。

這個小故事出自於電視影集《星際爭霸戰》第一季，拍攝時間為一九六七年。但直到一九八八年，這部影集才在德國的電視播映；原本饒富哲學意味的英文片名「天堂的此岸」（This side of paradise）被翻譯成了「假的天堂」。然而，哲學家參與其中的不僅是片名而已。首先，史巴克先生即代表了一個理想，一個自笛卡兒以來的理性使徒最愛的形象，因為史賓諾莎（Baruch Spinoza）、萊布尼茲（Gottfried Wilhelm Leibniz）、巴克萊（George Berkeley）、康德或費希特（Johann Gottlieb Fichte）等哲學家所想像（或至少希望）的人類，正是像這位情感冷漠的瓦肯人一樣。此外，這個終於讓人類擺脫理想幻境的故事本身也是個很好的啟發教材：告訴我們不要受制於感覺、令人目眩的和平假象、愛情與快樂；因為這一切都只會蒙蔽我們！在真實的人生中，每個人都應該理性地堅守崗位，完成其任務和義務！

當我們觀察得更仔細點，卻又會開始懷疑。史巴克先生這個人物的可信度究竟有多高？相對於地球人，瓦肯人不會表露他們的感覺，而他們也不會受感覺所控制。但是至少感覺的「設備」無疑是存在的。如果史巴克受到孢子影響而能夠去愛，那麼他必須具備所有能夠愛的先決條件，否則它們也不會被促動。而我們在這整套影集中也都能看到：史巴克不斷表現他的感覺。他最主要的感覺狀態是個顯明的**責任感**。這位瓦肯人忠實、樂於助人，為了能夠權衡矛盾的狀況，他必須知道在不確定時什麼是更「有價值」的。他必須權衡人命和風險、命令和命運。所有這些思考的發生都以價值為基礎，而道德價值永遠都不可能是無關感受的（我們在後面章節還會探討）。換句話說：史巴克的表情和肢體動作或許有些古怪，但是他卻和你我沒什麼兩樣。雖然他原本是被塑造成沒有感覺的，但最終仍證明了：一個有人性或是接近人類的生物卻又沒有感覺，那是無法想像的。

理由非常簡單：感性和知性並不相互對立。它們的關係不是彼此抗衡，而是在我們的行為裡並肩合作；它們是心靈工作的夥伴，有時候很忠實，有時候爭吵得不可開交，但是它們永遠是焦不離孟。在某個情況下，感性或許還可以不需要太多的知性，但是知性如果沒有了感性，就有麻煩了，因為只有感性才能告訴思想該往哪裡走。缺少了情緒的推動力，也就不會有思想的活動，而沒有了承擔義務的感覺，便不會存在策略性思考的史巴克先生。

感性是把我們凝聚在一起的接著劑，可以說是不可或缺的。而它們也並不像許多哲學家所想或所說那樣有害、煩擾、蒙昧或障礙本性。當然，感覺有可能會讓人受不了：太強烈的感覺會對思考造成些微的阻礙。比如當我覺得被猛烈抨擊時，當下經常想不出好的論點反駁，等到平靜時想起來，卻已於事無補；或當我在學校含情脈脈地看著心愛的女孩時，整個腦袋裡只裝滿她，就連一個拉丁文單詞也塞不進去了。不過即使我們常常希望感覺能遠離，人生若是缺少了感覺還真將會是場災難呢。我們寧可被喜悅「佔據」、被憤怒「擄獲」或被醋意「鼓動」，也不願放棄品嘗這些我們生命裡的靈藥。因為如果沒有了情緒，我們就會變得笨拙。沒有感覺的人類會是個可憐至極的生物，他們會完全沒有行為能力，也全然不知道應該想些什麼。他們的神經元將失去發動機和汽油。因為就連「要變得完全理性、不再聽從感覺」的這個決定，也是一個感性的決定。思想永遠都是帶著情緒色彩的，因此我們才有好玩的點子、抑鬱的想像、沮喪的認知、驚人的想法、浪漫的念頭和冷靜的思路。

但是，感性是什麼呢？它們從何而來，又通往何處？它們當下正在做些什麼？自古以來哲學家們都在思考著這些問題，雖然他們也都必須承認：感性並非他們最愛的主題。因為感性實在太難用思考的方式來理解了，而許多哲學家喜歡遵循的原則就是：只有他們能用魚

網網住的才是魚。而那些掉落在思維濾網之外的，不是完全不予討論，就是遭到鄙視。

儘管如此，古希臘和羅馬人卻早已勇敢面對並探究感性了。他們用來代表感性的詞是「pathos」和「passio」，在意義上大約等同「激情」，因為感性的確也會帶來痛苦（譯注1）。「情緒」（Emotion）這個詞聽起來較為中性，但是它源自拉丁文「movere」，意為「推動、挪動」，也指出感覺是可以「推動」人的。「感覺」（Gefühl）這個德文詞直到十七世紀才出現，而且是從法文的「sentiment」翻譯而來的。在這裡，複雜的感受和單純的刺激大多被清楚區分為「sentiment」和「sensation」。

因此，感覺首先是身體的激動。身體的激動是很重要的，因為情緒（例如恐懼感）在危急時刻甚至可以讓我們活命。逃離危險的本能反射，在一般靈長類的生活中是不可或缺的，而它們也經歷了時間的考驗。在種系發生學上。不論是原始或是派生的情緒，都有個共同點：它們都有助於保命以及適應環境與其他同伴。我們試著想像一個缺少了某種基本感覺的人：一個不會感到恐懼的人很可能活不長；一個不會感到噁心的人可能容易中毒或染病；一個對任何事物沒有好感的人將於群體中孤立；一個沒有同情心的人則會引起他人的猜忌和懷疑。

因此，熱情、本能、直覺和衝動都具有重要的生物學意義。它們都有讓個人存活以及凝聚團體的作用。不管是飢餓、睡眠和保暖的需求、逃遁、攻擊或是性愛，在所有重要的感覺上總是只與兩件事有關：我肯定是在**追求**什麼，否則便是在**逃避**什麼。而這並不僅限於外在事物。情緒一方面讓我能對外界的刺激做出適當的反應，另一方面也能使我調節內心的狀態。如果感覺過於激烈地朝著一個方向擺盪，那麼幾乎總是會有一個反作用來讓感覺的狀態重新得到平衡。大概沒有人能夠整整一個星期從早到晚都處於生氣或是興奮的狀態；而即使是最沈重的悲傷和最痛苦的失戀，在經過了幾個月後，也不會完全像第一天那樣嚴重了。

對許多人來說，「感覺」之所以討厭或麻煩，是因為它們很難加以關閉或啟動。例如有些被譏為感情冷淡的人總希望自己能更隨性、更熱情些；而很多情緒容易激動的人也希望自己能酷一點、沈著一點。要控制感覺並不容易；相反的，是感覺在控制著我們。更確切地說，感覺不只是在控制我們而已。就像我們並不是把腦部作為一個媒介來思考；我們本身就是一個腦部的狀態；在某種意義下，我們就是我們的感覺。然而問題是，在什麼意義下呢？

哲學家們對這個問題幾乎可說束手無策。難怪近幾年來主要是腦部研究領域在關心這個主題，因為自從我們能透過核磁共振以及電腦斷層成像觀察腦部的活動狀態後，情緒便成為了神經生物學家們爭相研究的對象。而他們已習慣區分情緒和感覺，就像法國人提到「sensation」和「sentiment」一樣。腦部學者對於情緒的理解，是化學和神經元反應兩者複

譯注1：德文中Leidenschaft（熱情、激情）一詞可拆解為Leiden（痛苦）和schaf（f）t（創造、產生），即「創造痛苦」。

雜的交互作用。這些情緒有特定的模式，而且在人類和動物身上看起來極為相似。情緒是頗為刻板而自動化的過程；感覺則更複雜得多，因為總會有部分的意識參與其中。例如我們可以隱藏感覺，試著不讓別人看出來，但這在情緒方面卻很難做到，因為我沒有控制它們的影響力。感覺是情緒和表象的特殊混合物，含有非常個人的成份，可說是產生於內心私密的空間裡。壁虎、鶥鳥和蝙蝠雖然和我們一樣有飢餓感和逃離危險的本能反射，卻八成不會有我們的失戀、思鄉情懷和憂鬱。

十九世紀下半葉，在時間上比腦部學者要早得多，當時新興的心理學便已開始關心並有系統地研究這些被哲學家們嚴重忽略的「感覺」。而當時心理學做了一般心理學家們很喜歡做的事：列出目錄！關鍵點在於：有哪些情緒存在？它們一共有多少種？因為無疑地，情緒有一套固定的內容，一組基本的戲碼，而且那是全世界不同文化的人類都共有的。這些情緒出奇地少，因為我們幾乎無法再發展或發明出新的情緒來。

即使如此，心理學家們還是無法達成共識。威廉．馮特（Wilhelm Wundt）於二十世紀之交找出了三個核心的對立組：快感和不快感（Lust-Unlust）、激動和抑制（Erregung-Hemmung）、緊張和鬆弛(Spannung-Lösung)。不過問題是，這些對立組難道不是經常彼此發生交互作用嗎？快感和激動兩者總是能被劃分開來嗎？於是後繼的心理學家便發展出「基本情緒」的列表來取代對立組。二十年代出現了一個十二種情緒表：快樂、悲傷、憤怒、恐懼、厭惡、感謝、羞恥、愛、驕傲、同情、憎恨、驚嚇。在過去幾年裡，美國舊金山加州大學的人類學暨心理學家保羅・艾克曼（Paul Ekman）倡言有十五種情緒。他加上了輕蔑、滿意、輕鬆、罪惡感，並且認為「悲傷」過於複雜而剔除之。這個遊戲可以用不同方式繼續玩下去，但是我們或許不必太認真，因為所有這些情緒都受限於語言的翻譯。並不是每個語言都有完全相同的意思，例如中國人或東非馬賽人很可能會有不同內容的列表，雖然他們和艾克曼先生受制於相同的基本情緒。

腦部學者在說明和描寫情緒與感覺時，也會有這種翻譯上的問題。對他們比較容易的方式，是找出引起我們情緒的化學物質。而在此特別重要的是負責傳送的物質，也就是將訊息從一個神經細胞傳遞到另一個神經細胞所謂的「神經傳輸器」。在情緒方面則是引起激動的傳輸器，主要是**乙醯膽鹼**、**多巴胺**、**血清素**和**正腎上腺素**。

這些傳導物質都有驚人的能力，其中有些能力甚至尚未完全研究出來。乙醯膽鹼的角色類似傳輸器中的運動員或教練。它在神經和肌肉之間傳輸刺激，也能夠刺激汗腺作用。不過它還有更多的功能，因為它顯然也參與學習的過程，並因此與阿茲海默症有直接的關連：患者的乙醯膽鹼值嚴重降低；多巴胺是個煽動者和鼓勵者，它在血液供給上扮演重要的角色，另外還能調節荷爾蒙。血壓過低的狀況可透過提供多巴胺來改善。至於荷爾蒙方面，它與精神病和其他障礙也有密切的關係，一般認為精神分裂症是過高的多巴胺值造成的；血清素是

一個外交家和調解員，它能幫助血液循環和調節血壓，在肺臟和腎臟使血管緊縮，在骨骼肌肉中則能使血管擴張。此外，它還能調節睡眠和甦醒的週期以及平衡壓力的狀況。血清素若是出現不規律的情況，則會產生好與壞的結果。比如人們大致相信在戀愛中的人身上能測出較高的血清素值，因為它會提供幸福和滿足感，然而血清素若是出了問題卻又可能導致偏頭痛；正腎上腺素是個賽車手和加速器。它主要作用於動脈，和多巴胺一樣能夠提高血壓。它在重症治療上被用來處理休克狀況，並於癲瘓性中毒時加速血液的流動。

上述四種傳導物質都經常可以在邊緣系統中發現，雖然它們的作用並不僅限於此。邊緣系統的三個主要的組成部分，中腦導水管周圍灰質、下視丘和杏仁體，是負責天生情緒狀態和行為方式的中心。舉例來說，**中腦導水管**周圍灰質控制我們的性行為、攻擊、防禦和飢餓感，而它顯然是唯一主司因疼痛引起的喊叫、呻吟和哀號的單位。**下視丘**也負責飲食的攝取、性行為、攻擊和防禦。此外它還參與睡眠和甦醒的週期以及循環系統的調節。關於我們性生活特別有趣的是，下視丘的一個核心，**內側視前核**，在男性身上比女性更顯著，這是兩性在腦部解剖學上少許的明顯差異之一；而它在攻擊行為和性行為上都扮演重要的角色，而這兩者也在這裡緊密地結合在一起；**杏仁體**雖然很微小，但是對我們感覺的重要性卻難以想像。目前它是大部分腦部學者最喜歡研究的對象，因為儘管已經進行過多方面的研究，它仍然頗為神祕。高濃度的正腎上腺素和血清素集中於杏仁體，但是特別高的是乙醯膽鹼的濃度。在杏仁體中隱藏著腦部的害怕和恐懼中心。我們也已知杏仁體在學習過程中有其重要性，特別是在情緒學習的方式上，因為情緒是有學習能力的，例如第一次讓我感到驚訝的事，到了第十次就不會再令我驚訝了。

我們的感覺、思想和行為都藉助於化學的信號物質產生，因為所有感覺和刺激的品質都受限於神經化學的條件且由其所控制。如果史巴克先生在米拉星三號殖民地，是因為腎上腺素的釋放讓他脫離腦內啡和血清素造成的幻境，那麼這樣的解釋可說是非常合理的。前提是他必須和每個正常人一樣，都具備相同的神經化學的基本配備。若是如此，那麼這個配備也必然和他更高的腦部功能，也就是他的思想相聯結，除非瓦肯人具有封鎖多巴胺和正腎上腺素的能力。不過這個可能性並不大，因為那將順帶使得史巴克等人變得憔悴、慵懶和漫無目標。

關於情緒和感覺的解釋到此就足夠了嗎？答案應該是否定的。只有想法天真的腦部學者才會在此刻就靠著椅背鬆口氣說：沒錯，就是這樣了！因為到目前為止，我們其實只解釋了感覺的「語法」，而這個語言的聲調和其意義的豐富性都還沒有解釋。雖然具有推動力的**多巴胺分子**、具有平衡力的**血清素分子**（史巴克分子）以及具有激動力的**正腎上腺素分子**都是不可或缺的，但是它們卻不會自己啟動而作用。它們像是被從一個神經細胞派遣到另一個神經細胞，從一個腦部中心派遣到另一個腦部中心的大使一樣，在到達了指定的地點後，它們便引發特定的反應，也就是延緩、加速、激勵或阻撓。簡而言之：這些傳導器雖然在其

中傳遞著意義，並且在到達目的地時引發出意義，但是它們自己並不會進行思考。

然而，一個完整的感覺卻是由複雜的「多聲部」共同作用所產生的。參與其中的有特定的腦部區域或中心、神經細胞的發送和回覆特性、傳導器，以及其他腦部結構複雜的聯結模式，當然還有透過感官影響該系統的一切環境刺激。為什麼有的音樂讓一個人感到舒服，另一個人覺得是噪音呢？為什麼有些人喜歡牡蠣的味道，有些人卻覺得噁心？而我們又為什麼會在某些時刻對我們所愛的人感到恨意呢？從化學的角度上，感覺是容易解釋的，然而要探究它的形成、出現和消失卻又十分困難。有時候，不少腦部學者會希望事情能夠容易些，也就是變得更「瓦肯人」些。這類學者的主要代表人物就是企業號成員中的皮勒博士（Dr. Pille）。當史巴克受到孢子影響而以充滿感情的語調和態度對著通訊器說話時，皮勒的反應十分驚奇：

皮勒：這聽起來完全不像是史巴克。

寇克：你不是說過，你寧可他多點人性嗎？

皮勒：我從來沒這麼說過！

如果說，將我們凝聚在一起的接著劑真的不是像瓦肯人那樣的理性，而是由感覺所組成的，那麼感覺不就決定我們的本質嗎？管理我們的，難道不是意識，而是潛意識嗎？而潛意識又究竟是什麼呢？

第7章 維也納

不是自家的主人：我的潛意識是什麼？

他是個難以親近的人；他吸食古柯鹼、冷落孩子、嚴重鄙視女性、無法忍受信眾們所提出的批評，而他的科學研究後來都被證明為不符科學。儘管如此，他仍是個重要的人物，也是史上最具影響力的思想家之一。

佛洛伊德（Sigismund Schlomo Freud）於一八五六年出生於波西米亞的弗萊堡（Freiberg），位於當時的奧地利，也就是今天的捷克境內。他的父親是一名猶太毛織品商人，在他出生不久後就宣告破產。由於家中有八個孩子，因此佛洛伊德的成長環境非常窮困。這家人先是遷往萊比錫，不久後又搬到維也納去。身為長子的佛洛伊德是母親最疼愛的孩子，而他在學校裡也非常出色，以優異成績通過高中畢業會考。一八七三年秋天，他註冊了維也納大學醫學系。他曾在那裡進行過河鰻睪丸的研究，後來又念了同一所大學的生理系，並在一八八一年以《低等魚類的脊髓》（*Über das Rückenmark niederer Fischarten*）為題取得醫學博士學位。然而他卻因為經濟窘困而無法繼續留在大學。帶著失望的心情，他在維也納綜合醫院謀得一職，並在那裡工作了三年。他在一位著名的腦部解剖醫師提奧多・梅涅特（Theodor Meynert）身邊擔任助理醫師，並繼續研究魚類，特別是七鰓鰻的腦部。在這段時間裡，他也拿古柯鹼在自己身上進行各種試驗；他認為古柯鹼能用來治療歇斯底里症。這位科學界中好勝心強的後起之秀一心想著要功成名就，雖然先後發表了五篇關於古柯鹼的論文，卻仍無法如願以償。就連嘗試用古柯鹼來醫治一名染有嗎啡毒癮的友人也終告失敗；改名為西格蒙德（Sigmund）的佛洛伊德後來在著作中有意隱瞞這件事。一八八五年，他滿懷自信地遷往巴黎去作一趟研究之旅。他在一封信中寫道：「噢，這將多麼美好啊！我會頂著巨大耀眼的光環回到維也納，並治癒所有到目前為止無法醫治的精神疾病。」佛洛伊德在巴黎遇見精神醫學的翹楚，人稱「歇斯底里病患的拿破崙」的尚馬利・夏爾科（Jean-Marie Charcot）。他為佛洛伊德開了眼界，讓他知道許多精神障礙是心理而非生理因素，並向他介紹了催眠術和心理暗示術。佛洛伊德回國之後便在維也納的議會路（Rathausgasse）以精神科醫師的身份執業，同時也在「第一公立兒童疾病中心」擔任精神科主任醫師。他與出身自猶太教經師和學者家庭的瑪塔・伯內斯（Martha Bernays）結婚，生了六個孩子。然而佛洛伊德卻完全不是個熱情、慈愛的父親，在孩子面

前顯得難以親近。一八九〇年代初期，三十五歲的佛洛伊德再次深入研究腦部解剖。他寫了一篇關於腦部疾病引起語言障礙的文章，並發現腦部研究可解決許多精神謎團的巨大前景。然而他的那本嘗試藉助卡哈爾（Cajal）全新神經元理論來解釋「精神器官」的《科學心理學大綱》（*Entwurf einer Psychologie*, 1895），卻始終留在抽屜裡沒有發表。

對佛洛伊德想治療精神疾病和解決精神障礙的遠大抱負來說，腦部研究的成熟度還差得很遠。卡哈爾對腦部神經細胞的功能及其交互作用的新的理解都過於抽象籠統。卡哈爾為了探究「理性心理學」，在馬德里把屍體的腦部放到解剖臺上；身處維也納的佛洛伊德卻選擇了另一個做法：他開始讓研究對象活生生地躺在長沙發椅上，對他們的腦部進行研究；他創立了一門新的科學：精神分析。一八八九年，他來到南錫（Nancy）拜訪了伯恩漢（Hippolyte Bernheim）；當時伯恩漢正在進行所謂「後催眠暗示」的嘗試。佛洛伊德得出一個結論，那就是必定存在一個為人類大部分行為負責的無意識。

「無意識」並不是一個嶄新的概念。早在一八六九年，當時還很年輕的哲學家艾德華・封・哈特曼（Eduard von Hartmann）就寫出了《無意識的哲學》（*Philosophie des Unbewussten*）這本深受叔本華啟發、卻頗不成熟的著作。（見〈我可以要我所想要的嗎？〉）這本書在當時極為暢銷，書中匯聚了十九世紀中期以來唯物主義哲學家對康德、費希特和黑格爾的理性主義哲學的種種不滿。而立場相近且同樣批評這些對手的尼采，更因此而火冒三丈，主要是因為洞察力遠不及他的哈特曼竟然比他成功。不過，「無意識」也不是哈特曼發明的。歌德（Johann Wolfgang Goethe）的一個朋友，也是醫師和腦部學者卡魯斯（Carl Gustav Carus）於一八四六年就在他的《心理：關於精神的發展史》（*Psyche. Zur Entwicklungsgeschichte der Seele*）裡提到了「無意識」（Unbewusste）以及「無意識所在」（Unbewusstsein），作為精神活動最初的區域。

佛洛伊德和前人不同之處，在於他以非常嚴肅的態度嘗試對無意識進行有系統性的研究。他對於無意識在腦部所在的位置有個大致的想法：位於端腦的下皮質中心和腦幹內。至少他的老師梅涅特（Meynert）在腦部的解剖上已經達到了這一層。不過一八九〇年代還是無法利用腦部研究的技術解開無意識之謎。一八九一年，人在維也納的佛洛伊德搬到了貝爾格巷十九號（Berggasse 19），也就是他自此工作和居住了四十七年的地方。他第一次談到「精神分析」是在一八九六年，這是他沿用自醫師友人約瑟夫．布羅伊爾（Josef Breuer）在「細微詢問程序」（subtiles Ausforschungsverfahren）中所使用的概念。布羅伊爾曾鼓勵他的一名心靈受創的病人貝爾塔．帕本涵（Bertha Pappenheim）說出她在精神上遭受的傷害。從此佛洛伊德也開始探索病人（主要對象為女性）遭受性暴力的經驗，採用的方法是引導她們說話。至於在男人身上，他則診斷出在孩童時期會對母親產生性需求，即他所稱的「伊底帕斯情結」。他在後來以此和其他主張為基礎建立了一個經常被他自己修改的「本能理論」（Trieblehre）。這套理論引起強烈的爭議，而它的概括性描述在今天看來也已站不住腳了。一八九九年至一九〇五年間，佛洛伊德寫了四本關於「無意識的力量」的著作，這四本書奠定了他的名聲。它們的內容分別是關於夢、日常生活中的失誤行為、笑話和性。一九〇二年佛洛伊德成為維也納大學的特殊榮譽教授，並成立「心理學週三學會」（Psychologische Mittwochs-Gesellschaft），也就是「維也納精神分析協會」（Wiener Psychoanalytische Vereinigung）的前身。

雖然佛洛伊德的著作大部分都備受爭議，科學界也吝於給與肯定，他卻有著驚人的自信。一九一七年，他把自己在「揭開無意識之謎」的成就與哥白尼和達爾文的理論並列，他認為他們三個人都貶低了人類：哥白尼把地球從世界的中心位置推到了邊緣；達爾文把人類的天性由原本的「上帝所造」改為「從猿猴演變而來」；而佛洛伊德自己則讓人類知道，人類並不是「自己家裡的主人」，因為無意識的支配權比意識要大得多。他確定人類所做的決定中約有百分之九十是由無意識所驅使的。

為了解釋無意識是如何控制意識的，佛洛伊德於一九二三年發展出了一套「三部分心理」的想法。根據這套想法，人類的精神活動乃是由三個主管單位所決定的：本我（Es）、自我（Ich）和超我（Über-Ich）。佛洛伊德將此三分法視為自己的成就，但其實尼采就曾經使用過這三個概念來說明類似的功能。本我形同無意識，是人類心理的本能元素。飢餓、性慾、妒忌、仇恨、信任和愛等等決定了本我。與本我對立的是**超我**，它代表的是人類經由教育習得的規範、理想、角色、楷模和世界觀。**自我**夾在兩者之間，其實是個被強大對手蹂躪下的可憐蟲。它臣服於**本我**、**超我**和社會環境三個主人，並試著調停三者之間的衝突。然而**自我**頗為軟弱；一般來說，不接受自我控制的**本我**能夠勝出，因為它能擺脫掉意識；無意識的本能以及幼童時期的影響和塑造是無法窺探的，因此也無法輕易加以整理。

相對來說，佛洛伊德這套模式發展得較晚，而且也並沒有作為往後著作的基礎。不過他有個絕對堅持的觀點：人類行為的主要動機是來自一種無意識的矛盾，存在於「本能衝動」以及遠遠無法與之抗衡的「理智」兩者之間的矛盾。他不僅將這個觀察應用在個人身上，還普遍運用到人類社會的本能動力（Triebdynamik）。

佛洛伊德接下來關於文化評論的著作，大多是在身體承受著極大病痛下完成的。他可說是一九二〇年代的國際巨星，但是嚴重的下顎癌卻讓他飽受煎熬並嚴重限制了他的行動。納粹掌權後，佛洛伊德的著作開始遭到禁止和焚燒。一九三八年三月，德軍進入奧地利，迫使他流亡至倫敦。他的五個妹妹中有四個留在維也納，並遭到納粹逮捕、謀殺於集中營內。一九三九年九月二十三日，病入膏肓的佛洛伊德在倫敦終於以高劑量的嗎啡結束了自己的生命。

他的理論給我們留下了些什麼呢？佛洛伊德的最大貢獻，首先是他在檢視人的時候，將焦點放在感覺、心理衝突和無意識的意義。雖然精神分析已經分裂出許多不同的思想和學派，而且它們與佛洛伊德的理論時而相近時而偏離，但是他那沿用布羅伊爾並經過自己改良的治療形式，至今仍是世界通用的方法。至於在研究人類心理的科學成就方面，他也的確常有敏銳的直覺，不過也僅止於此而已。他在病人的心理世界中遊歷，如同一位沒有船隻可供航行的繪圖員，無法親眼目睹並測量人們所描述的大陸。而這也導致了他的傲慢，因為從來沒有人用他的方法達到如他一般的成就。那塊大陸就是「無意識」，而他就是領航員。然而佛洛伊德其實很清楚自己的時日不多，那曾經因為無法幫助他而被他揚棄的腦部研究已揚起風帆，就快要超越他了。現在的問題只是：那些他在地圖上繪記的輪廓、河川、山脈和島嶼，究竟還有多少能夠留下？他在一本關於享樂主義的書中，出乎意料地以自我批判的態度寫道：當然最終也只有生物學才能以新的驚人發現（即便這些發現「可能會導致我們整個由假設構成的人工殿堂崩潰瓦解」）來解開精神之謎。

精神分析並不是一門科學，而是一個方法。它的推測無法以科學來檢驗。因為如此，儘管在佛洛伊德去世的三十年後，精神醫學和精神分析仍然水火不容。當時精神分析正值鼎盛，而腦部研究也正處在電生理學的高峰期，將所有精神活動都以微米（Mikrometer）和毫伏（Millivolt）表示，這看在佛洛伊德的門徒和兒孫眼裡，就像一個神經生物學家來看自然科學眼中天真的「咖啡渣精神分析占卜術」一樣荒謬。直到今天，在腦部研究全面獲勝之後，有些腦部學者才敢重新肯定佛洛伊德的成就。

佛洛伊德在當時只能夠推想的，其實對於腦部研究來說已經是很清楚的事了：我們檢視一下腦部，就可以看到負責意識的腦部區域。它就如我曾提到過的，位於聯合皮質內。有些區域，也就是腦幹、小腦、丘腦以及端腦的下皮質中心，則負責產生和儲存無意識過程。這麼說來，意識和無意識在解剖上是相當容易分開的。雖然如此，腦部研究還是有很長的時間在無意識的研究上繞了很大的路。因為對神經生物學來說，無意識是難以描述和掌握的。無意識的過程經常發生得非常快，而它們是（佛洛伊德也知道）無法透過語言來傳達的，因為人不會意識到它們。因此只好讓心理治療師從病人所報告的字句裡聽出它們並解開無意識之謎，或者把病人送入電腦斷層儀，去觀察負責無意識的腦部區域在面對特定問題或測試的時候會引起什麼反應。

不過，雖然指出負責無意識的腦部區域是如此容易而清楚的，無意識本身的特性卻也可以是很不一樣的。比如說，無意識是一些我們經歷到卻沒有注意到的活動。在我們的感知裡充滿了我們完全沒意識到的印象。因為我們的注意力只能集中於真正看到、聽到和感覺到的極小部分，而剩下的便進入潛意識。其中有些會被偷偷儲存起來，有些則不會，而這並非我們所能控制的。我們會針對眼前的任務、目標和需求去感知。例如，一個飢餓的人比較會注意到一切與食物或餐廳有關的事物；而同一個人，如果他是個對風景名勝感興趣的遊客，

他對城市的感知會和一個正在找工作的他完全不同。人對於某件事的專注力越集中，就越不會注意到其他的事；這樣的問題我們經常在意外狀況中看到。當某人在路上撞到交通號誌牌時，他顯然沒有看到它；而捲入交通事故的人聲稱自己沒注意到其他車輛的情況更是屢見不鮮。

我們的注意力若是集中在某個事物上，我們的腦部往往完全不會顧及其他東西，就算這些東西可能非常愚蠢，愚蠢到其實我們應該注意到的才對。關於這樣的情況，伊利諾大學香檳分校的心理學家丹尼爾・賽蒙斯（Daniel Simons）和哈佛大學的克里斯多夫・查布里斯（Christopher Chabris）所拍攝的影片，著名的「大猩猩服裝實驗」，就是個很好的例子。影片中有兩隊人面對面地玩球。一隊穿著白色衣服，另一隊穿著黑色衣服。兩隊各有一顆球，都傳球給自己的隊友，傳球的時候總是讓球先落地然後彈起。這時安排一個人數不少的測試組來觀看這段影片，他們的任務是計算白隊的球一共落地彈起了多少次。大部分的受測者都能毫無問題地完成任務，說出正確的次數。然而測試員還想知道別的，也就是觀眾們是否注意到了任何不尋常的東西。一半以上的受測者均給予否定的答案。直到他們第二次再看影片且不去專心計算時，才驚訝地發現影片中有一個穿著大猩猩服裝的女人拖著腳步穿過畫面，停在畫面中央學著猩猩捶胸。而大多數的觀眾由於太過專注在「計算次數」這件事上，因此竟完全沒注意到這隻大猩猩！心理學家以同樣的實驗要求另一組受測者計算黑隊的球落地數，結果也有三分之一的人沒注意到大猩猩。這名喬裝的女人之所以較能吸引黑隊觀眾的目光，是因為大猩猩的服裝也是黑色的。這段影片是一個很明顯的例子，說明我們的注意力如何對感知到的東西進行過濾，而且我們不會意識到這個「過濾」的工作能達到這般程度。我們的注意力像是一盞探照燈，只能照亮很小的範圍，而其餘的黑暗部分則進入無意識的領域。

我們大部分的無意識源自於這種未被照明的感知。另一個重要部分則由我們在母體內以及一到三歲的經歷所組成。在這段時間裡，我們其實已經有了許多深刻的感知，但由於我們的聯合皮質尚未成熟，因此無法儲存這些經歷並將它們作為有意識的經歷來支配。我們人格的三分之二左右是以這樣的方式逐漸成熟的，而我們自己日後卻不會記得，也無法想像當時確切的情況。

除了每天生活中無意識的感知以及幼童時期深藏的無意識以外，還有一些其他的無意識，例如下意識的「自動行為」。我常常驚訝於自己能在爛醉的狀態下走數公里的路並安全到家，即使我後來怎麼也想不起回家的路上究竟發生了什麼事。而當我此刻正在打這行字時，我的手指又是如何在十分之一秒的速度下找到鍵盤上的鍵呢？如果有人蓋上鍵盤要我標記，那麼我大概連一個鍵也標記不出來。我的手指顯然要比我還來得聰明呢！還有那些曾經歷過卻又遺忘的事物，雖然有很長一段時間完全不在我的意識當中，多年後卻因為某個

刺激信號而又再度想起。其中一個非常典型的例子就是氣味；氣味能夠將一連串原以為遺忘的畫面重新喚回到意識中。

無論如何，我們必須承認，佛洛伊德的理論整體來說是正確的：我們腦部裡的大部分活動都在無意識下發生，而這個無意識對我們具有無比的影響。我們甚至可以說，無意識的感知是慣例，而有意識的感知（對我們來說當然特別重要）反而是例外。因為只有聯合皮質參與工作的部分才能被我們意識到；而聯合皮質卻又偏偏必須依賴無意識的幫助。如同前一個章節所說的，感覺是把我們凝聚在一起的接著劑。沒有了來自邊緣系統的無意識的刺激，聯合皮質也就完全沒有接收、反思、權衡和表達的素材；它將如同一個高效能卻因沒有供電而無用武之地的機器。因此，無意識對我們意識的控制強過意識對無意識的控制。在我們個人的發展中，無意識產生在意識之前，而它對我們的塑造也比意識的漸漸醒覺要早得多。我們無意識的經歷和能力的總和（也就是潛意識）是一股強大的力量，我們想對它產生影響是非常困難的。我們最常使用來接近潛意識的方法是藉由外來的幫助，也就是心理治療。

今日的腦部學者夢想著一個在神經科學上能夠有穩固根基的精神分析。一九七九年，世界知名的記憶研究專家艾瑞克．肯德爾（Eric Kandel）陳述了這個很有挑戰性的計畫，目標是將兩個學科結合起來。然而對於精神分析來說，肯德爾這個新科學的建議聽起來像是一套苦行者的減肥療法：不再進行推測、不再提出大膽的概念，也不再幻想以精神分析方式去治療精神和身體疾病。相反的，他運用經驗研究法、統計數據、嚴格的成果控制以及如核磁共振圖的腦部掃描，根據個別腦部區域來審查心理治療的成效。

以腦部研究的實驗方法來對無意識進行探究，這個嘗試才剛開始。無意識可說是哲學的一個養子，是於十九世紀後半葉才被漸漸接受的，而今天卻已經是通往人類科學的自我認知最重要的研究領域。在生物學上的認知理論眼中，人類是雙重受限的：其一是受限於典型的感官能力以及靈長類腦部典型的極限（見第一至四章）；其二是由於意識與潛意識兩者之間的界限。無意識構成了我們大部分的經驗及我們的人格，但是想一探其中奧祕卻困難重重。在我們進入本書的第二部分、探討人類行為的問題之前，我們還有個觀點必須先加以確定。這個觀點到目前為止總是被大家默默視為理所當然：那就是記憶。我們的記憶是什麼？它是如何運作的呢？

第8章 紐約

似曾相識：何謂記憶？

其實他大可以舒服地靠著椅背，為自己的成就感到驕傲。可惜這並不是他的作風。這位氣質優雅的男人穿著條紋西裝挺著腰桿站在他的書房裡，身上搭配著的寬吊帶和鮮紅藍點領結，使他這位有點年紀的聰明男人看起來像一個音樂家，或是一九五〇年代百老匯極盛時期的節目主持人。但是艾瑞克・肯德爾其實並不是藝人，而是當今世界上最重要的記憶研究學者。

這個位於十三樓的房間雖然很樸素，卻不會讓人覺得不舒適，也沒有任何誇張之處。架上擺著一些因經常使用而顯得陳舊的專業書籍，其中有一部是他那早經磨損的大開本巨著《神經科學原理》（*Principles of Neural Science*），那是他的成名作。窗台上放著他家人和已過世的同事的相片。透過淺色的窗戶玻璃，望出去是曼哈頓區的北部，下面是河濱大道的車水馬龍，穿過由灰暗水泥屋、木板屋和鐵絲網構成的單調街景。七年前，肯德爾因為在記憶研究上的畢生貢獻而獲得了「諾貝爾生理或醫學獎」，他的成就充滿了不可思議的啟發性和新發現。他漫長工作生涯的後半段便是在這層樓裡度過的。走廊左右兩邊塞滿了東西的實驗室看起來與世界各地的實驗室沒什麼兩樣。然而，別被這不起眼的室內佈置矇騙了，哥倫比亞大學的霍華德休斯醫學研究中心（Howard Hughes Medical Center）是全球腦部研究重鎮。而一手撐起一切的這個人雖然已年屆七十七歲，卻不是個只沉溺於古怪想法的退休教授或冥頑的史前化石。相反的，肯德爾仍然位居研究的主導地位，像個具有無上權力的君王一般，帶領著大批勤快機靈的研究團隊。

世界究竟是由原子還是歷史構成的，答案見仁見智。艾瑞克．理查．肯德爾（Eric Richard Kandel）的歷史開始於希特勒進軍奧地利。一九三八年十一月七日這一天，過九歲生日的小艾瑞克得到的生日禮物是一台藍色的遙控汽車。他的父親是維也納的猶太玩具商，而能擁有這輛汽車讓艾瑞希感到無比的驕傲。兩天後的晚上，房門外忽然傳來巨大的捶打聲：水晶之夜（譯注1）；反猶太主義在維也納爆發，情況比大德意志帝國的任何地方都要

譯注1：水晶之夜（Reichskristallnacht），又譯為「碎玻璃之夜」。指發生一九三八年十一月九日至十日凌晨，納粹與黨衛隊襲擊全德境內猶太人的事件。此事件被視為有組織的屠殺猶太人的開始。

慘烈。艾瑞克的母親和兩個兒子必須離開住所，父親被強行帶走，受到審訊和羞辱，十天後才重新回到家人的懷抱。肯德爾一家人遭到納粹政權的刁難和欺壓長達一年之久，他們被洗劫、驅逐和沒收財物，父親失去了工作，艾瑞克也失去了所有的朋友。在維也納以色列宗教團體的幫助下，這一家人存活了下來。一九三九年四月，兩個兒子出境並抵達美國，父母也隨後與他們會合。這些倖存的猶太人有個座右銘：「永不忘記！」這個座右銘無時無刻地伴隨著艾瑞克。他的父母在紐約落腳的過程十分艱難，而艾瑞克卻很快就適應了新環境。他進入紐約弗來布許區（Flatbush）的正統猶太小學（傳統的猶太菁英學校），接著又進入位於布魯克林區著名的伊拉斯謨斯霍爾高中（Erasmus Hall High school）。在從一千四百名申請者中只取兩名的激烈競爭下，他獲得其中一個以獎學金就讀哈佛大學的機會。他在那裡認識了出身自精神分析學世家的安娜．克里斯（Anna Kris）。他愛上了安娜，卻更醉心於精神分析，並稱之為「最迷人的科學」，「充滿想像力、無遠弗屆而又有經驗作為基礎」的科學。肯德爾潛心閱讀佛洛伊德的著作，並發現了那「唯一能理解心靈的基礎」。為了成為精神分析師，他必須學習醫學。他嘆了一口氣說，那真是「一門無聊得難以形容的學科」。一九五五年的秋天，他坐在哥倫比亞大學哈利．格倫費斯特（Harry Grundfest）的會談室裡，向這位面露訝異表情的神經生理學家解釋他未來的研究計畫：「我想要找出佛洛伊德所謂的本我、自我和超我於人類腦中所在的位置。」

回想起來，現在的他自己也笑了。他那三聲單調、低沈、吸入式的笑聲聽起來不像是人類發出來的，反而像是犀鳥求偶時的誘叫聲。他以一種混雜了維也納的魅力、猶太人的幽默和美國式的漫不經心的迷人方式，講述著自己如何從一個只會做夢的人轉變成嚴肅認真的科學家。按照格倫費斯特的指示，肯德爾每次只能研究單一的腦細胞，而且所選擇的動物必須具有簡單的生物構造，才能進行清楚的實驗。畢竟，佛洛伊德剛開始也是一名神經生物學家，並試著以神經元原理作為基礎來發展他「精神設備」的理論。現在，肯德爾要冒險嘗試佛洛伊德當年因知識不足而無法完成的事。在接下來的二十年中，他與俗稱海蝸牛的海蛞蝓或「海兔」相處的時間超過了他的妻子。當這名未來的腦部學者首次對一隻淡水螯蝦的神經細胞進行微電極測試時，就已經感到欣喜若狂了。直到今天我們仍然感受得到他當時的興奮之情。他張開雙臂，用洪亮而高亢的聲音說：「我聽到了我那隻螯蝦深沈、隱蔽的思想！」不過，海蛞蝓在許多方面都甚至比螯蝦更為驚人。「牠巨大、驕傲、迷人且聰明。」牠是一種構造簡單而清楚的動物，相較於人類的一千億個神經細胞，牠的腦中只有兩萬個。這些細胞中有的是哺乳動物神經細胞的五十倍大，甚至可用肉眼辨認出。肯德爾帶著極大的熱情，一股腦兒地投入了工作。

他興奮講述著草創時期的種種刺激過程：有如「艾瑞克」夢遊仙境一般；那是一個沒有什麼比腦部研究更讓人興奮的世界，就像對一塊陌生的大陸進行測量與繪圖，或是像十七世紀的天體物理學或文藝復興時期的探險旅行一樣。在一九五〇和六〇年代，腦部研究可以說是到一個幾乎陌生的國度旅行。而從觀察海蛞蝓的神經細胞到能夠解釋人類的感覺、思想和行為的旅程，則似乎是遙不可及。不過肯德爾卻很樂觀。他認為不管是海蛞蝓還是人，細胞的構成物質在生物化學上可說是大致相同的。有沒有可能是：以學習和記憶為基礎的細胞機制也在演化過程中保存了下來，因此它們在所有生物身上都以類似的方式作用著？肯德爾對海蛞蝓的尾部施以輕微電擊，刺激鰓的反射作用，並觀察神經細胞的反應；他發現神經細胞會發生變化。他也很快地看出，有些海蛞蝓已熟悉的過程（即短期記憶裡的「學習經驗」）會提高神經元突觸的可塑性：它們會膨脹延伸。他所寫的首批關於海蛞蝓「學習模擬行為」的論文讓同事們都跌破了眼鏡。他露出微笑，就像一個興奮的孩子知道自己的戲法成功了一樣。「那些哺乳動物沙文主義者不知道該怎麼看這件事，他們原本以為這樣的嘗試只能夠發生在哺乳動物身上。」

肯德爾勇於嘗試的這個領域，對記憶的探究，幾乎大得看不到邊際。到底什麼是「記憶」和「回憶」呢？要解答這個問題並不容易。記憶難道不就像是我們的「身分」一樣嗎？若是沒有了回憶，我們會是什麼呢？我們不僅將沒有了生平記錄，更將沒有生活，特別是有意識的生活。「理解」意味著把一件事跟另一件我們所知道的事聯結起來，而我們只能「知道」被我們儲存起來的事情。你要理解一個句子，一方面必須理解或重新認出每個字，另一方面得看出整個句子的**意指**（Bedeutung），也就是它的**意義**（Sinn）。而如果你記得以前讀過的句子（不必每個字，但至少是它們主要的意思），將會有很大的幫助。我刻意把「意指」標為粗體，因為它說明了一件極為重要的事：我們（在一般的情況下）並不儲存字詞或句子於我們的腦部，而是儲存像「對個人而言最重要的」東西，也就是事物對於我們個人的意義。不僅字詞如此，其他一切事物也是這樣。極少有人能光憑記憶就畫出熟悉的臉孔，就算是天才藝術家也辦不到。當我想到兒時摯愛的祖父時，眼前會出現他的畫面，而且只有一些經過篩選的、感觸很深的、短暫的片斷景象。這些是印象，而不是很長的影片。當我試圖回想我的房子時，眼前絕對不會同時浮現所有房間，而總是個別的房間或它們的局部。

我們該如何解釋這些「曝光效果很差」的影片片斷呢？訊息是如何被轉換成意義的？誰來決定該選擇哪些訊息呢？為什麼我還知道小學時管理員的那隻狗叫什麼名字，卻忘記在我和我太太認識的週年紀念日當天打電話給她呢？雖然我當然知道是哪一天，而且相對於我太太對我的重要性和意義，那條狗根本不值得一提。而我究竟又為什麼偏偏會突然拿這條我在過去三十二年內從未想過的狗來這裡作為例子呢？這樣看來，回憶似乎是很難以支配的。它就像靈光一現，我們無法隨意控制它，甚至不能刻意忘掉它！能讓某個畫面從遺忘裡釋放出來且浮現在意識裡的這個「記憶的不知名力量」是什麼？我的記憶裡有多少是

有意識的，又有多少是無意識的呢？是誰或是什麼東西在操控著這個開關，讓「有意識的知道」進入「遺忘」的大箱子中？而又是誰偶爾會從裡頭拿出一兩個東西來呢？例如說，我在睽違柏林十二年再度在柏林地鐵隧道裡認出那獨一無二的氣味，其實我並沒有料到那個氣味曾經引起我的注意，而且這麼看來我還挺喜歡它的呢！我究竟是那個正在回憶的同一個人，抑或是記憶有個不受支配的「自己的生命」？我真的是記憶的主體嗎？或者說，我其實更像是我自己記憶的客體呢？

我們的腦部儲存的是意義，而不是像一個檔案室或 CD-ROM 儲存的資料，這使得研究記憶的工作變得非常艱難。當然，所有記憶的歷程總有一天會被腦部研究以基因、化學和電生理學的角度**描寫**出來，但是我們是否就**了解**它們呢？就算我們知道某些分子的交互作用，但是關於「人類的記憶」，我們又知道些什麼呢？看來，記憶研究造成哲學家和心理學家的失業情況，還遠不如感覺或無意識研究來得嚴重。

當我們在回憶某件事的時候，想到的是思考和感覺在腦中留下來的痕跡；而我們再一次思考或感覺它，差不多就像回到第一次的情況。唯獨的例外是一小群所謂的「學者症候群病患」（Savants）。那是在某些領域有驚人記憶力的人，例如金姆．皮克（Kim Peek）。他是電影《雨人》（*Rainman*）中達斯汀．霍夫曼（Dustin Hoffman）飾演的那位罹患「學者症候群」的自閉症病患的原形。金姆住在鹽湖城，能一字不漏記住一萬兩千本書的內容，還能不加思索地說出任何一個日期是禮拜幾。不過他付出的代價也很高。金姆五十多歲了，卻還是和父親同住，無法獨力穿衣服，甚至不會煎個荷包蛋或做個三明治。有些記憶研究專家在這些「學者症候群病患」身上看到了一扇透視人類腦部的窗戶。只可惜看到的依然是難解之謎。由於大部分「學者症候群病患」的某些腦部功能已經失效或退化了，因此它們補償這些不足的方式就是另外選擇別的轉換電路，而這些轉換電路有時能夠表現出不可思議的效能。不過，為什麼像史蒂芬・威爾特希爾（Stephen Wiltshire）的「學者症候群病患」能夠在飛行羅馬上空四十五分鐘後，光憑記憶就畫下所有的房子和窗子？為什麼他記得的不是意義（也就是「印象」），而是訊息資料呢？對此科學界目前仍沒有答案。

我們不是「學者症候群病患」，會忘記那麼多經歷過的事，當然也有好處。回憶能美化生活，但是只有「遺忘」才能讓生活過得下去。問題是，回憶和遺忘究竟是如何發生的呢？現在的腦部學者將記憶區分成**陳述性**（明確表達的）記憶和**非陳述性**（隱藏的）記憶，完全符合意識和潛意識的區別。陳述性記憶有意識地將所經歷過和思考過的召喚出來，而且我們可以談論回憶起的內容。非陳述性記憶是我們在不注意或不知情的情況下儲存的事物，比如柏林地鐵的氣味。這兩種記憶類型都可以再往下分類，大致就像有許多不同的「自我」或是無意識的類型一樣。陳述性記憶是由三種不同的成分組成的，即**事件（或稱情境）記憶**、**事實記憶**和**熟悉記憶**。事件記憶伴隨我們度過有意識的日常生活。我每天值得紀念的事、讓

我感動或關心的事，都會歸到事件記憶。在所有記憶類型裡，事件記憶最能決定我的自我理解以及自我認同。就像作家馬克斯・弗里施（Max Frisch）所說的，我們「創造一個生平故事，然後將這個生平故事視為我們的一生」。

無法在我的人生電影中與我同為主角的，或者和其他我覺得重要的人物同為配角的，都被歸到事實記憶。我現在寫下的關於記憶的內容，就是出自這個事實記憶，而且可能也正從書中進入到讀者您的事實記憶裡。我的食譜、戶頭號碼、定期搭乘的火車班次以及關於世界所知的一切都儲存在這裡。不過，這個記憶的運作也並不是沒有先決條件的。為了能在我的生活裡辨認出這些事物，我必須知道「自己知道它們」這件事。而這個任務便由「熟悉記憶」完成。「熟悉記憶」能告訴我自己對某件事物是否感到熟悉，而一般來說它並不需要很長的時間來審查。這個記憶顯然是以輕鬆而自動的方式運作的：我知道我是否知曉某事，而極少有讓我感到不確定的例外狀況發生。「熟悉記憶」在其自動機制下的運作狀況與非描述性記憶非常類似；非描述性記憶包括所有剩餘的「直覺記憶」，而「意識」的重要性極微，就像我前一章曾提到的在鍵盤上「熟知位置」的手指以及在回家的路上「熟知路徑」的雙腳，顯然它們在記憶正確按鍵和正確路線方面表現的能力出奇的好，而且並不需要工作速度變慢（或受酒精影響）的「意識」太多的協助。一個老練的駕車手能「自動」打檔並「直覺地」分析交通狀況；一名優秀的足球前鋒於比賽時不必考慮太久，就能在半秒內決定該把球踢往何處，而守門員也能如「反射動作」般將手臂舉起；以上都有我們潛意識的非描述性記憶參與其中。

然而，最神祕的問題中還包含我記憶的第二個決定因素。因為記憶不僅根據我知道和不知道的事物來區分，它還根據**重要**和**不重要**來區分。我們從來不太可能察覺一個房間內的所有物品，但是只要有任何物品的狀態異於往常，通常就會立刻被我們察覺。顯然對我們來說，新的和不尋常的事物特別重要。而只有被視為夠重要的，才會被刻意儲存起來。但是，誰來決定這個重要性呢？顯然這個重要性有個意識的或無意識的源頭。也就是說，我們很難真的如前述的清楚劃分描述性記憶和非描述性記憶。雖然腦部學者在結構劃分上的看法一致，但這個結構卻是非常理論性的。事實上，當我們更清楚觀察時會發現，所有這些簡單的區分都非常含糊而空泛。嚴格地說，它們也根本不是源自腦部研究本身，而是從心理學來的。它的真理值和佛洛伊德的本我、自我和超我理論差不多。它們雖然都是實用且頗為合理的劃分，卻沒有穩固的基礎。理由很簡單：因為腦中並不存在一個地方，一個設有名為「記憶」的硬碟的地方，可供我們書寫，而且其個別的記憶體還能負責特定的功能。「短期記憶」的區域就像「長期記憶」的區域一樣不存在，而描述性記憶和非描述性記憶也沒有可目測的位置。在生理學的層面上，腦部學者幾乎完全是在黑暗中摸索著。

然而，倘若記憶真的沒有一個位置，那麼肯德爾如何能研究海蛞蝓的「短期記憶」，並觀察其突觸在學習時膨脹延伸的狀況呢？答案是：肯德爾所研究的生化機制可以在許多不同的神經細胞上看到。我們只需要找出哪些神經元負責身體的什麼功能，就能進行對應的實驗。肯德爾最重要的成就是指出了「經驗」**在腦中留下的痕跡**，也就是發生改變的突觸。突觸在形態上的可塑性使經驗得以短暫儲存起來。而事實上，所有動物的突觸都依照其經驗在有限的範圍內不斷被改造。當然，神經細胞無法學習所有的事情，因為它們的靈活度是有限的。肯德爾會成為諾貝爾獎的候選人，是因為他指出海蛞蝓的實驗也可以應用在老鼠。一九八〇年代，他發現了一種名為 CREB 的蛋白質（譯注2）。腦部神經細胞中的 CREB 一旦被釋放出，突觸之間聯結的數量就會提高。肯德爾發現，突觸在短期記憶上是**更有效率的**，而長期記憶的產生卻不是經由突觸內部品質的改善，而是透過 CREB 引起的突觸之間**聯結數的提高**。這個發現為肯德爾帶來了關鍵性的突破；它是關於「長期記憶的形成」第一個具有討論價值的理論。二〇〇〇年，他與瑞典人阿爾維德・卡爾森（Arvid Carlsson）以及美國人保羅・葛林加德（Paul Greengard）共同得獎。卡爾森的成就在於對帕金森氏症的認識和抑制提供了重要的基礎。葛林加德則發現了蛋白質如何作為傳導物質來改變腦中的細胞反應，這對於肯德爾研究長期記憶的工作也正是個重要的基礎。

肯德爾知道自己「只在長期記憶的表面」隔靴搔癢而已；雖然是第一人，卻肯定不是最後完結之人；尚未解答的問題當然還有很多。他的實驗著重於老鼠的海馬體。海馬體主要負責空間的方向感。當老鼠學習在迷宮裡尋找正確的路時，海馬體中會出現前述的CREB蛋白質釋放過程。雖然我們也能在其他腦區裡觀察到相同的生化過程，但是就目前所知，它們與學習和記憶完全無關。CREB在神經細胞內的歷程在說明長期記憶的產生時雖然是個**必要**的解釋，卻顯然不是**充分**的解釋。如果我們把記憶拿來和較高等的數學系統做比較，那麼腦部學者可以算是才剛開始試著了解什麼是數字而已。

我們的腦部如何儲存印象、區分重要和不重要的事物、以及區分所依據的理由等等，這一切都仍是個謎。為了要能完全有意識地回憶起某事，並獨力將它從記憶的抽屜中拉出來，我顯然必須能夠用「語言」來記起這個經歷，而這個經歷雖然不需要像背誦出來的詩句般一字不漏，卻必須是我們能夠反省的；就我們所知，一個完全脫離語言的反省對人類的腦部來說是不可能的。但是如果我們所知的一切都和語言有關，那麼語言這個出類拔萃的認知媒介究竟是什麼呢？它是否給了我們一張進入真理的特別通行證？它能將世界的客觀知識傳達給我們嗎？

譯注2：CREB中文譯名為「環單磷酸腺苷反應分子結合蛋白」。

第9章 劍橋

玻璃瓶裡的蒼蠅：何謂語言？

一九一四年秋天，一名年輕的飛機工程師正坐在航行於維克塞爾河（Weichsel）的一艘巡邏艇中。奧匈帝國自六月起就陷入第一次世界大戰。這個身處奧地利東部前線的工程師年方二十五歲，雖然是自願入伍的，其實對戰爭並不感興趣。他在雜誌上發現了一篇比周遭一切都吸引他的文章，是關於巴黎法院對一起交通事故的判決。該起交通事故是一年前發生的，而在當時歐洲大城市裡，複雜的汽車交通事故仍屬罕見。為了還原確切過程，法院以若干模型重建意外現場：玩具房屋、一輛玩具貨車、玩具人偶以及一台模型嬰兒車。工程師覺得非常有趣，心想模型怎麼能用來替代並描摹實際的情況呢？首先，這些模型必須精確符合真正的物體；第二，模型彼此間的相互關係必須與實物之間的確實關係完全吻合。然而，若是我們可以經由模型來描摹真實狀況，難道就不能用思考或語言的「模型」來描摹嗎？他在日記裡說：「在每個句子裡都有個世界被試驗性地組合起來。」

如同笛卡兒在三十年戰爭初期推動了哲學新方向，這個飛機工程師也在第一次世界大戰初期改變了哲學的方向。以前從未有人如此徹底思考語言的邏輯，而這個轉折也使他成為二十世紀最具影響力的哲學家。他就是路德維希・維根斯坦（Ludwig Wittgenstein）。

維根斯坦於一八八九年出生於維也納，那個城市同樣孕育出佛洛伊德、馬赫、古斯塔夫・馬勒（Gustav Mahler）和羅伯特・穆西爾（Robert Musil）。他的父親卡爾（Karl Wittgenstein）是當時最重要的鋼鐵巨頭，路德維希則是九個孩子裡最小的一個，母親是鋼琴家，而由商賈和音樂形成的混合體，讓人不禁想到托瑪斯・曼（Thomas Mann）筆下的布登勃魯克家族（Buddenbrooks）。不過，和維根斯坦一家九個孩子的命運相比，布登勃魯克家中的托瑪斯（Thomas）、克里斯提安（Christian）和托尼（Toni）幾乎算是一般的了；在維根斯坦的家裡，其中有一個兒子成為了著名的鋼琴家，卻有三個孩子後來都選擇了用自殺來結束生命。路德維希本身也具有明顯極端的個性，時而感到不安和嚴重憂鬱，時而又傲慢和自以為是。和家中所有孩子一樣，路德維希在家由家庭教師授課，直到十四歲才進入學校。和先前我們談過的哲學家不同的是，他在學校的表現並不優異。他勉強通過高中畢業會考，到大學念工程技術學。維根斯坦對技術和機械有著強烈的偏好，在當時並不算特別，因為那些工程師們正以汽車、飛機、升降梯、摩天樓和電話革新了人類生活，並宣告新時代的來臨。

他於一九〇六年到柏林夏洛騰堡（Berlin-Charlottenburg）的科技大學，那是世界頂尖的大學。一九〇八年他轉到曼徹斯特（Manchester），以不很純熟的技術負責飛機馬達和螺旋推進器的工作。然而，令他特別著迷的其實是邏輯和數學。他到耶拿（Jena）去拜訪了默默無聞的弗雷格（Gottlob Frege），一個試圖在數學以外的領域上解開普遍邏輯法則之謎的數學家。弗雷格看出了維根斯坦的天份，並指點他到劍橋大學向當代哲學權威懷德海（Alfred North Whitehead）和羅素（Bertrand Russell）請益，於是維根斯坦到劍橋大學三一學院（Trinity College）的哲學系註冊入學。然而，地位崇高的羅素剛開始只把這名古怪的年輕工程師當成牛皮大王。「下課後有一個性情暴躁的德國人走過來要和我爭論。……其實和他說話根本只是浪費時間罷了。」不過羅素的觀感很快就改變了。幾個星期之後，他便認為維根斯坦是個天才，甚至認為他傑出的想法超越了自己。他接受了維根斯坦對他的《數學原理》的批評和指正，並希望能向這個比自己小十七歲的奧地利人好好請教一番。維根斯坦狂熱地投入工作，只有幾次因長途旅行中斷，主要是前往挪威，他在挪威的峽灣請人蓋了一座小屋，與一名劍橋的友人在那兒共度了同性的親密時光。維根斯坦想成就的並不只是修正羅素的邏輯，他更致力於自己的「終極」著作，《邏輯哲學論叢》（*Logisch-philosophischen*

Abhandlung）。戰爭期間他仍繼續從事研究，而他的目標也越來越大：「是的，我的工作內容已經從邏輯的基礎擴展到了世界的本質。」一九一八年夏天，戰爭尚未結束，而他的書就已經完成了。當然，這本書直到一九二一年才得以在一本雜誌上發表。一九二二年，出版了一個雙語對照的版本，書名為今日人們所熟知的英文譯名：*Tractatus Logico-Philosophicus*。這本書還不到一百頁，以一套特殊的數字系統來為句子和段落編號，使維根斯坦的文句如同聖經裡的經句般容易引述。這本書在劍橋和西歐哲學界都引起熱烈的迴響。

是什麼原因讓一個成績不佳的學生轉變成哲學蒼穹中的一顆彗星？他何以能成為備受讚譽的「天才」呢？從那個關於巴黎交通事故模型的故事可以看出，維根斯坦極具開創性的思想在於以語言作為哲學的中心。在那以前，語言的角色確實就像是哲學的一個養子而已。當然，所有哲學家都清楚自己是藉由言語和詞句來表達思想的，但是他們的思想和結論對語言這個媒介的**依賴性**，卻極少成為他們討論的主題。即便是康德（我們將在本書的第二部分看到）把我們經驗和思考的遊戲規則放在哲學中心位置的人，也很少關心語言的問題和必要性。維根斯坦在懷德海以及羅素身上也看到了相同的疏漏。他認為：我們如何能理解人類經驗以及人類對世界認知中的邏輯，如果我們忽略用來描述這個邏輯的（語言的）邏輯？因此，維根斯坦提出：「所有的哲學都是語言批判。」

到目前為止，一切聽起來都還算合理。不過，我們又該如何匡正它呢？維根斯坦想到

了那起以模型彼此的關係來**模擬**現場的車禍。同樣的事也發生在一個句子當中：句子裡的字詞和結構也模擬了現實世界。名詞（「名稱」）相當於世界的「事物」，而句子的組合則是它們在世界裡的定位。如果名稱和句構符合現實中的事物及其相互關係，那麼這個句子就是真實的，至少原則是如此；因為要想讓一面鏡子反映出實際情況，就必須排除所有結構設計的錯誤。就語言問題而言，語言在其日常生活的使用上必須相當精確，所有**無意義**和**悖理**的句子都要廢除。無意義的句子是指完全不需要現實情況來檢視正確與否的句子，例如「綠色是綠色」。而悖理的句子則是根本無法審查其正確與否的句子，因為現實裡完全沒有對應的事物，例如「我在此說出的這句話是錯誤的」。維根斯坦對此非常執著，甚至要把所有道德述句都摒除在語言之外，因為「好」與「壞」完全沒有描述現實世界裡的任何東西。因此他說，道德只能在肢體語言、動作或是眼神中表現出來。原因是：「只要是能夠說的，都可以清楚地說；至於不能說的，就應該抱持沈默。」

維根斯坦的夢想，是一個能夠客觀掌握並描寫一切生活世界的**精確語言**。他這個想法首先啟發了「恩斯特馬赫學會」(Ernst-Mach-Gesellschaft)，這是一個由科學理論家和哲學家在維也納所組成的團體，他們於一九二二年共組了「維也納學圈」(Wiener Kreis)，並試圖執行維根斯坦的計畫。雖然這個學派努力了十四年，計畫終究還是徹底失敗了。對於這樣的結果，我們大概可以鬆一口氣說：幸好！如果不是這樣的話，將可能產生什麼結果呢？那將會是怎樣的一個獨裁霸道的語言；而一個規定人民使用精確語言的社會又將是多麼極權啊？如果學校裡的老師要學生不再寫雙關句、不再使用諷刺和隱喻的修辭技巧，那麼我們將失去多少東西啊？就算維根斯坦的改革只革新了哲學，哲學又會變得多麼無趣啊！

精確語言失敗的原因並不在於維也納學圈的成就不佳，而是有著更深層的因素。因為一個「精確語言」在字義上就不符合人性：它完全誤解了人類演化和語言的基本功能。因為語言發展的驅動力並不在於對真理和自我認知的渴望；其可能的動力應該來自於相互理解的**社會**需求。然而維根斯坦卻只把語言當作認知工具。他像個技術人員或工程師一樣，只以邏輯去評判語言的適用性。懷德海和羅素亦復如是，他們都把邏輯視為類似思想的世界語言，但邏輯其實並非如此。它只是思想的媒介，語言的元素。若是一切都依據邏輯的法則來評價，將在實際的生活中導致荒謬的結果！

想要了解如羅素和維根斯坦這般絕頂聰明的人為什麼想要僅僅以「邏輯規則」來解釋世界，就必須回想當時劍橋的氣氛，一個充滿熱情、慷慨激昂的氣氛。技術人員和工程師的革新精神影響了前一個世紀無甚靈感的哲學，並在劍橋到了極致。雖然羅素和維根斯坦並不確定他們是否能用自己的方式把哲學推向巔峰，或是最後會罷黜哲學，他們卻對自己的想法非常興奮，甚至相信能放棄生活中其他的一切。對於其他科學領域，他們的態度極為傲慢。維根斯坦讀過佛洛伊德的書，但由於他只就邏輯的有效性去評論，而認為精神分析和心理學都

沒有什麼益處。他對腦部研究一無所知，不過那是時代的問題，不能歸咎於他。卡哈爾或薛靈頓（Sherrington）對當時大部分的思想家來說是完全陌生的。

維根斯坦的哲學思想完全不同於羅素，甚至讓人更一目瞭然。他幾乎不曾考慮過「人是否能夠確切理解客觀現實」此一自康德以來的哲學界思考的問題，也不探究哲學同儕普遍關注的知覺心理學。而在其《邏輯哲學論叢》中，他更毫不關心語言或說話行為與社會的關係。如是我們理解到，維根斯坦所謂理想的語言使用，應該與奧立佛・薩克斯（Oliver Sacks）在《看見聲音：走入失聰的寂靜世界》裡那位十一歲的約瑟夫相仿：「約瑟夫能看，能辨別，能分類，能使用。他對感知（以知覺為基礎）的分類和統合毫無困難，卻似乎走不出這個範圍。……他對一切都是按其字面意義去理解，無法優遊於圖像、假設和其他可能性，也無法進入想像或隱喻的國度裡。如同動物或幼兒，他被禁錮在當下，受限於具體而直接的經驗裡。不同的是，幼兒並沒有所謂的意識，而他卻不斷被意識提醒著自己的狀態。」

約瑟夫故事的高潮，在於他並不是受維根斯坦精確語言理論折磨的學生，而是一個在十歲以前從未學過手語的失聰男孩。在約瑟夫的語言經驗裡，並沒有語言的層次差別可言。因為他從未體驗那種語言使用，無論是口說語言或是手語。儘管如此，約瑟夫仍然擁有字詞理解能力以及對句法的直觀感受。所以他的語言理解基本上是符合邏輯的，卻不是社會性的。

我們已經知道其中原因。自從語言學家喬姆斯基（Noam Chomsky）於一九六〇年代發表了相關的理論後，一般相信人類在出生時便具備語言及語法的學習和理解力，使得幼兒能幾乎自動地學會其母語。他們在母語的發展與四肢的發育情況類似。然而有個重要的前提是，幼兒能夠模仿他們聽到的語言。人類雖然和黑猩猩一樣，只能發出約三、四十個不同的音，卻能利用這些音組成複雜的句子。對於黑猩猩來說，每個音都代表某個意義。在人類的發展中，像「Ba」或「Do」這樣的音則漸漸失去意義，而成為了音節。也就是說：人類將無意義的語音組合成有意義的字詞。

為什麼只有人類才如此發展，而不是人猿呢？問題的答案仍然莫衷一是。一個可能的原因是，人類的喉頭在演化過程中逐漸向下發展，致使發聲的可能性大增。然而對於這個演化發展，至今還是沒有合理的解釋。相對來說，學界已知腦部提供了我們對語法的理解力。大腦的布羅卡區（Broca-Areal）能將一連串的語音分段整理成有意義的內容。此區大約位於我們的左耳上方。幼兒直到三歲前的語言幾乎主要都是在該區養成的。如果喬姆斯基關於母語語法學習的天賦能力理論正確的話，這個能力便是來自於布羅卡區，因為後來習得的第二語言明顯必須借助其周邊的大腦區域。布羅卡區使語言機能、語音發聲、語音分析、發音動作和組造抽象詞語等工作得以完成。至於對語言的理解，可能還包括模仿的部分，則是由大腦的另一區負責，即韋尼克區（Wernicke-Areal）。這個於十九世紀發現的二分法，至今仍然有效，不過整個語言處理涉及的細節當然還是複雜得多，而腦部研究學者晚近也認為語言處理還涉及其他的腦部區域。

至少第一個語言是先在無意識的狀態下學習的，而且這個語言從周遭環境「模仿」來的。它最重要的功能在於了解和被了解。一件事情是否能讓人理解，取決於語法和語境。比如德語裡「我看見黑色」（Ich sehe schwarz），可能是指我站在一幅黑色的圖片前面形容所看到的顏色，但也可能表示我對某件事情感到悲觀。對於年輕的維根斯坦來說，這樣的句子特別令他厭惡，然而語言中正存在著如此豐富的多義性。所有關於精確語言的構想之所以會失敗，就在於一個簡單的事實，那就是「一個句子的意思是由字詞的**使用**塑造成的」。

對於《邏輯哲學論叢》引起的異議，維根斯坦起初根本不想知道。他以獨一無二的方式表示，他在書裡頭已經完成了自己的任務，並且做出最終的結論。他認為自己給了哲學一個簡短卻豐碩的成果，因此對他來說，繼續為哲學「服務」下去已經沒有意義了。他將龐大的財產分給了兄弟姊妹，並捐贈了一大筆金額給年輕的作家、畫家和建築師。下一步就是要到教育實務去一探究竟。這位在英國享有崇高地位的哲學家參加維也納的教師培訓，並低調地在奧地利的一個省裡受雇為公立學校教師多年。然而，他工作的成果卻是極為悲慘的。對於大部分的鄉下孩子來說，他大概是個討厭鬼。一九二六年，他精疲力竭地辭去學校的工作，並在修道院裡當了幾個月的園丁助手。接著他滿懷熱情地投入了另一個新的工作：他與一位建築師共同為他的姊姊瑪格麗特（Margarete）在維也納設計並建造了一座立體派的別墅，而他主要負責室內裝璜。該別墅成為維也納知識份子的中心，也是「維也納學圈」經常聚會的所在。一九二九年，維根斯坦回到了睽違十五年的劍橋，以他那本《邏輯哲學論叢》得到遲來的博士學位，然而他接下來的著作卻和他早期作品的主張背道而馳。他像著了魔似地寫作和工作，但是沒有一件作品讓他覺得成熟到足以發表的地步。他以普通講師微薄的薪資和獎學金過活，直到五十歲時才終於成為教授。他的一名學生曾經回憶，在那段時間裡，他一直是個「隱士、禁慾者、大師和領袖」，就像是小說中繁華過盡、尚未辭世就已經是個傳奇的人物。

維根斯坦後來也漸漸意識到自己「語言是現實世界的模仿」的理論並不正確。對他造成嚴重打擊的是一位劍橋的同事，也就是義大利經濟學家皮埃羅．斯拉法（Piero Sraffa）。當維根斯坦強調語言反映真實世界的邏輯結構時，斯拉法將掌心朝外、用指尖撫摸著下巴問道：「那麼它（這個動作）的邏輯形式又是什麼呢？」於是維根斯坦放棄他的「圖像理論」（Abbildtheorie）。經過無數失敗的嘗試後，他把一九三六年完成的晚期作品《哲學探究》（*Philosophische Untersuchungen*）獻給斯拉法。直到一九五三年，也就是維根斯坦去世的兩年後，這本書才出版。書中不但放棄了圖像理論，更放棄了「我們只能經由邏輯媒介才能理解語言」的想法。其中最生動且令詩人英格柏格．巴赫曼（Ingeborg Bachmann）激賞的一個句子是：「我們可以把語言視為一個古老的城市：一個由小巷、廣場、不同時代所建蓋的新舊房舍組合成的紛亂結構，而其周圍則圍繞著許多郊區，郊區內阡陌筆直整齊，屋舍形式統一。」維根斯坦說，「一個字詞的意思」就是它「在語言裡的使用」。與其在邏輯上緊扣住意思和句構，哲學家們更應該探討語言使用的規則，也就是不同的「語言遊戲」。在這方面，他終於發現先前被他輕率擱置的「心理學」的意義。由於語言遊戲不存在於真空的空間，而是存在於人的群體中，因此是應該以心理學去解釋，而不是邏輯。世界並不是要哲學家去做心理實驗，而是從社會語境裡去解釋語言遊戲。因為「我們無知的主要源頭」是「我們不能綜觀自己對字詞的使用」。更好的描述就是：「你的哲學目的是什麼？就是給蒼蠅指出捕蠅瓶的出口。」

就像在第一次世界大戰時一樣，維根斯坦也自願參加第二次世界大戰，只不過這一次是加入英國的戰線。作為醫院裡的助手，他結合飛機製造的經驗，開發出測量脈搏、血壓、呼吸頻率和呼吸量的實驗室儀器與設備。他還在劍橋教了四年書，直到五十八歲才決定提早退休。他在愛爾蘭和牛津度過餘年，於一九五一年因癌症病逝。他的臨終遺言是對友人的問候：「請告訴他們，我度過了非常美好的一生。」

如果維根斯坦的《邏輯哲學論叢》是一條死胡同的話，那麼他的《哲學探究》對於哲學以及剛萌芽的語言學則都有非常重要的啟發作用。一個新的學科誕生了。也就是**分析哲學**，而它可說是二十世紀後半葉最重要的哲學思潮。維根斯坦理論影響在於：哲學的問題必須被當成語言表達的問題去理解和分析，因為人類體驗世界的方式總是被他們的語言影響。他認為，並沒有所謂不受語言混淆的「純粹的」感官經驗。同樣的，也沒有所謂清楚明白的意指，因為語言總是多義性的。分析哲學就在知覺以及語言相互滲透的原始叢林中開闢了路徑。

語言學著手研究維根斯坦的「語言遊戲」理論，並著眼於個別語境中「說話」的意思。英國學者奧斯汀（John Langshaw Austin）和美國學者瑟爾（John Rogers Searle）於一九五〇和六〇年代發展出一套「說話行為」理論。奧斯汀發現，一個說話的人是在「從事著某種行為」。在理解一個句子，重點不在於是否理解正確，而在於是否相互理解彼此的意向。自此，語言的真理理論變成了社會溝通的理論。

人類的語言是一個絕佳的溝通媒介。然而哲學家們卻必須藉由維根斯坦認清語言其實並不是一個通往真實的唯一通道。我們反省到思想和語言的媒介並不能整理真實世界「本身」，而只是按照自己的遊戲規則去解釋世界的「模型」，如此我們才更了解人類一點。知覺到不同事物的人，經驗到的也有所不同；經驗到不同事物的人，其思想也會不同；而思想與他人不同的人，也會使用不同的語言。讓各人都有不同的思想和說話方式的「東西」，使得人類異於其他動物。知覺的侷限和語言的侷限都是我們世界的侷限。因為我們用語言來表達我們的思想，就像為思想穿上語言的「衣服」一樣，而且這些衣服都是從屬於人類這個物種的「衣櫥」裡取出來的。語言同時還有個不成文的「基本功能」，那就是「矇騙」我們，因為語言不可能完全表達出事實。語言是因著人類這個物種的需求、為了「建構」真實與世界而被「創造」出來的。蛇不需要語言，因為牠知覺的聯結可以不必依靠語言。但是假若牠為了確認方向而需要一種語言，那也將是一種對於人類而言完全無用的「蛇語」，就像「人話」對蛇來說沒有用處一樣。晚年的維根斯坦曾很聰明地說過：「就算獅子會說話的話，我們也還是不會了解牠的！」

關於我們認知的可能性和侷限的這趟哲學、心理學和生物學的旅行，到此暫且告一段落。我們學到了一些關於腦部以及其來源和功能的知識。我們看到它的可能性，也看到它的有限性。我們發現到感性和知性在我們的腦部經常是不可分割地共同作用著，也提到自我感覺和自我認識如何表現。我們明白了，意識和無意識如何混雜交錯，還有我們對於腦部如何儲存和遺忘「意義」仍所知甚少。我們知道腦部是個非常複雜且經過縝密設計出的「自我理解的器官」，卻不是用來客觀認知世界的器官。我們看到了我們的語言適合做些什麼，以及要它做到「客觀」的話會有哪些困難。因此，對我們自己以及世界進行思考，總是如同開車行過一條河，或是騎著三輪車穿越撒哈拉沙漠，雖然可行，但很艱苦。不過我們至少認識了我們的若干重要配備，也因此更看清我們的所作所為。自我探索的旅行應該將我們推向另一個層次，也就是「我們如何評斷自己的行為」這個問題。腦部研究至此已完成了許多有用的工作，現在讓出了一些空間給哲學，卻不因此而完全消失。我們將繼續向它請教（例如善惡的問題）。不過，無論生物學能告訴我們些什麼，道德的問題依然還是哲學或心理學的問題：我們論斷是非對錯的標準從何而來？我們根據什麼來評斷自己的行為？而我們又為什麼要去做這些評斷呢？

第二部

我應該做什麼？

第10章 巴黎

盧梭的謬誤：我們需要其他人嗎？

我偶爾會在一家電台工作。那裡有個門房，是個面容憔悴的老婦人，以無禮和不友善出名。她的心裡應該非常寂寞。但是，她非但不樂於交友和助人，反而因為直腸子而得罪了大部分的人。不過，每當她見到我的小兒子奧斯卡，總會突然間變了個樣：她的眼睛閃耀光彩，臉上堆滿燦爛笑容，對奧斯卡又抱又吻。而她也似乎毫不在意自己的熱情並沒有得到我兒子的任何回應。即使當我們開門離去時，她依然感到幸福而滿足。

我對這位婦人的私生活一無所知，但是她肯定沒有太多的好朋友。也許她雖然有份工作，卻仍然感到十分寂寞。一般人應該會覺得，這真是個讓人感到沮喪和鬱悶的處境。我卻想到有個大概會反駁這個看法，那就是哲學家盧梭（Jean-Jacques Rousseau）。

他的確是個怪人。盧梭於一七一二年出生於日內瓦，曾在一名雕刻匠身邊做過學徒。不過他做沒多久就開溜出去遊歷。他立志成為音樂家，卻不會任何樂器。他從這個夢想得到的唯一結果，是一種沒人感興趣的奇怪的新音符系統。他漫無目的地四處遊蕩，大多依賴女人接濟，雖然在性格如此瘋狂，那一頭深色卷髮加上棕色大眼，還是讓他看上去頗為俊美。不過盧梭從不在一個地方待上太長的時間。他在巴黎認識了啟蒙運動的一些領導人物，卻並不受他們歡迎。

一七四九年十月的某一天，三十七歲的盧梭經歷了人生中的一次重大轉變，使他日後紀念這一天為茅塞頓開之日。那次「茅塞頓開」是發生在一條馬路上。這位漂泊不定的樂評家正要從巴黎漫步到東南方的文森城堡。城堡成為國家監獄，囚禁了一些非常著名的人士，如米拉波伯爵（Graf Mirabeau）、薩德侯爵（Marquis de Sade）和啟蒙運動者狄德羅（Diderot）。盧梭想要探望的是狄德羅，因為盧梭正為他那著名的《百科全書》寫一篇短文。他在路上看了一份巴黎最具影響力的雜誌《法蘭西水星》（*Mercure de France*），發現了一篇由第戎科學院刊登的徵文啟事，題目是：「科學和藝術的修復是否有助社會風俗的淨化？」盧梭於日後以慷慨激昂、如宣教般的語氣，在一封信裡寫下了他對這個題目產生的反應，我們可以看出，謙虛和矜持並不是他的長處：

第戎科學院的問題吸引了我的目光，給了我寫作的動機。如果曾有任何東西可比作驟然的靈感的話，那便是這次的邂逅。突然間我感到自己的精神璀璨炫目。無數個生動的想法沛然莫可禦地湧進我心裡，讓我心醉神迷。我的腦袋如酒醉般微醺，一陣強烈的心悸幾乎令我窒息，我無法呼吸，便一頭栽倒在路旁的一棵樹下。就在這激動中度過了半個小時，當我再度站起來時，才察覺到我的背心都被淚水沾濕了。喔，天啊，假如我當時能夠把我在這樹下所感受到的寫下，哪怕只是其中的四分之一，我將能多麼清楚地論證出社會秩序裡的矛盾，證明人性本善，只因為我們的制度才讓人敗壞。我於樹下那十五分鐘內頓悟到了如此巨大而豐富的真理，卻只能掌握住其中的一小部分，並且以不充分的形式寫在我的主要著作裡。在未經考慮下，我就這麼幾乎違背本意地成為了作家。

盧梭的那次非宗教性的頓悟讓他聲名大譟，但更著名的是他對於徵文題目的驚人回答，那回答肯定完全超乎出題者的意料之外。不過，他的回答卻完全符合他好辯的個性；他給予這個問題否定的答案，認為文化和社會並不會讓人變得更好，反而會讓人墮落：「人類是惡的。我們不必去證明，因為那正是我們不斷在經歷的悲慘經驗；然而，人性本善，這點我相信我已經證明了。我們再怎麼讚嘆人類社會，都無法改變社會必然造成的（人類彼此需求的交集越大，憎恨就越強烈）的事實。」

盧梭的這篇文章引起騷動。他得到首獎，一夕之間成為巨星。然而是什麼讓他成名的呢？在他看來，人類其實「生而」就是順從、和平以及善良的；但是無論我們怎麼看，到處都充斥著謊言與欺騙、謀殺與殘害。那麼就有了個問題：惡從何而來？這個問題盧梭回答得非常直接簡短。他認為人天生是不合群的。就像其他動物一樣，合乎自然本性的人類也不喜歡爭鬥。遇到衝突時總是想迴避，而除了自我滿足的慾望以外，人唯一的強烈感覺就是對他人的同情心；然而可惜的是，人類完全無法和平地單獨生活。外界的情況(如自然災害)迫使人類聚在一起。但是群居生活卻又造成人類的相互競爭，於是他們變得猜疑和妒忌。人與人之間的相互比較讓每個人的自愛都變成誇張的自私，使得如「天生對良善的喜愛」的自然本能失去了效用。

這本書可說是件驚世駭俗的醜聞！雖然大多數的啟蒙運動者都認同盧梭對當時西歐封建社會的批評：十八世紀中期的貴族的確生活奢靡，而農夫卻得在田裡忍飢挨餓。然而卻幾乎沒有人願意接受「社會及文化是讓人類成為惡的理由」的想法。啟蒙時期的作家都熱愛藝術和社交活動，並且也都歌頌和支持科學的進步。他們認為，科學應該是要讓中產階級掙脫貴族的統治。許多啟蒙運動者夢想的，是讓一個喜歡從事討論的「知識社會」來取代一個幾乎無所不在的封建社會。

對此，盧梭憤怒而激動地捍衛自己的觀點。他是個天才作家，他的許多著作都頗受歡迎。他也是當時歐洲學術界中最常被討論的哲學家；然而他卻完全無法接受批評。他越來越孤僻，在西歐四處遊蕩，所到之處總是引起衝突。他在扮演父親的這個角色上也是個十足的失敗者，他為數不少的孩子們都流落到孤兒院，大概也都在那裡死去。盧梭在晚年非常孤僻，甚至想要用自己的生活來證明自己的理論。他寂寞地藏身在巴黎近郊的愛默農維勒城堡（Ermenonville），唯一的活動只是蒐集和分類植物。

在他一生的主張裡，有哪些是正確的呢？人性本善嗎？人基本上真的不需要其他人就能快樂嗎？其實，「人類是在群體中生活還是單獨生活才更快樂？」這個問題根本不是哲學的問題，而是心理學的問題，並且長久以來幾乎無人研究。直到一九七〇年代初才確立了一個名為「寂寞研究」的學科，其創立者為羅伯特・懷斯（Robert Weiss），任職於波士頓麻薩諸塞大學。他認為寂寞是大城市裡最嚴重的社會問題。那裡的人是否因為不必跟其他人來往而感到快樂呢？

懷斯肯定這並不正確，盧梭的看法完全錯了。寂寞的人苦於沒有人或是只有極少的人關心自己，而且他們最大的痛苦就是沒有人和他們感同身受。這在從前就是個眾所周知且不難想像的事實；但是懷斯還確定了另一件更有意思的事：比缺少「同情」更加令人沮喪的，其實是自己「**無法給予別人的同情**」。不被愛是很可悲的，但「沒有人來讓自己去愛」卻更嚴重。懷斯用這個理論來解釋，為什麼一隻狗或一隻貓對許多孤獨的老人來說這麼重要，甚至扮演了情人的角色，雖然貓狗無法和人相提並論。

說到這裡，我又想起那位門房。她見到我兒子時很快樂，雖然我兒子完全沒理會她，更別說是以愛來回應她了。對她來說，能與我兒子接觸，對他微笑、撫摸他、用讚美話語討好他，似乎就足夠了。愛一個人或非常關心一個人，是讓自己感到自在的好方法。而盧梭所言「人其實只有在寂寞時才能真正快樂」的理論在此也就徹底被推翻了。

人類天生是愛好群體生活的，這其實與別的靈長類並無二致。在超過兩百種的猿猴中，沒有一種是完全離群索居的。當然有些人和其他人相較之下會顯得更為合群，但是完全不和群體接觸的人卻顯然是有行為障礙的；他們可能因為沮喪和失望而憤世嫉俗，以致行為不再像「一般人」。一般人總是會關心他人，因為他們（或多或少）都對他人感興趣。他們這麼做，是因為「對他人感興趣」讓他們自己感到比較自在。一個只將自己侷限在小世界裡的人，其生活必然會導致心靈的枯萎。許多寂寞的人在自己的生活裡有類似對空間恐懼的現象；他們把自己的小世界建構得非常狹窄，使自己變得沒有彈性和靈活性，而他們處理來自外界影響的能力也非常差。由於缺乏與其他人比較感受的機會，因此他們對於其他人，甚至還有自己，都經常做出錯誤的論斷。

願意與他人交流或關心他人，其實是跳脫自我侷限的方法。為別人做些事情，對於自己的心理感受是很重要的。例如，挑選一個好禮物並看到受禮者歡喜的樣子，其實也就等於同時給自己送了一個禮物。給予的樂趣以及做好事的樂趣都具有悠久的歷史。它們可追溯到人類的根源。然而這種參與社會生活的興致、樂於助人的意願和做好事的樂趣，究竟是從哪裡來的呢？這是否同時意味著人類是「善」的，就如盧梭所說的一樣？他是否至少在這一點上是對的呢？

第 11 章
麥迪森

屠龍者的劍：我們為什麼幫助別人？

那是個怵目驚心的情景。那三個傢伙出現並攻擊法恩（Fawn）時，其他人都目瞪口呆，嚇得一動也不動。他們毆打她、甚至張口咬她。法恩是個柔弱的女孩，攻擊她的人在體型上都占盡了優勢；然而旁觀者卻沒有介入。這是一場懸殊而激烈的打鬥，攻擊者還不時環視四周，並以威嚇的目光盯著法恩的母親和姊妹，讓她們驚恐不已，法恩自己則是嚇得完全失去了控制。最後，這幾名攻擊者終於漸漸失去了繼續折磨她的興致而離開，留下癱倒在地上的法恩。她趴在地上大聲哭喊了好一陣子後，突然跳起來跑離現場。她蜷曲著身子蹲坐在地上，神情悲慘而疲累。這時，她的姊姊來到她的身邊，用手臂環抱著她。精神恍惚的法恩毫無反應，姊姊溫柔地拉了拉她，像是要喚醒她似的，並再次擁抱了她。最後她們兩姊妹緊緊依偎在一起。

這段充滿戲劇性的場景是真實的故事，時間是在一九八〇年代，地點是位於美國威斯康新州的麥迪森（Medison），然而警方並未插手，媒體也並未報導。唯一的目擊證人只有荷蘭人法蘭斯．德瓦爾（Frans de Waal），他在事後陳述了整個事件的經過。原因很清楚：德瓦爾是行為研究學家，法恩攻擊事件發生於「威斯康新國家靈長類研究中心」（Wisconsin National Primate Research Center），而法恩、其家人以及攻擊者都是獼猴。

德瓦爾從事猿猴的研究已經三十年了，剛開始的對象是荷蘭安海姆（Arnheim）動物園裡的黑猩猩，並且發現了令人驚奇的行為模式。黑猩猩是非常社會化的動物，需要群體生活，這一點現在大概連小孩都知道了，但是當德瓦爾開始研究時，人們仍所知甚少。他發現黑猩猩會使用詭計、說謊和互相欺騙；但牠們也同時是溫柔而親密的，而且彼此建立起非常複雜的社會關係。關於安海姆動物園的黑猩猩，德瓦爾的書名很特別，叫《野性的外交家》。

不只是黑猩猩，其他猿猴類也有「同情」或「喜歡」等感覺。法恩的姊姊擁抱和依偎她，顯然是因為感覺到妹妹所受的傷而想安慰牠。雖然獼猴與人類之間有約百分之三的基因差別，這種猿猴卻已經具備和移情作用以及「道德」行為有關的能力了。只不過，這些感受是從何而來的，它們又為何存在呢？

這個問題並不像乍看之下的那麼簡單。達爾文在十九世紀中期證明了人類是人猿的近親，也是一種「動物」，也就解釋了人類的「惡」是從何而來的：那是繼承自動物的本性！達爾文用「為生存而戰鬥」和「適者生存」的字眼來解釋演化的過程；雖然這些概念並非他自己發明的，卻是第一個用它們來描述從草莖到螞蟻、最後到人類中所有物種自身和彼此之間的競爭。簡單來看，這意味著無數生物體在世界上忙碌奔走，只為了一個任務：「在我身上的遺傳物質是整個地球上最重要的物質。只要它能存活下去，讓別人吃虧、受苦甚或死亡，都是公平合理的。」而包括你我的每個人都身處其中，共同參與著這個邪惡、不道德的遊戲。

不過達爾文是個很謹慎的人。他發現的原則似乎連他自己也感到可怕，至少他拒絕將生物學的觀點推論到人類的共同生活。然而其他的人卻這麼做，並主張一些駭人聽聞的思想，諸如人類也是適者生存，病患和弱者則大可加以剷除。達爾文「人類是動物」的證明在哲學界造成了很大的不安。人類真正的自然天性究竟是什麼呢？當盧梭提到「自然天性」時，他所想到的是一個純粹幸福的理想狀態。但是「自然天性」真的是善的嗎？它難道不也是野蠻、無情而又殘忍的嗎？

一八九三年，達爾文的好朋友赫胥黎（Thomas Henry Huxley）在牛津大學演講，講堂裡擠滿了人，講題是層次頗高的「演化與倫理」，聽眾聚精會神地聆聽這位偉大的自然科學家。赫胥黎說，自然並不是善的，而是殘忍、險惡、對於人類完全漠視的；人類絕對是一種動物，而且其存在是偶然的。人類的存在不是要感謝一個聰明的理性或「大師的計畫」，而是類似猿猴物種的逐步演進。赫胥黎推斷，如果說世界只是一片混沌，而沒有所謂偉大的計畫，那麼「追求善或理性的意志」也不會是本性。

對赫胥黎來說，盧梭所謂的「天生對於善的熱愛」根本是胡扯。動物和人類的天性都不是善的，而是完全不道德的。不過，即使是赫胥黎也無法忽視人類有道德行為的能力。當時的英國存在著禁止殺人和偷竊的法律，整個國家是有秩序的，人民走在街上也不必隨時擔心生命會受到威脅。

這個秩序是從哪裡來的呢？赫胥黎認為，是文明和文化馴服了人類這群野獸，使他們能夠共同生活。這與盧梭的主張恰恰相反，因為對盧梭而言，人是善的，但文明是惡的；對赫胥黎而言，人是惡的，但文明卻能看管住他。赫胥黎以華麗優美的詞藻說：道德並不是人類的本性，而是「一把打造鋒利的劍，其任務是屠殺其獸性根源的龍。」

像盧梭那樣相信人性本善的人，必須解釋人世間的惡從何而來；但是對赫胥黎則正好相反。如果說人性本惡的話，那麼善這把為了屠殺「其獸性根源之龍而打造的鋒利的劍」又是從哪裡來的呢？由於赫胥黎並無宗教信仰，因此這把劍對他來說不可能源於上帝。但是它究竟來自何處呢？如果在人類的天性中沒有善，那麼由這些「人類野獸」所組成的群體生活又怎麼可能發展成頗有秩序的社會呢？倘若道德不是人類的天性，那麼它是從哪裡來的呢？簡單地說：為什麼人類具有**道德的能力**呢？

問題也就是：難道人類的天性裡沒有什麼配備讓他能善待其他人嗎？若是達爾文和赫胥黎關於猴子及人猿所知道的能像德瓦爾一樣多的話，他們將更容易做出解釋，而有些嚴重的誤會也許就不會發生了。這位靈長類動物學家解釋說，道德與演化並不相互矛盾。大自然一般只知道「強者生存」的法則，因此那在某些人眼中看起來像是大自然可笑錯誤的，其實是生物的巧妙能力，三十年的猿猴觀察使德瓦爾確信，「善意」和互助都是有益於猿猴的個體及群體的行為。猿猴越是互助合作，對於整個群體就越有好處。不過社會互助的種類是有可能非常不同的。單就四種大型人猿，紅毛猩猩、黑猩猩、侏儒黑猩猩和大猩猩，他們彼此之間就有很大的差異。例如對黑猩猩來說，性幾乎總是和權力、支配和征服有關；而矮黑猩猩則以頻繁的性交來快速緩解各種緊張。矮黑猩猩幾乎整天都沈溺在性愛裡，而牠們最喜歡的體位是可以注視對方的「傳教士體位」。（其實應該稱為「矮黑猩猩體位」才對，畢竟矮黑猩猩們比傳教士更早就使用它了。）

達爾文和赫胥黎的思想錯誤是，「為生存而戰鬥」其實並不只會發生在孤立的動物身上。人類並不是冷酷無情的獨行俠（除了少數的例外）；我們大多數人都是某個家庭的成員，並且在更大的社會群體中活動。在這裡並不只有相互排擠的鬥爭，我們也會去照顧群體中的其他成員。這種為他人著想的行為能力，我們稱之為**利他主義**。人猿中也有利他的行為，而且有許多不同的形式。德瓦爾將**整體的利他行為**（例如母親對孩子本能的愛）和**互利行為**區別開來。互利行為很有可能就是人類道德的起源。一隻人猿幫助另一隻人猿，為的是下次也許能夠得到幫助。牠不做出某些卑劣行為，如此其他人猿也不會對牠做出惡劣的行為。「己所不欲，勿施於人」這個重要的原則顯然在人猿的世界裡也是通行的。

我們從前的猿猴近親遺留下來的，不僅有人類的弱點、攻擊性、狡詐以及自私等，還有我們「高貴」的性格，它們也屬於我們原始生物天性。其實盧梭早就認為，「向善」的能力必定是一個古老的、史前世界的本能。我們原始的「自愛」讓我們配合著本能從善。對盧梭來說，善是人類唯一自然的行為方式；對德瓦爾而言，喜愛、體諒和關懷卻都是典型的猿猴本能。雖然存在這些本能，但它們並非單獨存在，而是不斷地與攻擊性、猜疑和自私進行拉鋸戰。也就是說，人類和猿猴都既非「善」亦非「惡」，他們都有這兩種能力，這兩種能力也都同樣是自然的，也就是「既善且惡」。然而，若是向善的能力只是眾多的本能之一，那麼是誰或者是什麼東西讓這個本能得以展現的呢？是什麼讓它成為人類社會中具有約束力的準則呢？

我心中的法則：為什麼我應該做個好人？

時間是西元一七三〇年。在科尼斯堡（Königsberg）城外，位於波羅的海一個與世界接軌的小城市，有個母親在夜裡帶著她六歲大的兒子散步。她充滿愛心並為兒子詳盡解釋自己對大自然、植物和藥草、動物和星辰的所知所聞。城市的街道因僅有微弱的照明而顯得昏暗。母親對神情專注的兒子指著廣闊無垠的星空，他們凝神仰望那無盡的遠方，小男孩被深深吸引住了。「有兩件事物，」他在日後說：「我的思緒越是經常不斷地思考它們，心裡就越是充滿讚嘆和敬畏：我頭上滿佈星斗的蒼穹和我心中的道德法則。我看見它們在我眼前，並直接結合到我對於存在的意識。」確實，他後來在天文學以及道德哲學這兩個領域都得到非凡的成就。

這個小男孩就是康德（Immanuel Kant）；

而他在信仰虔誠且學識豐富的母親照顧下度過的快樂童年只維持到十三歲。母親的辭世讓這個擁有著水藍色雙眼的柔弱小男孩長時間沉浸在深沈的悲痛。他的父親是個皮匠，為繼續栽培這個多愁善感的兒子盡了一切努力。他送他到城裡最好的一所中學，而這位天生患有胸腔狹窄的年輕人在這裡以及後來在科尼斯堡大學都是表現十分出色的學生。他特別喜歡學校屋頂上的「觀測站」，夜裡經常爬到那裡去仰望星星，而且一看就會看上很長的時間。他十六歲時便通過了科尼斯堡大學的入學考試。雖然應該研究的是神學，卻把主要的時間精力都花在數學、哲學以及物理學上。課餘時間他以廚藝和賭技出名，而且打了一手絕佳的撞球；因此，雖然他說話小聲且有些含糊不清，卻經常成為科尼斯堡聚會場合的座上客。不過他最大的熱情仍然是在星辰和宇宙上。他的邏輯學和形上學的教授克奴撐（Martin Knutzen）非常熱心地支持他，而他收藏有偉大物理學家牛頓曾使用過的反射望遠鏡，也深深吸引了康德。他閱讀牛頓關於宇宙結構的基礎著作，沉浸在數字、表格和計算裡，並自創一套物理世界模型。為此他寫了一本頁數不多卻極有深度的書，並取了一個宏大的書名：《自然通史和天體論》（*Allgemeine Naturgeschichte und Theorie des Himmels*）。他試著不進行數學的計算，而僅僅用他自己的推論來探究世界的結構，這是既奇特又具挑戰性的項目計畫。雖然自然科學家們幾乎都沒注意到這本書，康德認為自己的方法很成功，並將在所有的領域中保留這個方法。畢竟他相信自己的許多看法都是正確的，而那些看法在他去世後也的確得到了證實。他猜測，今日太陽系的存在只單純透過一個「元素間相互吸引和排斥」的過程，這是第一個不以上帝的作為來解釋行星系之形成的嘗試。

雖然康德的觀點如此果斷而先進，他卻不知道該如何規劃自己的事業。完成學業之後，他的路走得一點也不順暢。他浪費了九年的人生在擔任家庭教師上，直到三十一歲（在當時算是很老了）才寫出他那篇關於火的博士論文。他在大學取得編制外講師資格，但薪水非常微薄。直到四十歲以前，他的事業其實可算是個「中級災難」。他是個天分極高的人，非常聰明且興趣範圍幾乎無所不包：神學、教育學、天賦人權、地理、人類學、邏輯學、形上學、數學、力學和物理學。多年之後，大學給了他一紙聘書，卻是要他擔任「詩學藝術」（Dichtkunst）的教授，工作內容是負責發表詞藻華麗的慶典演說，而且還要是自創的詩句，康德拒絕了。在教了十五年的書之後，他才終於得到渴望已久的教授職位，教授邏輯學與形上學。

康德考慮到自己的健康狀況欠佳，可能不會有太多時間能讓他在哲學領域留下顯明的足跡了。這個想法令他十分驚恐，幾乎讓他在一夜之間改變了一切。他的生活自此變得無聊至極，而詩人海涅（Heinrich Heine）日後也取笑他說沒有人能寫一篇關於康德的人生故事，因為康德既無人生也沒有故事。他讓家僕每天早晨五點叫醒他，每天在固定的時間散步，晚上十點就寢。這樣的生活讓他活得很久，幾乎活到了八十歲。他的作息生活讓人覺得像是對於人生的抗議；但是他在往後的三十四年內所完成的著作，卻與他無聊的生活形成強烈對比。對許多人來說，這些書根本就是整個德語區最重要的哲學著作。

康德探究人類精神的方式，並不像自然科學家或在他之前的許多哲學家那樣從上帝的觀點來看，而是像法學家一樣地研究它，他不斷地尋找「法則」。他年輕時曾嘗試解開宇宙的「系統狀態」（Systematische Verfassung）之謎，現在他則努力想在人的意識裡找到規則及規律性，以從中引導出規範性的法則。為了達成這個任務，他首先必須探究哲學裡最重要的問題，也就是本書第一部曾探討過的：我能知道什麼？我從何處得到確定性？就像一百五十年前的笛卡兒一樣，康德也決定不從世界的事物、而從人的思想中找尋認識的確定性。康德把這個「研究我們認識前提」的哲學稱為先驗哲學（Transzendentalphilosophie）。不過，他在關於自己的認識狀態上比笛卡兒小心得多。笛卡兒相信人類的思想可以看到事物的「真實」本質；康德則認為這個「真實」本質根本不是人類所能達到的，因為人類怎麼可能看出它來呢？無論大自然的秩序在我們看來是如何的，它都是在人的腦中被整理過的。就像顏色並不是從大自然產生的，而是從我們的眼睛和視神經，人的精神也為自己創造出一個秩序，而這個秩序是他賦與大自然的。也就是說，人類具有「感性」和「知性」，它們共同建構這個世界。他在《純粹理性批判》（*Kritik der reinen Vernunft*）裡說：「知性並不從大自然中汲取它的法則，而是強加法則在大自然身上。」以這個非常有益且進步的想法為基礎，他終於敢開始處理道德問題。

他首先抱持著十分謹慎的態度。他並不苟同盧梭所相信的本能，也避開其他對人類簡單的本質定義。他不想去確認人的「本性」是善或是惡，無論如何，人具備了用來理解世界的框架，而且其中顯然也有個框架使他有能力從事道德的行為；康德最重要的思想就是，在這個能力中必然隱藏著一個規定人應該如何彼此相處的道德法則。

人類向善的能力讓康德十分讚嘆，他甚至頒給了人類一個「人性尊嚴」的特別勳章。沒有任何其他高等生物有此殊榮，擁有行使道德行為的自由；這樣看來，也就不存在比人類更偉大的生物，因為康德認為其他生物都無法自由決定和行為；而由於人類是最偉大的生物，因此也沒有什麼比一個人的生命更重要。這個「人性尊嚴」並非康德發明的；第一位提到它的人比康德還早了三百年，也就是義大利人米蘭多拉（Pico della Mirandola），一名文藝復興時期偉大的哲學家。米蘭多拉說，人類是非常獨立的生物，由於他具有自由思考和自由行為的尊嚴，因此他做任何決定以及是否要有所作為都只取決於自己。

康德的看法與他非常接近。問題並不在於性善與否，而在於人性如何使人承擔為善的**義務**。善自身並不是康德要探討的主題，而是「應該為善」。他仔細探究人的理性，探究人類是否天生具有一個原理可能產生道德。他思考的結果是，人的善並不是源自人性或外在環境，而僅僅是「意志」（Wille），人唯一的善就是他善的意志。如果人想要彼此好好相處，

那麼就必須遵循善的意志，就彷彿它不只是一個動力，而更是一個不可動搖的法律。康德把這個行善的要求稱作「定言命令」（Kategorischer Imperativ）。他在《實踐理性批判》（*Kritik der praktischen Vernunft*）裡對「定言命令」最有名的說法是：「永遠要使得你的意志規箴能夠同時成為普遍立法的原則。」

由於人能夠「想要」為善，因此，他也應該是「應該」為善的。對康德來說，這個結論並不是他設定的道德，而是人類理性基本邏輯的運作方式。道德的法律是存在的，而且就在人的心中。而康德認為自己只不過是在分析它罷了，就像他從前曾對分析宇宙一樣。行善的義務對他而言也如同自然現象，類似天空和星星。因此他相信，定言命令是絕對的、放諸四海皆準的，世界上每個人都能夠而且也應該使用它。一個聽從自己心中的那個道德法則的人，就是個行善的好人，即使善的意圖可能導致惡的結果；因為康德認為，如果意志是善的，那麼行為在道德上也會是合理的。

康德對他的思想結構相當滿意，即使他在晚年曾擔心這個精心建立的體系能否經得起生物學的檢驗。不過最後他還是安慰自己說，「知性的圖式（Schematismus）」很可能還會是「永遠深藏在我們腦部的藝術」，而其「真正的訣竅是我們永遠無法從造物者那裡找出並且清楚看見的」。簡單而規律的生活為他那不算太嚴重的恐懼感提供了一個避難所。他在六十歲時終於有足夠的錢可以負擔自己的房子、一名家僕和一名女廚。他聰明的大腦在晚年卻偏偏意外得了阿茲海默症，使他變得越來越健忘，最後完全失去了方向感。他於一八〇四年二月上午十一點過世，當時精神處於嚴重錯亂的狀態。

康德在過世時名聲就已經相當響亮了，而且往後還愈來愈出名。不少哲學家把他在哲學的成就和哥白尼相提並論，因為哥白尼告訴了人們地球是圓的且繞著太陽運行。然而，康德告訴了我們什麼，又證明了些什麼呢？他提出的前衛理論中有哪些是正確無誤的？當然，他細說我們的知性如何根據自己本具的結構來掃描世界。而他還主張每個人都有個邏輯模式，讓人有為善的義務。但是它究竟是怎麼一回事呢？在我們身上是否真的有這樣一個邏輯模式，一個「道德的法則」呢？如果答案是肯定的話，它是如何來到我們身上的，具體位置又在哪裡呢？

想找出為什麼人應該為善的原因，我們首先必須知道為什麼人想要為善。關於這點康德卻無法說明！他在生前雖然對自然科學有濃厚的興趣，也希望能用自然科學來驗證這個「人類知性的圖式」如何作用，並「親眼見到它實際的運作情況」；但是在康德的時代尚未有人對人猿進行研究，而腦部研究也還在萌芽階段。德國醫生高爾（Franz Josef Gall）才剛開始對腦部進行測量，而他的腦部繪圖就像哥倫布以前的大西洋航海圖一樣荒唐。因此他對於腦部內的情況也只能做非常粗略的推測。

康德年輕時曾對宇宙和星星感興趣，他在計算天體上付出了不少努力。後來他嘗試了解人類的知性和其法則，但是那就像一個物理學家試著計算行星以及世界的法則，卻連最小的望遠鏡也沒有一樣。康德可以對人的腦部進行推測，卻無法探視腦部。今日的科學家當然已經具備了這種「望遠鏡」，他們用電極測量，藉助核磁共振成像來透視人類的腦部。因此，我們今天能夠重新提出康德無法解答的問題：在腦中是否有一個道德的中心？如果有的話，它的結構如何？它如何運作？是什麼控制著我們使用道德的能力？

在我們面對這些有趣的問題之前，必須先探究一個非常基本的東西，因為它影響所有其他後續的想法。康德認為理性是腦部的主人，他深信是理性告訴我們該做什麼。然而我們在第一部已經知道，「無意識」對我們的決定權比「意識」更大。問題也就是：如果我們認真看待並承認無意識對我們感性、思想和意志的重要性，那麼康德關於我們心中道德法律的理論還有多少留存下來呢？我們的道德的意志又會是什麼面貌呢？

第13章

法蘭克福

利貝特實驗：我可以要我所想要的嗎？

這將又是個篇幅較長的章節，有兩個好理由可以作為解釋：第一個理由是，我們將認識一個很不簡單的人物，而他肯定算是哲學界特立獨行的人物。他自己曾說：「那一天將會到來，凡是不知道我曾對某件事說過什麼的人，都將被鄙視為一無所知的人。」可見他這個人並不謙虛；第二個理由是，本章探討的問題非常重要，可以說是當今討論最多的哲學問題。

我們先從這位哲學家開始吧。亞瑟．叔本華（Arthur Schopenhauer）出生於但澤市，父親是當地一名成功的商人。一七九三年，當叔本華五歲時，他們舉家遷往漢堡。他那期望很高的父親對兒子有著不凡的規劃。他在叔本華十五歲時就將他送到荷蘭、法國、瑞士、奧地利、西里西亞（譯注1）、普魯士和英國的學校以及寄宿學校就讀。他才剛要適應一個新環境之

前，就得換到下一個地方；這對他造成極大的影響；叔本華雖然說得一口流利的英、法語，卻性格孤僻且不信任別人，總是獨來獨往。十七歲時，父親強迫他學做生意。沒多久他的父親突然過世。人們傳說他是死於自殺。父親的死讓叔本華悲慟逾恆；他雖然很怕他，卻也很尊敬他。相對的，叔本華的母親這時才真正綻露光芒；她終於可以如願成為一個藝文沙龍夫人。他們搬到威瑪（Weimar），而母親的文學沙龍在那裡也大受歡迎。威瑪雖然只是圖林根邦（Thüringen）的小城，卻有諸如歌德、席勒、韋蘭德（Wieland）和赫德（Herder）的文學巨擘住在那裡。

年輕的叔本華看到歌德以及其他文壇明星來到母親的沙龍、坐在原屬於父親的椅子和沙發上神氣活現的模樣，他感到不寒而慄。面對母親一臉陶醉的表情，他則以冷嘲熱諷回應。然而，他其實不像外表那樣泰然自若。他雖然絕頂聰明，長得挺稱頭的，卻覺得沒有人了解自己。二十一歲時，母親將他趕出家門。他得到一部分遺產，搬到哥廷根（Göttingen），後來又到柏林和耶拿去學習醫學、自然科學和哲學。

他二十五歲時完成了博士論文，那是充滿懷疑、態度強硬而偏激的著作。叔本華解釋說，人完全沒有客觀認知世界的能力，而我們的認知受限於那屬於哺乳類動物的大腦。叔本華的偏激程度遠勝於康德，畢竟康德還相信，人類的認知設備是個精密且適用的工具；然而叔本華卻幾乎不相信意識能有什麼聰明的作為。他的母親覺得他的作品既不優雅又無趣，根本像是「寫給藥劑師看的」。幸好，叔本華並不怎麼欣賞的歌德，卻偏偏頗為賞識這位年輕人的聰明想法。他認為叔本華是個天才，並公開預言他將在文壇大放異彩。他把自己引以為傲的《色彩學》（*Farbenlehre*）寄贈叔本華。然而，精通自然科學的叔本華在讀了歌德關於色彩的產生和效果的研究後，卻皺起眉頭，覺得只是無價值的廢話。性格偏激的他四處宣揚此事。他後來乾脆自己也寫了一本色彩學，於是歌德立刻與他絕交。自此再也沒有人願意為這個傲慢的傢伙背書了。一八二〇年，叔本華在柏林大學教授哲學，為了與當時大學的明星黑格爾（Georg Wilhelm Friedrich Hegel）分庭抗禮，他選擇在同一時間授課。這場競賽最終以災難收場：黑格爾的課堂有幾百名學生，而叔本華的卻只有三、五個。儘管他仍自詡為天才，其他人卻認為他不過是自我膨脹罷了。大學通知他學生人數不足，而他也就只好黯然放棄教職，到法蘭克福定居下來。他寫了很多書，而附近的居民都覺得他很可笑。在他們眼中，他總是在街上自言自語、態度不友善、深愛他那幾隻捲毛狗，而且害怕自己會中毒。他在晚年時的確有了一點名氣，卻無法好好享受。他對人的看法變得非常黑暗。不過至少他還能滿意地說：「世界從我這裡學到了一些永遠不會忘記的東西。」

叔本華其實很早便完成了他最重要的成就。他在三十歲時就出版了代表作《意志和表象

譯注1：Schlesien，中歐地名，絕大部分屬今日波蘭，小部份屬捷克和德國。

的世界》（*Die Welt als Wille und Vorstellung*），不過起初並不受矚目。雖然如此，他還是發現了康德、黑格爾以及很多其他哲學家始終忽略的問題：他們幾乎都認為是「知性」和「理性」告訴人應該做什麼，而人的整體任務只不過是服從理性的指示。然而叔本華卻很懷疑。他提出了哲學裡最驚人的問題，也就是：「我可以要我所想要的嗎？」

這個問題本身對於哲學界來說就是個很大的挑釁，因為它涉及的意義非常重大。如果說，我不可以要我所想要的，那麼人的意志便是不自由的；若是不存在自由意志，那麼理性其實也就完全不重要。而那「定言命令」，我知性中的「道德的法則」，又會如何呢？它會完全沒有意義，因為決定我行為的法則就根本不是理性，而是非理性的意志！叔本華繼續堅決主張說：腦中的指揮中心並不是理性，而是意志。意志在無意識之下決定了我們的存在和性格，也可以說是「主人」，而知性是它的僕人。當意志自己在作實際的決定和祕密的決議時，都將知性摒除在外；而知性完全不知道在它背後發生的事情。只有意志能告訴我該做什麼，而知性的工作就是順從它。因為「只要是違背意志的，腦袋也不會讓它進去」，所有其他的都是徒託空言！

是這樣嗎？我們用一個例子來說明。回想一下你的學生時代，你不想上最後一節數學課，並考慮著是否該蹺課。當然你有所顧忌，因為你的數學成績很差，而這也正是你不想上課的原因。若是不去上課的話，你會更跟不上進度；但是想到坐在教室裡的情景，心情又更糟。你開始猶豫不決。你不完全知道其實自己已經接受了蹺課的意圖，你雖然有所顧忌，卻根本不想去上課，也就是說：你的知性還沒察覺。但是這時你聽說有些同學也不想去上那最後一堂課，這當然並不是解除你的顧慮的真正理由，也不是站得住腳的論點，因為你的同學是否蹺課，並不會改變你翹了課成績會變差的結果。然而當你聽說同學也不想去上課時，你心裡立刻升起了一股無法阻擋的喜悅，這喜悅甚至讓你很驚訝；你已經百分之百決定不去上數學課了！而這時你的知性才發覺到，你的意志在知性仍不確定並且和顧忌相互拉扯抗衡時，早就已經決定好了。所以，你可以說是做了一個自由意志的決定嗎？恐怕不是。你的意志之前就知道它要的是什麼，並且找個藉口安撫你的知性。你告訴自己：其他人也不去上課啊；雖然這其實並不是個好理由。你的意志做了它想要做的，而你的知性只不過為它提供適當的辯護罷了。

因為強調意志的地位，叔本華成了哲學界的眼中釘，不過這還挺令他高興的。從他自己的觀點看來，他終於在「人們幾千年的哲學探討」之後，剷除了「人類是受理性支配」的謠言。他發現「所有哲學家的根本謬誤」和「最大的錯覺」，也就是：知道什麼是善，也就能夠行善。康德不也曾經認為「理性如何，意志便如何」嗎？然而事實是否正好相反，也就是「意志想要如何，理性也照著做判斷」才對嗎？

一般人對於「理性是指揮中心」開始產生懷疑，而這個懷疑還會越來越大。讓我們換個

場景，跳到一九六四年，叔本華去世約一百年後：教宗保祿六世（Paul VI）衣著隆重地走進大廳接受覲見；紅袍樞機主教們跪下來親吻他的戒指；只有生物學家、物理學家和腦部學者們站著與這位基督的代理人握手。教廷科學院邀請當代頂尖的專家來到這豪華的文藝復興建築，也就是教宗的住所，和他共同思考一個所有自然科學家醉心的主題：大腦研究。學者和主教們尤其關心一個新發現。一位來自舊金山、名氣還不大的腦部學者做了一個劃時代的實驗，讓腦部學者們印象深刻，其中包括三位諾貝爾獎得主。

班傑明．利貝特（Benjamin Libet）於一九一六年出生於芝加哥，主修生理學。從他所受的教育來看，他其實並不算是真正的腦部學者！不過這也是正常的，因為在一九三〇年代還沒有什麼地方可以學習腦部研究。利貝特年輕時就對於「人是否可以科學的方法測量意識的活動」這個問題感興趣。一九五〇年代後期，他大膽地在舊金山錫安山醫院的神經外科部門對一些僅受局部麻醉的病患進行實驗。這些病患躺在手術室裡，他們的腦部有部分是打開的。利貝特將線路與腦部相接，並施以微弱的電流脈衝刺激。他仔細觀察病患如何以及何時產生反應。實驗結果非常驚人：從皮質的刺激到病患的抽動之間經過了超過半秒的時間。利貝特的實驗於一九六四年在梵蒂岡引起注意，當時他不知道另外兩位同行的研究結果，他們也發現了時間的延遲：從想要做出一個手部動作的意圖到動作的發生，中間有將近一秒鐘的時間。這個測量讓利貝特很興奮。意圖和行動之間的一秒鐘差距，這完全與我們一般的認知互相矛盾。當人要拿一杯茶時，他立刻就會做出動作；那麼測量到的一秒鐘差距是怎麼回事呢？

利貝特推斷說，人們自己並沒有察覺到這一秒鐘。他於一九七九年開始了新的實驗，而這個為人熟知的利貝特實驗也讓實驗設計者享譽全球。利貝特讓一個女人坐在靠椅上看著一只大時鐘：那不是一般的時鐘，而是一個綠色的、快速繞著一個圓盤轉動的點。接著他固定兩條線路，一條連結病患的手關節和一台電子測量儀器；另一條則連結病患的頭盔和另一台測量儀器。他給病患的任務如下：「請注視鐘上的綠點，任選一個決定動一下手關節的時間。特別要注意的是，記住做決定時綠點所在的位置！」女人依照利貝特的指示，決定移動手關節並記下綠點的位置。接著利貝特問她當她下決定時綠點的所在地並加以記錄；然後他迫不及待地察看兩台測量儀器。手關節的電壓變化顯示動作發生的精確時刻，而頭部的電極則顯示腦部對於行動的待命狀態。結果在時間上的順序是如何的呢？首先，頭部的電極傳出信號，半秒鐘後才是女人看著鐘指出的做決定的時刻，再過約 0.2 秒鐘才有手部動作。利貝特對這個結果非常興奮：女人在知道決定的半秒鐘以前，就已經決定要動作了！想要或想做什麼事的「意識前反射」比有意識的行為更快；那麼，腦部的意志程序真的是在人意識到這個意志之前嗎？而這難道不也同時意味著哲學上關於人類意志自由的終結嗎？

讓我們做一趟時光旅行，把叔本華和利貝特湊到一塊兒來探討這個問題。我們就到一八

五〇年，叔本華位於法蘭克福好景街十七號（Schöne Aussicht 17）的住所去吧！時間是早晨。等一等！這時他還不見客，我們必須稍待一下。他在七點和八點之間起床，起床後用一塊大海綿沾冷水刷洗整個上半身，而他最有價值的感覺器官，眼睛，則是以多次睜開浸入水中的方式洗滌。他認為這樣的方式可以強化視神經。接著他坐下來喝咖啡，而且是自己煮的。他不允許女僕這麼早現身，因為他非常重視在早晨專心思考。叔本華說，腦部這時就像剛調好音的樂器一樣。我們再等一個鐘頭就可以按門鈴了。開門後的歡迎態度還算友善，至少是就叔本華的一般表現來說。畢竟這位訪客很欣賞他的學識。利貝特甚至還喝了一杯咖啡。由於叔本華憎恨無意義的閒聊，所以這兩位先生開門見山地說：

「那麼，利貝特先生，現在究竟如何？我可以要我所想要的嗎？」

「呃，如果你問得這麼直接的話，不可以。我不可以要我所想要的。」

「那麼就是如我所說的？意志是主人，而知性是它的奴僕？」

「或多或少是這樣的。」

「什麼？」

「就像我說的，或多或少。」

「您要說的是什麼？這裡的或多或少是什麼意思？」

「或多或少的意思是，我們永遠無法完全確定。」

「為什麼？情況很清楚啊！你解釋過的，意志在時間上先於有意識的知性，快了……？」

「……大約半秒鐘。」

「沒錯，利貝特先生，快了半秒鐘。這表示：意志負責支配，而有意識的知性很笨拙地跟在後頭，不是嗎？如果知性很笨拙地跟在後頭，那麼也就不存在意志自由，因為意志不是被知性影響，而只是被它認知和評論。這樣的話，一切的道德哲學都不對了。」

「呃，其實……」

「對於事物有意識的或是理性的觀點，並不屬於人的本質，而只是跟隨在意志後面的裝飾配件，一種修辭的辯解或事後的評論。」

「我也可以說些話嗎？……」

「請說！」

「沒錯，從意志的推動到有意識的決定中間經過半秒鐘；但是到女人的手部關節移動，也就是她行動，中間又會經過半秒鐘……」

「所以呢？」

「……也就是說，她還有機會中斷這個動作……」

「請繼續！」

「……也就是說，雖然不存在自由意志，但是總還是有個像自由的『反意志』（Unwille）的東西，可以預防不好的事情。」

「自由的反意志？你的想法真怪異。」

「這可能聽起來怪異，但是我相信事實就是如此。意志是不自由的，但反意志卻是自由的。無論是什麼促使我們做任何事，我們依然總是有機會說『停！』」

「你相信你已經用那個鐘證明了這點嗎？證明了存在一個無意識的不自由和一個有意識的自由？」

「『證明』這個字眼可能有點誇張了，但我是這麼相信的。」

「而這一切就因為你的那個簡單的實驗？」

「叔本華先生，我願意承認我的實驗滿簡單的；但是我認為很說服力。此外，相信有個東西，我是指自由的反意志，來控制我們的意志，其實是件好事。你是否曾想過，如果我們接受『沒有人必須為他的意志負責，也因此不能要求他承擔責任』的話，這對社會究竟意味著什麼？我該如何面對一個殺人犯呢？他可以說：『我不知道自己做了什麼，無意識的意志導致我做了這件事，而我無法控制它。您去看看叔本華和利貝特寫的理論啊！』」

「反正人類是無可救藥了，不管有沒有刑罰，有沒有監獄！」

「叔本華先生，這是您的看法。但是這麼說對我們並沒有幫助。」

我們最好在這個對話開始有些齟齬以前離開，反正他們也不會再有太多交流了。他們的立場很鮮明，看不出有妥協的可能。當然，利貝特在「不輕易推翻人類為其行為應該負的責任」這件事是對的；不過，叔本華懷疑利貝特的測量結果是否真的足以證明一個關於意志、反意志和意識的巨大理論，難道就不對嗎？腦部研究還無法完全理解人類意識（包括靈性的感覺、創意）、有意識的意志以及想像力之間複雜的交互作用，更別說是測量了。不過每個腦部學者還是有自己一套心物關係的理論。關於利貝特的測量，其真正問題在於他必須把腦部電極的測量結果翻譯成語言，例如他把這些測量結果歸類成「潛意識」或「前意識」（Vorbewusstsein），並決定「指出時鐘上的點」算是「有意識的」還是「無意識的」。但「前意識」究竟是什麼呢？也許我可以把「要彎曲手部關節」的意志稱作是「前意識」，那麼要解決複雜的數學問題，或是要構思哲學論點的意志又該如何稱呼呢？雖然利貝特的測量結果看起來非常有啟發性，但它們並不能推論出簡單的答案，反而是招致新的問題。意志自由這個大難題應該無法用「腦部脈衝」和「這個脈衝被察覺」的時間延遲來取代。此外，意志脈衝也有非常多不同的種類：有些雖然很簡單、卻又經常很強烈，例如飢餓、口渴、疲勞和性慾；有些則非常複雜，如想要通過高中畢業會考、學習法律或舉辦一個盛大的慶生會等，都比一個讓我想吃東西的飢餓感要複雜得多。

這一切對法律來說具有什麼意義呢？今天，成千上萬的腦部學者在世界數百個機構對研究腦部，其中有不少也在探討「促使人類從事道德行為的本能和推動力」。假如說一切的「應該為善」都是奠基於「想要為善」，那麼在人腦中就必須有個誘發善意志的東西，而那又會是什麼呢？

卡文迪西

蓋吉事件：大腦裡存在道德嗎？

一八四八年的九月十三日是個好天氣，午後陽光強烈而熾熱，蓋吉（Phineas Gage）一早便開始工作。他是炸藥專家，同事們後來也都為他背書，說他是若倫德伯林頓鐵路公司（Rutland & Burlington Railroad Company）「最卓越、最有能力的人」。他的任務是要為一條新的鐵路線炸平一塊岩地。佛蒙特州的工人都聚集在卡文迪西市（Cavendish）前方不遠處；很快的，穿越新英格蘭州的鐵軌即將鋪上，而滿心期待的旅客也將能橫跨兩百英里，從若倫德到波士頓去。蓋吉剛剛把火藥和引信填入一個新的鑽孔，並要求助手將整個地方用砂鋪蓋住。他伸手取一根兩公尺長的鐵棍，打算壓實鋪在火藥上面的砂。這時，有人從後面對他說話，他轉身和他交談了幾句，同時熟練地將鐵棍插進溝槽裡；然而他沒注意到，他的助手還沒有把砂注入其中。蓋吉說說笑笑，意外地在岩塊上敲出了火花。

火藥就在那一刻爆炸了。鐵棍從蓋吉的左邊面頰插入腦部，射穿頭部飛了出去，上頭沾著血和腦部組織，砰地一聲掉落在三十公尺外的地面。蓋吉躺在地上，午後的豔陽灑在岩塊上。鐵路工人都嚇得失了魂，全身僵硬地站在一旁，只有少數幾個人敢靠近察看令人難以置信的一幕：蓋吉竟然還活著！雖然有個洞貫穿頭顱，他還是恢復意識。鮮血不斷從傷口流出，但他依然能夠對同事們解釋意外的發生。工人們將他扶上一輛牛車，他筆直坐在車上，車行了一公里多的距離，來到鄰近的旅店。他真是個頑強的小伙子！蓋吉仍自己從車上爬下來，其他鐵路工人都驚奇不已。他坐在旅店裡的椅子上等待。當醫生抵達時，蓋吉還對他說：「我這裡有不少工作等著您呢，醫生！」

現在，蓋吉的頭顱被存放在極富盛名的哈佛大學內，並且讓科學界傷透腦筋。蓋吉在意外發生時年方二十五歲，頭部重創後繼續活了十三年。那是一段奇異的人生，因為蓋吉的傷口雖然奇蹟似地復原，整個事件卻蒙上了一層陰影。這名受傷的工頭仍然能感覺、能聽、能看，他的四肢或舌頭也沒有痲痺的跡象，他只失去了左眼，其他的器官都運作正常；他的步履穩定，雙手也靈活如昔，甚至說話也和從前一樣，完全沒有受到影響。不過，他失去了火藥專家的工作。後來蓋吉在馬場找到新差事，沒多久又被炒魷魚了。無可奈何的他來到市集上，後來又到博物館，他帶著那根鐵棍以吸引人潮。最後他移民到智利去，在那裡待了幾年，並在馬園裡擔任馬車夫維生。一八六〇年，他來到舊金山，最後在陰暗小巷內和醉漢聚集區結束了他的一生。他發作了幾次癲癇，去世時得年三十八歲。人們將他和從不離身的鐵棍一同下葬，那些曾經以頭條新聞報導他意外事件的報紙，只以不起眼的幾行字刊登了他的死訊。

蓋吉的生活為何落得如此下場呢？研究這個案例的腦部學者漢娜（Hanna）和安東尼歐・達瑪西歐（Antonio Damasio）夫婦認為，蓋吉於意外發生後在學習和說話方面的表現都完全正常，除了一個例外。當時有許多證人都指出，蓋吉完全失去了對群體生活規範的尊重：他不停撒謊騙人、有暴怒和毆打人的傾向，並且完全看不出有任何責任感。究竟發生了什麼事？難道腦部的創傷會讓一個正直的好公民變成有嚴重性格缺陷的人？看樣子這名鐵路工人的道德羅盤已經被消磁了。若是如此，難道不也表示在人腦中存在著一個負責道德的生物中心嗎？如果真有一個中心，那麼這個中心是否在我的腦中決定我的行為的良窳呢？

腦部學者達瑪西歐夫婦嘗試用各種可能的方法研究蓋吉的頭顱。他們確定蓋吉的腦部裡負責人類重要性質（例如預想未來並且在社會環境裡規畫未來的能力）的部分已經被破壞。他們相信，蓋吉失去了對自己以及對他人的責任感，無法自由安排自己的人生。雖然所有其他腦部功能都繼續正常運作，那個負責讓人有責任感的特定腦區，**腹側區**（Ventromediale Region），卻可能失靈了。如果這兩位腦部學者的看法正確的話，那麼蓋吉的意識便在意外後產生故障，而思考和感覺、決定與感受的關係自此都變得不正常。

必須一提的是，並非所有研究蓋吉事件的人都同意該解釋。有些研究他的遭遇，並且懷疑治療蓋吉的醫生的醫學鑑定。他們認為，蓋吉的性格並不像達瑪西歐夫婦所說的產生重大的改變。我們必須考慮到，蓋吉畢竟失去了他專長的工作，職業生涯宣告終止；而最重要的是，人們在面對一個個性機靈的工頭的反應，和面對一個容貌完全走樣的人是很不同的。若干怪異的行為難道就不能歸因於此嗎？我們難道不能說，那場意外很可能對蓋吉造成了嚴重的精神創傷？

這些異議都是合理的，但是難以改變神經生物學的診斷。達瑪西歐夫婦以許多動物實驗證明研究的結果。他們發現，腹側區是腦部極為重要的區域，它不但處理感覺，也負責構思計畫和做決定。但是，別以為我們因為發現腹側區，也就找到了一個小型的「計算中心」，它根據指令計算出我們的道德判斷。如果真是這樣，那事情就太簡單了。

我在兒子奧斯卡晚上睡覺前，會朗讀芬蘭童書作家朵貝・楊笙（Tove Jansson）寫的姆米系列（Mumin）故事。其中有一本書提到，精靈斯諾克（Snork）希望魔法師能給他一台計算器，讓他知道什麼是公平的，什麼是不公平的。然而連偉大的魔法師也無法滿足他的要求。同樣的，腦部中也沒有一台道德的計算器，因為那並不是存在於某個腦區的封閉系統，而是一個涉及不同腦區而極為複雜的網絡。如果有人問，腦部中是否存在若干負責道德的區域？那麼答案是肯定的；但如果問題是，是否有一個腦區負責道德的感受和決定？那麼答案就是否定的。

我刻意在上一句話裡區分「感受」和「決定」，因為它們並非同一回事。在前一章裡，腦部學者利貝特將兩者歸結在一起，認為我們的感受支配我們的決定。當然不全然是錯的，但是今天腦部研究已經知道，有非常多不同的腦區都參與了我們的感受和決定，因此很難具體細說該歷程究竟是如何作用的。感覺、抽象思考，以及負責人際關係的領域，總是同時作用。我們很難說誰決定什麼，而且決定者與被決定者的關係也可能並不總是一樣的。顯然，感覺和理性總是交錯作用，而人們在面對研究設定的狀況時也經常會有截然不同的反應。

道德感的確存在，例如對匱乏的人們產生同情：我在街上看到一名乞丐時，會為他感到難過。那感覺在我心裡油然升起，並非刻意營造。而**道德觀**卻是完全不同的概念；我想要給這個人錢，並且考慮這麼做對不對。我會想：如果每個人都給他錢的話，他就永遠不會去找工作了；或者，他肯定不會拿這些錢去買吃的，而是拿去買酒喝掉；我也可能會想：他想拿這錢去做什麼就做什麼吧，重要的是他得到所需要的錢。感覺和決定經常分不開，但是**我們何以如此行為**，卻可能有別於我們如何以道德去**評斷**某個行為。除了意圖、思考、習慣以及種種其他元素之外，感覺也在行為裡扮演重要的角色；但是當我們進行道德評價時，感覺的影響卻又顯得不那麼強烈。在我們攀登我們「道德山脈」的最後一座高山，**道德的直覺**（Moralische Intuition）以前，讓我們再一起來看看腦部研究吧！

我感受到你也感受到的：值得做個好人嗎？

有些人在看到卡爾・梅（Karl May）的小說拍成的電影裡溫尼圖（Winnetou）死去的那一刻掉下淚來；有些人為電影《油炸綠番茄》裡蘿絲（Roth）的死而哭；還有一些人在看到小說《哈利波特》裡鄧不利多（Dumbledore）教授被殺時流淚。我們在看悲傷的電影或書的時候會哭，是因為我們設身處地去想像故事裡那些英雄們的感覺，彷彿他們的痛苦就是我們自己切身的痛苦一般；我們跟著笑，我們也為影片中的怪物和心理變態情節感到害怕，就好像他們威脅到了我們一樣。這些是每個人都有過的經驗，但它們是如何產生的呢？為什麼我們能夠了解他人的感覺？為什麼我們會在電影院裡起雞皮疙瘩，雖然在那裡一點也不危險？為什麼他人的感覺會感染到我身上呢？

答案很簡單：我們能夠感同身受，是因為

他人（在現實世界或電影裡）的感覺喚起了我們心中相同的感覺；而這很可能不僅存在於人類。根據德瓦爾在麥迪森研究中心的觀察，母獼猴法恩的姊姊顯然也感覺到法恩的痛苦和恐懼。然而，即使能與他人「感同身受」或「心有戚戚焉」是如此理所當然，對科學界來說，直到近幾年，這仍是個完全無解的謎。令人驚訝的是，第一位提出具有科學說服力的學者，在其所屬的專業領域之外仍然鮮為人知。

賈科莫．里佐拉蒂（Giacomo Rizzolatti）經常被人們和愛因斯坦相提並論：蓬亂的白髮、嘴上同樣蓄著的白鬍子，以及臉上狡黠的微笑。不過他們的相似處不僅止於外表。對許多腦部學者來說，這位活潑開朗的義大利人是學界裡的佼佼者；他將腦部研究推向一個新的層次。不過，他的研究領域並不是最熱門的。里佐拉蒂探究控制行為的神經細胞，即所謂的行為神經元，已經超過二十年了。這個比較無趣的領域，因為啟動行為的「運動皮質」始終被視為比較遲鈍的腦區。大部分的學者都想：如果我們能夠研究像語言、智力或感覺等複雜的領域，又何必對簡單的肢體動作感興趣呢？

看來似乎是如此。不過，情況在一九九二年有所轉變，而且這個轉變令大家都跌破眼鏡。里佐拉蒂工作的所在地帕瑪（Parma）是歐洲最古老的大學，位於城市邊緣的醫學院卻是個非常前衛的雪白色建築樓群。一九九〇年代初期，里佐拉蒂身邊的腦部學者從事一項很不尋常的研究。他們知道，特定的行為具有「傳染」的效果，發笑、打哈欠、甚至談話者的身體姿勢，都能立刻引起對方的模仿。在某些猿猴也出現相同的現象，某些種類甚至以喜歡模仿聞名。不過研究人員偏偏決定以一種一般來說不會模仿同伴的豬尾獼猴作為研究對象。里佐拉蒂和幾位較年輕的同事伽列賽（Gallese）、佛格西（Fogassi）和迪派勒吉諾（di Pellegrino），將電極接到一隻豬尾獼猴的腦部，然後把一粒核桃放在地上，並觀察當猴子快速伸手抓取核桃時某個行為神經元如何反應。至此一切都算正常，不過，這時驚人的情況發生了：研究人員把同一隻猴子放到一片玻璃後方，這次牠抓不到核桃了，只能眼睜睜看著里佐拉蒂的助手伸手抓取核桃。這時猴子的腦部發生了什麼現象呢？當牠注視別人拿牠的核桃時，相同的神經元產生反應，就像牠之前自己伸手去抓核桃一樣，雖然牠的手並沒有移動，牠的精神卻想像了這個動作。科學家們無法相信自己所看到的：無論猴子是**親手完成某個動作**，亦或只是**精神想像**了訓練師所做的動作，其神經細胞都做了完全一樣的工作。

在此之前，從未有人觀察腦部如何模擬現實裡沒有發生的動作，而李奧那多·佛格西（Leonardo Fogassi）則是第一人。不過成功應該是屬於整個團隊的。里佐拉蒂發明一個新的概念，他把這個在被動想像時卻如真實行為般於腦部引發相同反應的神經細胞稱為「**鏡像神經元**」，一個新的神奇術語就此誕生了。首先是義大利，接著是全世界大學和研究中心的腦部學者，都立刻投入鏡像神經元的研究行列。如果人的腦部對於我們的「親身經歷」和只是「認真觀察並感同身受」的反應沒有差別的話，那麼這不正是了解我們社會行為的關鍵嗎？

至少鏡像神經元是其中一個重要部分。它位於額葉的前額葉皮質，一個稱為「**腦島**」的區域。然而這個腦島卻不同於「社會中心」，也就是到目前為止所說的「腹側區」。其中的差別也很清楚，因為鏡像神經元雖然和無意識的「移情作用」有關，卻和更大範圍的計畫、決定或意願無關。到目前為止，我們還不很清楚這些腦區如何交互作用。里佐拉蒂於六年前以圖像程序說明，人類的鏡像神經元顯然也位於負責語言的兩個腦區之一（布羅卡區）附近，這使得學界特別振奮。荷蘭格羅寧根（Groningen）大學的腦部學者不久前在「聽到聲響」和「鏡像神經元發出信號」之間發現了有趣的關聯。當人聽到開飲料罐氣泡冒出的聲音時，腦中的反應就跟他自己開飲料罐完全一樣；也就是說，單憑聲音就足以讓人經歷到整個情況。而那些在實驗裡腦部反應特別活躍的受測者，也是自認為特別能與他人感同身受的人。美國多位學者研究有社交障礙的孩子們。他們發現，**自閉症**的孩子顯然在鏡像神經元上有問題，不是過於微弱就是根本沒有啟動。

我們還不確定，鏡像神經元作為我們「感覺的導演」是否能在往後的實驗中得到證實，因為這方面的研究尚在萌芽階段。不過，對鏡像神經元的理解很可能幫助我們理解同理心、語言，甚至社會行為和道德。如果鏡像神經元在自己行為以及在觀察他人行為時都發出信號，那麼我們可以推測，對他人感覺的想像其實有賴於自身的感受能力。「自我感覺」是

「感覺他人的感覺」的先決條件。就像我說的，那是「先決條件」，至於要不要使用它，當然又是另一個問題了。鏡像神經元或許可以解釋我們一般**道德能力**的「技術面」；對它的研究也許能指出同理心是如何作用的；而同理心的作用在康德眼中是完全無法描述的過程。現在仍欠缺答案的問題是，對於建立普遍的行為模範甚至具有約束性的行為準則而言，同理心如此重要。

在我們物種發展史裡，道德具有規範群體的社會生活的目的。為了使其運行無礙，群體成員必須能夠適應其他人、設想他們的感覺甚至他們的思想。顯然鏡像神經元可以讓人們能夠為他人著想。無私或利他行為根深柢固到讓人類不僅會幫助別人，而且還感受到「幫助別人是值得的」。當我們安慰一個哭泣的孩子，擁抱、撫摸、甚至讓他歡笑時，我們也會充滿喜悅。同理心是每個健全的人都擁有的本能。看樣子是先存在這種道德感，然後才產生道德的原則的。

然而，得到回報的感覺從何而來呢？是什麼讓我們在使別人快樂時，自己也感到快樂呢？當我們做出道德行為時，是什麼讓我們感到滿足？如果我們請教腦部學者，他多半會指向一個很小、卻非常特殊的腦區，也就是我們在討論感覺時曾提過的「杏仁體」。它是腦中的「快樂與不快樂中心」，對它的研究成果比鏡像神經元要豐碩得多。許多研究團體發現，友善的臉能引起左邊杏仁體強烈的反應，產生好的情緒和樂趣。陰沉或威脅的臉則特別會刺激右邊杏仁體，產生恐懼和不快。這類結果都能在核磁共振圖上看到，而且很有啟發性。當然，核磁共振圖只能捕捉即時的影像，無法呈現出影片；不過，讓別人高興會給我們好心情，這似乎是顯而易見的。對方的笑容和臉上散發的光彩，就是我們做好事的回報；也就是說，做好事經常會帶來好心情，特別是當行為的結果能在對方的臉上看到（或至少想像得到）時。

我們可以說，無私的利他行為是以「自我賞報」為基礎。對我而言，做好事是值得的；對社會而言，如果這對於個人是值得的話，那就也是值得的。也許這便是康德嚴重低估的一點，因為他認為，出於責任感的友善要比出於好感或天生的友善更有道德；他還認為，人不能信賴「快感」。這個看法並不完全是錯的，不過，難道我們就能夠信賴責任感嗎？這在某些情況下可能更行不通，因為和「給別人快樂」得到的快樂相比，「盡一個責任」是比較弱的快樂。

在康德以前，許多哲學家把道德解釋為「對上帝負責任」，而一個以上帝悅納的方式去行為的人就是道德的，其生活就是正確的。然而康德卻讓道德脫離人對上帝的責任，人應該對自己負責，而非對上帝負責。這就是所謂「我心中的道德法則」的思想關鍵。從心理學的觀點來看，這意味著「我是否想要從事合乎道德的事」是個「**自尊**」的問題。在這一點上，康德無疑是對的。雖然在我看來，做好事的樂趣比做好事的責任更為人性化，但是只有在

當我基於自尊的理由，把這個樂趣的經驗作為普遍友善行為準則的基礎時，那才會是道德。不過在這裡我們也必須承認，「做好事的價值程度」也視我們的社會而定。憑著「定言命令」是無法在監獄裡或布朗克斯（Bronx）（譯注1）生存的。在這裡，自尊和**自我主張**的需求以及必要性相牴觸。不過，道德能力基本上還是人類重要的組成部分。一個完全沒有是非概念的社會，大概是我們所能想像的最悲慘的社會，如果我們能想像得到的話。

「人性」這個西方基督教世界的遺產，誘使我們把道德視為我們這個物種的本質。人類似乎天生就既非絕對殘暴，也不是完全高尚的，而是兩者兼具。今天，蓋吉顱頂的洞透露了腦部道德控制中心的祕密；而鏡像神經元則顯示了我們的同理心如何在神經細胞層面上運作。然而，沒有一種化學過程會自動構成好感、愛和責任，那還需要我們自己去做，尤其因為它對我們而言是值得的。我們現在還要探討的一個大問題只有：「做好事是值得的」，是我們由生活經驗得知的嗎？這個認知是與生俱來的嗎？我們真的如康德所說，是帶著一種「道德法則」來到世界的嗎？畢竟我們大多數人都能不加思索地評斷一個行為的是非曲直。我們顯然在這方面有個直覺。然而，這個「直覺的道德」背後的真正意義又是什麼呢？

譯注1：布朗克斯為紐約著名的貧民區，犯罪率極高。

第16章 波士頓

站在橋上的那個人：道德是與生俱來的嗎？

讓我們想像以下的狀況：有一節車廂完全失去控制，向五名軌道工人疾駛而去。而你，親愛的讀者，就站在軌道轉轍器旁，看著這節無人駕駛的車廂呼嘯而來。若是你將轉轍器轉向右邊，就能在最後一秒前拯救這五名男子的性命。唯一的問題是：如果車廂改向右行駛，會撞上一名軌道工人，不過就只有一名。你會怎麼做呢？

等一下！在你回答以前，請你再設想第二個問題，還是和那節無人駕駛的車廂有關，它還是朝著軌道轉轍器和五名工人疾駛！不過這次你不是站在轉轍器旁邊，而是在軌道上方的一座橋上。你找尋可以從橋上丟下軌道以阻擋車廂前進的東西，這時只看到你身邊有個高大肥胖的男子。橋的欄杆並不高，而你只要從後方用力把他往下推，他粗重的身體就能擋住疾駛的車廂，並保住五名軌道工人的性命。你會這麼做嗎？

到目前為止，已有超過三十萬人問過自己這兩個問題。想出這個問題的人是波士頓哈佛大學的心理學家馬克・豪瑟（Marc Hauser），他把這個測驗放在網路上，讓人在線上決定遇到無人車廂事件時會怎麼做。不過豪瑟詢問的對象並不僅限於網路，他在美國、中國，甚至向遊牧民族提出這些問題；他問了孩童、成人、無神論者、有宗教信仰者、女人、男人、工人和學者。令人驚訝的結果是：這些人的答案幾乎總是相同，而且不分宗教、年紀、性別、學歷和生長背景。

他們的答案為何呢？對於第一個問題，幾乎每個人都會啟動轉轍器，為了拯救五個人的性命，他們寧可容忍讓一個人犧牲；至於第二個問題，則每六個人當中只有一個人會為了救五個人而將胖子推落橋下，絕大多數的人不會這麼做。

這樣的結果難道不奇怪嗎？無論我是啟動轉轍器或是把人推到橋下，兩個情況的結果不都是一人死亡、五人獲救嗎？最後死亡和存活的人數雖然完全相同，但其中似乎還是有個差別：「容忍一個人死亡」或者「親手造成他的死亡」兩者顯然並非同一回事。是主動還是被動地為他人的死負責，這在心理學有著極大的區別。在主動的情況下，就算是為了救別人的性命，我還是有「殺人」的感覺；而在被動的情況下，我的感覺比較像是「影響」了這件事。積極的行動和消極的過失之間存在著各種主觀的感覺世界。而幾乎在所有國家的刑法裡也都明確區分了蓄意和過失的行為。

從道德上來看，積極的作為和發號命令或規定是不一樣的。那些在廣島和長崎上空投炸彈的士兵，心中陰霾揮之不去；而從他們的上司甚至到杜魯門總統，也就是下決定的人，卻顯然不覺得有太大的問題。我們區分蓄意的和預見的傷害；我們也區分直接和間接的行為。大多數人認為因身體接觸而產生的傷害比未經接觸的更嚴重；同樣是殺人，按下一個鈕比起用刀刺入心臟感覺好一些。一個殘暴的行為越抽象，執行起來就顯得越輕鬆。

讓我們回想靈長類的社會行為的道德起源。雖然其中並沒有抽象的行為，卻肯定有「行動」和「過失」的差別。當有人疏忽了一個行為時，我們無法確定他是否故意這麼做的，因此我們也無法對他做明確的道德評斷；相反的，一個積極的行動看起來則是不容懷疑的。

不過，豪瑟的發現還不只這些。當大多數人在相同的情況下對情勢做出相似的道德判斷或行為時，不就證明了有個跨文化且普遍的道德「沈積物」，存在我們每個人身上嗎？我們難道不都使用著相同的規則手冊，遵循著同樣的基本原則，例如「要公平」、「別搞破壞」或「要和睦相處」？豪瑟深信，在我們每個人心裡都有道德的規則。由於人們一般不會意識到這些規則，因此這些規則也不是透過教育去傳遞的。它們應該是深植於我們的基因裡，並且在我們幼年時期就內化的。豪瑟推測，我們的道德感是像語言一樣習得的。如同喬姆斯基指出的，腦袋裡有個普遍語法，孩子能各依其環境的影響發展他們的母語。我們的第一個語言不是「學會」的，而是像手臂生長一樣「習得」的。豪瑟認為，道德也近似如此，也有一種「深層語法」，讓我們根據環境有系統地孕育出道德。因此，每個人在出生時都具備了分辨是非的理解力，一種「道德本能」；教導人們社會道德和習俗的，不只是宗教和法律，也不只是父母和老師，我們其實在出生時就已經具備某種理解力。正因為如此，我們才能不假思索地論斷一個行為的是非對錯。就算是一名罪犯，其內心深處也大多能夠分辨善惡。

豪瑟說的對嗎？那把「開啟直覺道德的鑰匙」，哲學家無法以抽象的命令和法則去解釋，腦部學者也無法在核磁共振圖上看見，而心理學家們能用他們的測驗找到嗎？康德很鄙視「感性」這個東西，因為他的要求正好相反，也就是一種不摻雜感性的道德。他認為，感性不是理性的夥伴，而是它的敵人。感性只會混淆我們的道德判斷。而豪瑟的道德感理論正好相反。他認為情感不一定都是低層次的本能，有時也會有高尚的情操。為了完全確定每個健康正常的人都有「**道德感**」，豪瑟求助於一位老朋友：他與安東尼歐・達瑪西歐共同研究額葉腹側區受損的病人，也就是和蓋吉狀況類似的人。他們也被問到那兩個疾駛車廂的問題，而結果很清楚，就像大多數健康的人一樣，腦部受損的人也會啟動轉轍器來救五名軌道工人；不過與其他受訪者不同的是，他們認為第二個問題裡的胖子也必須遭殃。這些有「蓋吉症狀」的「群體障礙者」都毫不猶豫地願意將他推到橋下。當其他人都因直覺的道德本能而有所顧忌時，這些人卻顯然欠缺道德感。他們僅以知性來判斷情況。

如果我們採信這個測驗，那麼直覺的道德感就位於人類的額葉。在這裡，道德與生俱來的普遍語法就隱藏在腹側區裡。不過，在我們表示贊同以前，不能漏掉一些重要的反對意見：第一個「車廂和轉轍器」的問題是很清楚明白的，但是那第二個「站在橋上」的問題卻不是。讓我們再次認真想像自己要在橋上把一個人推下去阻擋車廂的前進。如果這個人是背對著我們的話，我們會比較容易下手；如果他目光注視著我們，那「下手推他」就會為難得多。要是我們對這個人沒什麼好感呢？那好，我們可以犧牲他；要是他很討人喜歡、笑容可掬呢？那麼我們八成就不會推他下去了吧！這一切的考慮雖然都不直接反駁豪瑟關於道德本能的理論，卻讓它變得更複雜了，因為我們關於好惡的感覺，也都與我們直覺的道德脫不了關係。

而轉轍器的例子其實也一樣。六位受訪者中，有五位表示會為了拯救另外五名軌道工人而讓一名被撞死，這個結果看起來似乎很清楚。但是，如果我們認識「那一名」鐵道工人，而他又恰巧是我的好朋友呢？我還會啟動轉轍器嗎？要是站在那裡的不是一名工人，而是我的母親、兄弟、兒子或女兒呢？在這樣的情況下，誰還會啟動轉轍器呢？誰會在一邊是五名軌道工人，另一邊是個正在玩耍的小孩的情形下，仍然啟動轉轍器呢？而如果是站在橋上的情況，有些學生肯定會為了救軌道工人的性命而把他們痛恨的數學老師推下橋去。

除此之外，在第二個問題裡還存在著和本能無關的層面。如果我現在把那個胖子推下去，腦子會閃過一個念頭：誰能保證他不偏不倚地落在軌道上？就算他真的落在軌道上，我能確定他可以阻止車廂的前進嗎？萬一不行呢？那麼結果不光是那五名軌道工人會死，我又害死了一個人。如果我說這麼做是出於善意，誰會相信我呢？這種種問題對於我的行為都有重要的影響，而它們都不是長時間考慮的結果，而是剎那間的念頭。它們是由人生經驗產生的，可以說是社會和文化的反射。

我們很難區分基因的天性和文化的知識，因為兩者的交互作用是密不可分的。雖然許多不同的文化在面對豪瑟的測驗題時都有相同的決定，卻不能證明道德觀是天生的。因為也有可能是：道德觀在不同的文化裡都有很類似的發展，因為它們在世界各地都被證明是好的或至少是值得的。「道德是天生的還是習得的」，這個問題的正確答案應該是：我們無法確實加以區分！例如，有些在希特勒時代受教育的孩子和青少年，日後成為納粹黨衛隊的軍官，可以殘酷無情地殺人，包括對手無寸鐵的婦女和小孩下毒手。如同語言的習得一樣，我們的道德感也應該不是完全天生的。我們並非生來就配備了價值觀，而只是有個「教學大綱」，說明我們能夠接收哪些訊息，以及我們如何對它們進行組織的先決條件。

人們在道德觀方面的不同，顯示這個道德能力的利用也有很大的差異。所有權、性道德、宗教的規範以及處理憤怒的方式，無論古今都有很不一樣的看法，因此很難說什麼才是典型的「人性」。我們現在的社會裡也存在許多層次上的差別，有日常生活的道德、內省的道德、義務的道德、階級的道德、契約的道德、極大和極小的道德、原始的道德、約束的道德、女性和男性的道德、企業的道德、經理人的道德、女性主義者的道德和神學家的道德等等。社會一旦發現了新的問題，就會立刻對應地產生出新的道德。但是每個新的道德還是奠基在亙古不變的傳統價值上：它會呼籲良知、喚起責任感、要求更多的平等和民主、弟兄和姊妹之情。

有道德觀的人會將世界分為兩個部分：一部分是他所尊重的；另一部分是他所厭惡的。兩千多年來，哲學家們絞盡腦汁，設法證明尊重和厭惡的標準，而得出的結果是值得我們思考的。因為一方面，在哲學的影響下，歷經了數百年，產生了公民法治國家的現代道德體系；另一方面，這整個結構（至少在德國）又如此脆弱，以致於納粹黨在沒有遭遇到強大道德反抗的情況下就輕易將其破壞。看起來，社會道德的進步，與其說是經由理性，不如說是透過各階層的群眾對某個問題的感受。社會進行的推動力是情感的衝動；或者就像美國哲學家理查．羅逖（Richard Rorty）貼切地說：「道德的進步……並不在於人們揚棄感性、向理性的推進。也不在於停止訴諸低等的、貪腐的地方法院判決，而上訴到更高等的、只依據一套超越時空與文化界限的法律來判決的法院。」

我們在討論道德的問題以後，得到的結論應該如下：人是有道德稟賦的動物。道德能力雖是與生俱來的，卻很難說它的影響程度有多大；靈長類的腦部提供了同理心的可能性，並

且知道「好的」行為會獲得（神經化學上的）激勵；道德高尚的行為是複雜的利他主義，既來自於感性，也來自於思考；人的體內並沒有如康德所說的「道德的法律」來約束他行善；然而道德行為的產生，乃是因為它對於個體及其群體來說經常是值得的。至於人類使用道德的程度，則往往是自尊的問題，而這又是教育的問題。

有了對這個總結的認知之後，現在我們應該可以實際操作了。讓我們來探討社會具體的道德問題吧！如同我們所見，有一種道德感的**權利**，讓我們在某個情況下殺人，就像站在橋上的那個人一樣。但是，是否也有一種道德**義務**，讓我們必須殺人呢？

貝爾塔姑媽不應該死：可以殺人嗎？

噢！提到我的那個貝爾塔姑媽呀，她一輩子都在用卑劣的方式壓迫自己的家人，還好她沒有孩子可以讓她折磨（謝天謝地），卻使她折磨的對象變成了自己的弟弟，也就是我的父親。就連她的鄰居們也不堪其擾，幾十年來的土地界線問題，以及她那隻到鄰居花園裡四處便便的狗。對了，那隻狗！一隻狂吠不停又愛咬人的小惡犬，而她總是放任它去攻擊送信的郵差。沒錯，這就是令人憎惡的貝爾塔。

我還忘了提到一件事，她很有錢，可以說是個大富婆。她早死的先生亞伯特留給她一筆巨額的遺產，而她也做了很好的投資：不動產、有價證券、股票，使貝爾塔姑媽擁有億萬身價。而這一切最好的部分是：我是她的財產繼承人。只可惜這個貝爾塔身體硬朗得像一匹馬似的，才剛滿七十歲而且健康得很。她菸酒

不沾，甚至連蛋糕也不碰。說穿了，貝爾塔姑媽除了錢之外，對什麼都不感興趣。我想她至少會活到九十歲或者一百歲吧，而她若真的活到一百歲的話，屆時我也七十多歲了，誰知道那時候的我會在幹什麼、我究竟還需不需要她的錢了？有時候我會希望老貝爾塔明天就兩腿一伸；最好別等到明天，乾脆就今天吧！

難道我們找不到什麼理由能讓自己殺掉可憎的人來做點好事嗎？也許有個具有說服力的理論能用來支持我們，讓貝爾塔姑媽提早去見閻王？而我還真的想到一個，也就是：哲學裡的**功利主義**。

邊沁（Jeremy Bentham）於西元一七四八年生於倫敦附近的斯畢塔菲爾德（Spitalfields）。他出身自一個政治立場保守的富裕家庭，從小讀的是給城市中上流家庭小孩上的著名的西敏寺學校（Westminster School）；哲學家洛克（John Locke）、建築師克里斯多佛．雷恩（Christopher Wren）和作曲家亨利．普賽爾（Henri Purcell）都曾在該學就讀。一七六〇年，邊沁十二歲時，他的父母就為他在牛津大學女王學院（Queen's College）註冊，十五歲便取得法律學士學位。他二十四歲在倫敦擔任執業律師，不過他往後的事業卻和家人的期望大相逕庭。邊沁對十八世紀中英國法律和法庭的狀況多所抱怨，不願繼續執業，而想對法律推動改革，使它變得更合理而民主。在一七九二年父親過世後，他得到一筆遺產，因此能衣食無虞地實踐自己的理想。往後的四十年間，他完全沈浸在寫作之中，每天的文字量達到二十頁。當他開始對法律的枝微末節感到乏味時，便讓一名學生草擬他改革民法的建議，並改寫成法典的優美形式。邊沁是個既出色又討人喜歡的人，就像法國人剛廢除了教會和貴族的傳統階級特權一般，他也致力於讓英國社會變得更自由而開放。他思考社會改革形式、倡導言論自由、為監獄設計更人性化的藍圖、並支持婦女運動。

邊沁思想的出發點既簡單而又令人折服：快樂是好的，而痛苦是不好的。如果這個出發點正確的話，那麼哲學以及國家也都應該視其為準則，而社會的目標就應該是盡可能地降低社會的痛苦指數，並促進所有人或至少大多數人的快樂。一個措施越能為世界帶來快樂，它就越好、越有用，邊沁將這個基本原則稱為「功利主義」。他於一八三二年以八十四歲的高齡過世，當時已是個遠近馳名的學者。雖然他自命政治立場自由開放，然而法國革命者和後來的法國共產主義者也都對他的哲學感到極大的興趣。在美國，紐約州、南加州和路易西安那州等三個州也沿用邊沁的法典。

這個「快樂是好的，痛苦是壞的」原則，看起來十分合理。為什麼我們不也用在貝爾塔姑媽身上呢？我姑媽完全沒為這個世界帶來快樂，她只有造成別人的痛苦，例如對鄰居和那位可憐的郵差；而她在銀行裡的錢對於世界也沒有任何益處。不過，我們當然可以改變現狀。要是我擁有這麼多錢的話，除了為自己，我將還能做多少好事啊！比如說，我有個醫生朋友，他的醫院專治白血病的孩子；還有另一位女性友人熱心投入關懷巴西街頭兒童的事工。如果我有了貝爾塔姑媽的錢，我就給這兩位朋友各匯入一百萬歐元，如此一來，將會有多少快樂一舉降臨到世界啊！我想到了醫院中那些將得到完善照顧的病童，眼前還浮現了巴西兒童臉上喜悅的笑容，他們將因著我的資助而得到受教育的機會。

要讓這個夢想成真，唯一要做的僅僅就是……不！我不只是可以這麼做，我根本就**必須**殺了貝爾塔姑媽！因為，如果邊沁的理論正確的話，那麼我有義務去除掉那個老女人。我只是要盡量人道且溫柔地送姑媽歸西，讓她在沒有痛苦、沒有知覺的狀況下上路。我那位醫生朋友肯定有什麼辦法能讓她靜靜長眠。誰知道呢，說不定她還能因此而免去原本更不舒服的痛苦死亡呢！沒有人會為她的死掉淚，而這已經是非常客氣的說法了，有誰不會慶幸這個噁心的老女人不再存在呢？鄰居們終於能享受安靜的生活和乾淨的庭園，而郵差也可以期待會有善良的人搬進這個房子裡。我的醫生朋友只需要意外地發現她，並為她開立死亡證明，讓一切事情看起來極其自然到沒有人會想到要去調查。這麼一來不就沒事了嗎？難道我沒有殺害一個人的道德義務嗎？

讓我們再次仔細思考這些論點：如果我為了拯救那些生活在痛苦之中的孩子而殺死貝爾塔姑媽，那麼無疑地，我就為所有相關者找到快樂和痛苦之間的最佳平衡。這同時意味著：對一個人採取不好的手段是可以被原諒的，只要結果對於群體而言是好的。論點至此還很清楚。但是，如果邊沁知道我是用他的理論來使我的謀殺合理化，他會有何看法呢？奇怪的是，他在著作中對於這個其實很容易就能從他的哲學主張推論出的結果卻隻字未提。我所知道的，只是他（就歷史記載）從未為了得到遺產而毒死姑媽，不過他也沒有這麼做的必要就是了；而在他的文字裡也從未呼籲人去謀殺暴君、冷酷無情的大地主以及其他剝削者。他是個自由主義者，而這也反映在他的行為選擇上。

不過這對我來說並不夠。我反覆思量，為什麼邊沁沒有做如此簡單的推論：也就是在衡量痛苦與快樂之後，有時候大可以去謀殺一個人？因為這個想法實在太順理成章了。

當我父母第一次對我講述納粹集中營以及被謀殺的八百萬人時，我應該是十二歲左右。雖然是第一次聽到這些事，但當時的我就已經問過自己：為什麼沒有人想過自己有責任去殺死希特勒以阻止那可怕的不幸呢？以邊沁的理論來看，事情再清楚不過了：一個建造殺人煉獄或破壞世界和平的暴君是人人得以誅之的，因為侵略者造成的災難遠大於個人死亡的不幸。

那麼，同樣的衡量難道不能用在貝爾塔姑媽的例子嗎？她的死為世界帶來的快樂，遠遠超過她的不幸。不過，邊沁可能還是只會露出狡黠的微笑。他會問我是否想過，如果我這個貝爾塔姑媽的例子讓許多人起而效尤的話，那麼社會將會有什麼後果呢？

上百萬的人：有錢的姑媽、可憎的人、政客、大老闆，還有許多囚犯或沒有家屬的智障者，都得做好隨時可能在睡夢中被下藥謀害的心理準備。這將在社會引發何等的恐懼啊？

而這樣的恐懼又將對人類造成多大的不安和禍害呢？

或許我的運氣好，貝爾塔姑媽的謀殺行為最後神不知鬼不覺。但是如果我自認行為正確的話，那麼它必定**在原則上**也沒問題才對；而如果它在原則上是沒問題的，那麼就應該適用於每個人。誰知道，也許有一天我自己也會碰上這個狀況，而我的姪子對我的看法就像我對貝爾塔姑媽的觀感一樣，到時我也無法確定自己是否會性命不保了。根據邊沁的看法，為了能夠正確應用「快樂是好的、痛苦是不好的」原則，首先必須清楚的是：把痛苦和快樂像算術題一樣單純地加總起來，然後依照結果決定人的生死，這麼做是行不通的。否則任何文明社會都會崩潰瓦解。

以上所述是可以理解的。不過，這兩個基本原則能夠在邊沁的哲學中相容嗎？一方面，快樂程度決定好的行為；另一方面，邊沁又把殺人當作例外，而我們在他的著作裡無法找到有力的道德論據去支持這個例外。因此，反對殺死（或折磨）我們憎惡的人，充其量只是為了維持公共秩序，而不是出於個人的道德。相反的，康德認為每個人都有個無法超越的價值，也就是**人性尊嚴**。他如果聽到我關於貝爾塔姑媽的加減計算的話，肯定會難以置信地雙手抱頭說：「一個人的生命是不能用其他人的生命來抵償的啊！」

邊沁對於快樂和痛苦的權衡，以及康德賦與人命至高無上的價值，兩者是對立的。那麼哪一方更有說服力呢？難道我們不應該基於道德的理由而殺了希特勒，以阻止不幸和災難嗎？康德「人性尊嚴」的教條在這裡是不可侵犯的準則嗎？至少，在像貝爾塔姑媽這種案例裡是不能相提並論的。我們可以說：她畢竟並沒有造成太多的傷害。而就像前一章所指出的，「積極的行動」和「消極的卑劣」的差異並非微不足道的，無論是對於犧牲者或行為者的評斷皆然。不過對邊沁而言，這個差異（至少在行為者來看）是不存在的。邊沁不僅會啟動轉轍器，也會把那個胖子推下橋去。因為他的功利主義只問行為的道德好處；而就像我們看到的，在「積極殺害」和「被動容忍」之間並無差異。不過，邊沁的方程式雖然很合邏輯，但人類卻顯然不只是邏輯的動物。還有比公正更重要的道德原則。尤其必須傷腦筋的是，並非每個人都可以依照自己的想像去解詮釋正義是什麼。無論如何，人類還有一些直覺，那是無法輕易抹煞或從道德之中刪去的。雖然道德和法律不能建立在直覺上，但是它們也不能完全沒有直覺而不變得不合人性。

所以，貝爾塔姑媽不該死。而人也不可以拿一個人的生命價值來和他的好處做比較。不過，我們還有個棘手問題要探討，那就是還有沒有其他可以解釋生命價值的角度？這個價值究竟從何而來？它又從何處開始呢？

第18章　在子宮裡

尊嚴的誕生：墮胎是道德的嗎？

我們想像以下的情況：你到醫院去探視一位女性友人。你穿過大廳，走進電梯。由於你不太確定朋友的病房在幾樓，因此按錯了樓層。你走出電梯，來到一個部門，看到裡頭捐血者與病人以導管連接起來，而這些病人若是沒有捐助者就活不下去。你卻沒搞清楚狀況。你在候診室裡等了一會兒後被請了進去，醫生給你打了麻醉藥，當你醒來時，發現自己正躺在病床上，而身旁的病床上躺著一個不省人事的男子，你和他的身體之間連接著複雜的儀器管線。你呼叫醫生，得知這名男子是罹患腎臟病的著名小提琴家，讓他活命的唯一方法，就是將他的循環系統和另外一個血型相同者的循環系統相連接，而你正是那唯一血型相符的人。由於那是很有名的醫院，他們當然為這場誤會深表遺憾，因為他們以為你是自願捐助者。他們也願意拆掉你和這位小提琴家的管線，不過小提琴家會因此死亡；要是你願意與他維持九個月的時間，他就能康復，而你就可以和他分開，而且不會危害到他的性命。你會怎麼做呢？

你可能會說，這真是個令人毛骨悚然的故事，不像現實生活裡的情節，反而更像是個惡夢！哪個到醫院探病的人會不明究裡地讓人隨便施打麻醉針呢？你說的當然沒錯，但是這類由哲學家或心理學家們想出的道德難題，探究的並非細節，而是原則問題。至於這個稍經修改的故事，是出自麻省理工學院的哲學女教授湯姆森（Judith Jarvis Thomson）。而她的答案是：如果你願意和那名小提琴家分享你的腎臟九個月，並忍受躺在病床上的痛苦的話，那麼你真是個好人，不過你卻沒有任何道德義務要這麼做！你在看過本章的標題後，當然知道這個例子的重點並不在於那虛構的小提琴家，而在一個普遍的情況：你在違背心意、毫無計畫、甚至有可能是在暴力脅迫下，必須以身體直接為另一個「人的生物體」負責。而這種狀況最常出現的實例，並不是和腎臟病的小提琴家接上導管，而是意外的懷孕。

湯姆森認為，一個非自願懷孕的婦女，她的狀況與非自願和小提琴家相連接的狀況非常類似。而就像你不會被迫為小提琴家的生命負責一樣，婦女也不必為那非她所願於體內成長的胚胎負責。湯姆森還認為，女人的自主權大於那在非自願條件下產生的、對另一個生命的責任。這個論點提出後大受歡迎，它啟發了女性主義「我的肚子是屬於我的！」的口號；然而，就算我們願意為這個命題背書，湯姆森的理由看來還是頗為可議。讓我們想像，有個快餓死的人站在我們的家門前，使盡了最後的力氣敲門並乞討食物。如果用湯姆森的理論，我們可以說：給他食物代表我們人很好，但是我們完全沒有義務在這個不是我們自找的情況下為那快餓死的人負責。我想，肯定不是每個人都會為這句話背書的。因此，刑法裡也確實有「不為救助罪」（Unterlassene Hilfeleistung）的條款。一個不是我們想要或接受的狀況，並不能構成免除責任的**原則性**抗辯；相反的，我們通常必須權衡個別事件。也就是說，小提琴家的難題會帶我們進入一個死胡同，因為它並未提出一個真正有說服力的原則。不過，這個例子卻有一個重要的思考陷阱：那位小提琴家是個精神智力成熟的成年人，但胚胎或胎兒呢？相對於成人來說，它們是否擁有絕對不可侵犯的生存權呢？要回答這個問題，我們有三條路可以選擇，即康德的「人性尊嚴」概念、邊沁的「功利主義」和豪瑟的直覺「道德感」。

讓我們從康德開始吧。在他豐富的著作裡，只有一處談到胚胎，而不讓人意外的，他是在闡釋婚姻法時提到的。康德認為，胚胎是一個已經具備所有人性尊嚴的生物。如果這不成立的話，我們就會面臨一個問題，也就是必須指出人的自由和尊嚴是始於子宮內的哪個時間點。這是非常棘手的問題，因為康德認為，「自然」是不知道何謂自我意識，何謂自由的。那麼自由及其隨之而來的尊嚴又是如何且於何時臨到人的身上呢？我們只能從當時的時代背景去解釋康德的回答：胚胎的自由奠基於父母的自由。因為父母是自願，也就是在自由的結合（婚姻）條件下創造它的！自由結合的果實就是一個自由的胚胎。換句話說，這同時也表示：只有在自願且有婚姻關係的基礎下產生的胚胎，才是自由和具有人性尊嚴的人，除此之外的都不是。康德以這個在今天看來有些奇怪的定義來回應他所處時代的問題。一七八〇年，曼海姆市（Mannheim）的行政專員拉美燦（Adrian von Lamezan）以舉辦一個獎金一百個度卡特（譯注1）的問題徵答：「什麼是制止殺害幼兒最好的辦法？」這個問題得到四百封的來信回答，迴響非常驚人，因為墮胎甚至更嚴重的殺害初生兒行為，在十八世紀算是普遍的現象，而大部分是因為雇主對女僕的性侵害。這在當時是個迫切的問題，因為殺害私生嬰兒雖然是個禁忌話題，卻又眾所周知。康德在他法律學說的另一處探討殺害幼兒的行為。由於私生嬰兒並非完全的自由，而是（如未經允許的貨品）「潛入」了子宮，因此他把殺害幼兒視為和在決鬥中將對方殺死一樣，是一種「不損害名譽的過失」，並主張減輕刑責。

在今天，用康德的觀點來論證是絕對行不通的。原因不僅是因為還有「非自願但婚生」以及「自願但私生」的胚胎；真正的問題是：康德無法證明在沒有婚姻關係的情況下位於子宮內胚胎的人性尊嚴從何而來，因而不能譴責殺害非婚生幼兒的行為，甚至連非婚生的成年

譯注1：Dukaten，十四至十九世紀歐洲通用的金幣名。

人也包含在內！因此，從現今的眼光來看，康德對於為何應該絕對保護（婚生）胚胎的解釋是很牽強的。而在今日對於墮胎問題的討論中，大概沒有任何引證康德的人會認同他對於非婚生和婚生的胚胎以及嬰兒的差別態度。不過，如果不做出這個結論的話，那麼我們何不全盤推翻康德對（婚生）胚胎的人性尊嚴的解釋呢？因為這個解釋完全過時了，只有在當時的時代條件下來看才有意義。

現在讓我們來看看第二條路：功利主義。作為功利主義者，我會問自己兩個問題。第一、胚胎或胎兒的快樂和痛苦的感受能力有多大？第二、子宮內孩子的快樂和痛苦以及母親的快樂和痛苦，何者比較重要？

要回答這兩個問題，我們首先必須對於「胚胎的價值」達成共識。沒有任何功利主義者會認同康德的觀點，也就是相信胚胎的生存價值是隨著其父母自由的婚姻而來的。那麼胚胎是個有絕對保護價值的人嗎？答案是否定的。胚胎是一個「生物人」，因為它在生物學上是屬於「智人」（Homo sapiens）的；但是它在完整的道德意義上並不是人，也就是說，它並非一個「位格」（Person）。但「位格」究竟是什麼呢？我如何辨認它呢？關於「位格」意義的想法並非源自邊沁本人。對他來說，能夠達到讓最多人獲得最大快樂的行為，便是在道德上最好的行為，而他並沒有提到「位格」的問題。他的後繼者發現了兩個薄弱的環節，並試圖加以排除。第一個問題是，我們究竟該如何理解「快樂」？邊沁認為，快樂是最廣義的快感的體驗。但是他最出名的學生，也就是身兼哲學家和自由派政治家的密爾（John Stuart Mill），卻對這個定義感到極不滿意。他想要讓功利主義擺脫一般的疑慮，即認為其對快樂的看法是空洞而膚淺的。因此，相較於身體的快感，他賦與精神的快樂更高的評價：「寧可做一個不滿足的蘇格拉底，也不願做一頭快樂的豬。」然而，若是精神比純粹的身體快感有更高的價值，那麼一個在精神上才華洋溢的成年人也就比一個新生兒或一匹馬來得更有價值，也就是說，只有一個全面的、整體的人才是一個「位格」。晚近的功利主義者將這個觀點納入他們的理論，他們不僅考慮到了生物的基本慾望，更重視複雜多面的「**人的**」願望。人們稱為「**偏好功利主義**」；幾乎所有邊沁的近代信徒都屬於此派。功利主義者思及高度發展的偏好（願望和意圖），會認為殺人（包括貝爾塔姑媽）是不被允許的，特別是當這個人有繼續活下去的強烈意願時。

相反的，胚胎並不具備複雜而多面的意圖和願望，它們也許有想要活下去的本能，不過蠑螈也同樣有這個本能。因此，對偏好功利主義者來說，並不存在一個足以絕對禁止結束胚胎或胎兒生命的理由。當然，胎兒自某個生長階段起會產生意識，但是豬和牛也有型態類似的「意識」，我們卻還是照殺照吃不誤。據我們所知，胎兒並沒有一個在「複雜多面的意圖和願望」意義上的意識，因此便產生了一個通行的基本準則：胎兒的生命原則上是可以在任何發展階段予以終結的，尤其是當它能明顯減輕母親的痛苦並大大提升她的幸福時。

以上是功利主義的論點。無疑的，這個論點比引證康德對婚生胎兒的絕對人性尊嚴要來得清楚。不過，這個立場同樣也有缺陷。人們可能會質疑，胚胎雖然在精神的活動上也許只有蠑螈的程度，但它身上卻隱藏著發展成愛因斯坦的潛力；它若不被終結的話，有一天將會成為一個具有願望和意圖的人。這麼說來，它難道不是一個**潛態的**位格嗎？沒錯，這個論點乍聽之下似乎很有道理，不過「潛在的可能性」一般並不能作為決定性的道德標準。

此外，反對的意見還不只這個。功利主義有個很大的缺點，就是它對於行為結果的評估。為了在快樂和痛苦之間作有意義的衡量，我必須**綜合思考**我的決定的後果，但這絕非易事。即便是很簡單的私人問題，就經常足以讓我不確定（對我來說）什麼比較好：我今天晚上是要去參加一個朋友的慶生會，還是去聽我最喜歡的作家的現場朗讀會呢？他今晚可是文學界難得的稀客呢！我怎麼知道哪一件事最終將會帶來更大的快樂？而與「想要綜觀複雜的道德狀況及其一連串的後果」相比，這個例子的難度根本無法與之相提並論！誰知道一名墮胎的婦女會不會後悔？也許那會給她帶來更大的精神折磨？而胎兒的父親又會怎麼想呢？這個舉動難道不會為兩人的關係造成更負面的影響嗎？功利主義者會說：評估錯誤是人生中的風險。然而，這個風險卻不能作為普遍禁止墮胎的依據。

因此，功利主義引起最嚴重的抗辯其實是：如果「一個胎兒不能獲得絕對的保護，是因為它沒有完整的意圖和願望，所以不是一個人（位格）」正確的話，難道同樣的道理不也適用在剛出生的嬰兒身上嗎？畢竟小孩總也得到兩、三歲才會成為有自我意識的、自由的人（位格）。如此一來，「偏好功利主義」豈不是太極端，除了墮胎之外還允許殺害三歲以內的幼童嗎？

這個抗辯是非常重要的。事實上，確實有些偏好功利主義者認為一個孩子的絕對生存價值是從兩歲才開始的。當然，這並不表示他們贊成在沒有重要動機的前提下就可以殺死未滿兩歲的孩子。但是當中的原因並不在於人（位格）自己的價值，而在於社會的後果。幼童對於父母和親屬來說幾乎總是有著極大價值的，而就算是生活在孤兒院裡的棄嬰，也至少都是需要救助者，有權要求社會的**保護**；然而，偏好功利主義者卻很難說明為什麼保護棄嬰比保護動物重要。我們在這兩個情況裡都可以說，一個不以關懷、反而以輕率的態度面對生物的社會，**有趨於野蠻之虞**；但這不是幼童生存權的有力論證，而這也正是偏好功利主義在此問題上的罩門。

現在我們來到第三條路徑，看看豪瑟的觀點。他認為，每個正常人都有類似道德感的東西、一個「直覺的」道德。如同我們看到的，功利主義在墮胎問題上有個清楚的立場。但是這個立場帶來的結果，也就是無法解釋對幼兒生命的絕對保護，卻會讓許多人直覺不妥。當道德哲學家聽到「直覺」這個詞的時候，一般都會毛骨悚然；如果有人提倡不要拿直覺來作為論據的話，那麼康德派哲學家和功利主義者將在幾秒鐘之內迅速與他結為盟友，因為他們

認為：感覺是不可靠的、是因人而異的、是依情緒而定的、而且各個文化也不是在面對所有情境和問題時都有相同反應。有鑑於此，西方哲學便嘗試藉助理性來解釋他們的論點，為的就是要讓每個人都能理解。

道德哲學對於感性的強烈排斥，乃是源於哲學與教會之間的爭戰。為了擺脫宗教的束縛，大多數哲學家都尋找理性或盡可能不帶感性的解釋，而以知性和理性去定義人。如同我們在第一部看到的，這樣的「人的概念」並不正確。就像潛意識和意識一樣，身體和心靈也是不可分的。如果我們的道德總是和我們的感性有關的話，那麼我們就不能輕易摒除它。當然，感覺不是唯一有效的標準，但是道德若是放棄了和直覺的相容性（我們道德感的生物基礎），那麼這樣的道德必定不如一個符合直覺的道德。

在幼兒問題上做出功利主義的回答（不考慮感性，因為感性不宜作為理由），真的有道理嗎？再進一步問：像功利主義那樣，把「**公平的感覺**」放在最高的仲裁位置是有意義的嗎？這符合我們的天性嗎？如果有個女人站在一棟失火的房子前面，房子裡有她的嬰兒和她的牧羊犬，而她只能救其中之一的話，那麼她應該違背所有本能和情感而基於公平理由去救那隻牧羊犬，就因為牠有可能帶來更大的益處嗎？

如果我們不是有意要提出違背情理的行為規則的話，那麼我們就不能不考慮「直覺」的重要性，再理性客觀的道德哲學都是如此。沒有一種哲學可以拋棄價值觀，而「價值」本質上並不是理性想像出來的，而是感受到的。如果我像功利主義者一樣，將公共利益解釋為一種重要的善，那麼這肯定是一般人都能理解的；不過這卻不是邏輯思考的結果，而是一個價值；至少在當某人說自己是個自私鬼且不關心公共利益時，就能清楚彰顯出這點。人們無法單單用邏輯來解釋對其他人的關心，而「想做好事的意志」也總是個人的價值判斷。每個道德規範最終的基礎都是希望和意願，而不是認知或知識。

今日，許多哲學家之所以會拒絕引證直覺的道德感，主要是因為這個引證讓人感覺太過於「宗教性」了。如果今天天主教會想要將從卵子和精子細胞結合算起，所有屬於「智人」的範圍都納入絕對而無例外的保護的話，那麼他們所引證的並不是理智的論點，而是他們的感受，也就是上帝的意志。不過奇怪的是，這個意志並不是恆常不變的。一八六九年，教宗庇護九世（Pius IX）規定胚胎自從產生後就有完整的靈魂；在那之前，只有當胎兒出現了第一個動作，即可以感受到的第一個生命跡象時，才被認為開始「具有靈魂」，而這對於我們的直覺感受來說也更容易理解，因為與一個只有在生物學的定義上存在、有時甚至無法察覺的生物相比，「可感覺到的生命」在直覺上的地位是不同的。不管在過去或是現在，許多婦女在懷孕初期都還全然無知，而教宗庇護九世卻以他的諭令來反應當時醫學上新的可能性：一八六〇年，醫界才剛剛開始做到在懷孕之初便有效診斷出受孕，教宗就毫不猶豫、無畏而輕率地將教會的權力擴張到所有母親腹中的胎兒上。

宗教原本就是從直覺轉化到教化與誡命，它也是社會秩序的規範。然而，這個賦與胎兒靈魂的宗教信條卻與所有直覺相牴觸，甚至可說是與直覺背道而馳。它對於社會秩序也並沒有任何正面的貢獻。這個在生命初期給人在感覺上的「意義」，主要視其母親，其次也視其父親和其他親屬所賦與的價值而定。胎兒在母體內越大，彼此的聯結性也就越強。而分娩又是一次特別的「躍進」。對胎兒來說，這個躍進將他帶入一個新的層次，他在生物學的角度上第一次獨立，他的生命環境完全不同，而且在他的腦部正進行革命性的變化，就連父母及其他如兄弟姊妹、祖父母等親人在注視、傾聽或撫摸這個嬰兒時，也會進入一個新的感覺層次。雖然嬰兒在母體中的聯結如此緊密，卻大概只有極少數的婦女會聲稱孩子與她的聯結性在分娩前後是在相同的層上的。因此，我們的道德感受基本上是感官經驗與想像力的問題，它被我們的感覺激發出來。然而，不同的宗教還是或多或少維持了這個「直覺道德」的感覺。

直覺在兩點上糾正了功利主義。首先，它告訴我們墮胎施行的時間越晚，問題就越大。因此在德國將合法墮胎設限於三個月之內的規定是有其道理的。就算胎兒的生命從第九十一天到第九十二天的改變並不意味著進入到了另一個層次，我們還是可以概括地說，胎兒在三個月後已達到了一個自然的界限，也就是還能使用「不具意識的生命」這個概念的界限；第二點是，直覺賦與了新生兒及幼童一個絕對的生命權，因為他們的生命在我們的直覺上已經是具有相同價值的人的生命了。就算有人沒有這樣的直覺（即在情感上無行為能力者），也無法改變這個事實，而每一種道德型態都有這樣的問題。前面曾提到過，並非所有人都認為公共利益很重要，功利主義者卻仍然將這個感受設為前提，雖然「直接的」生物本能應該比「衍生性的」社會本能更可信才對。

我們可以說，關於生命的價值和尊嚴的權利，並不源自於「生殖行為」，因此我們也看不出為什麼在三個月之內不可以墮胎。殺害發展超過三個月後的胎兒所涉及的道德問題則將逐月增加。當父母獲知自己可能生出一個有嚴重智能或身體缺陷的孩子而又沒有能力照顧他時，他們很可能會狠下心決定結束其生命。功利主義把父母與胎兒兩者的希望、意圖以及潛在的痛苦放在天秤上比較，雖然很殘酷，卻是無法避免的。如果孩子一出生後就處於昏迷的狀態或不靠醫療儀器就無法存活，例如患有嚴重心臟病、一輩子都必須和醫學器材相連，這時父母面臨的抉擇又更難了。父母們除了依據明智、誠懇的建議來衡量自己的感受（他們的道德感以及希望與意圖）以外，難道還有其他的取決標準嗎？然而，這樣的問題早已不再只是單純的墮胎問題了，它們涉及一個完全不同的領域。他們要我們去思考：「讓一個人死或甚至依照他自己的意願將其置於死地」在哪些條件下會是道德上站得住腳的呢？

第 19 章 柏林

人生的盡頭：應該允許安樂死嗎？

「瓦爾內港（Warnemuende）是一個充滿生氣而舒服的地方：海面浪濤起伏，天空明亮清澈。幾年前，這名母親曾和她的兒子來過波羅的海。很快的，她將再次帶他到那兒去，因為，兒子不會想要被埋在厚重的墳墓底下。

廚房櫃子上擺著一份海葬的廣告單，瑪麗路意絲．尼希特（Marie-Luise Nicht）拿起來反覆翻閱。這一切對她來說還是如此不真實，因為她的兒子就躺在隔壁，兩個房間中那個較大、較漂亮的房間裡。他呼吸著，心跳動著，身子是暖的，有時候他還會睜開眼睛。一個死去的人看起來不是這樣的。

『那個名叫亞歷山大的人，早在四年前就死了，』尼希特太太說：『隨之而生的是另一個亞歷山大。』在醫學的眼中，他是個沒有自我、沒有感受的人，沒有與外界接觸的可能性，而這情況也沒有任何改變的機會；在尼希特太太眼中，他卻是她的孩子，一個需要她的孩子。開始的時候，她偶爾還會暗自握緊拳頭，捶打他並對他叫喊：『醒過來！你不能留下我一個人不管！』不過這個階段已經過去了。

她的兒子現在看起來並不像在受苦。他的肌肉放鬆，他不流汗，皮膚摸起來平滑柔順。母親早已習慣他的嘴總是張開著，有時還會流出唾液。她可以對他說話，為他按摩並撫摸他；天氣好的時候，她可以把他抱上輪椅，推他到外頭去。她其實是能夠想像和他繼續過日子的；不過，她仍然希望他有死的權利。因為尼希特太太非常確定亞歷山大絕對不會想這樣靠著胃管裡的半流質食物來延續自己的生命的。」

二〇〇六年秋天，德國明鏡週刊（Der SPIEGEL）報導了亞歷山大．尼希特的命運以及他的母親瑪麗路意絲。二〇〇二年十月的一個夜裡，這名柏林的高中畢業生被一輛肇事汽車撞上，造成頭部重傷，被送到了急診室。檢查結果是，大腦皮質大部分的物質都受到無法修復的損壞。亞歷山大就這樣當了將近四年的植物人，沒有交談能力，也沒有任何重新甦醒過來的希望。他的母親很清楚自己的兒子不會想要這樣活下去。不過，柏林的醫生卻堅持讓人工延續亞歷山大生命的儀器繼續運轉，而多年來司法機構也強硬拒絕他母親的請求。其實，現在的法律問題要複雜得多；在德國，雖然醫生不可以違背病人的意願而以人工方式延續其生命，但是醫生如何能得知昏迷病人的意願是什麼呢？因此醫生們執意維持亞歷山大的生命，而不願去相信他母親所說，兒子不會想要在這樣的狀態下繼續活著。

我們從許多案例都可以看出法律現況、道德的取捨以及瀕死或永久喪失意識者的意願和權利問題有多麼棘手；而如何對待處於不可回復之昏迷狀態的病人，只是眾多案例之一。究竟誰可以參與意見和作決定呢？醫生行為的權限空間在哪裡？醫生可以中斷醫療行為而結束瀕死病人的生命（**被動的協助死亡**）嗎？他們可以施以高劑量的止痛劑給治療的病人而加速死亡（**間接的協助死亡**）嗎？醫生可以因為病人堅決的意願而幫助他結束自己的生命（**協助自殺**）嗎？最後，醫生可以基於病人的意願對其施以毒藥或毒針致死（**積極協助死亡**）嗎？

在德國，規定得最明確的是**積極協助死亡**的部分，那是違法行為。德國刑法第二一六條《受囑託殺人》中寫道：「行為人受被害人明確及真誠之囑託而殺之者，處六個月以上五年以下徒刑。」若是醫生在沒有病人明確同意下致其死亡，則可判以殺人罪。刑法第二一六條不僅保護人民本身，而且還同時防止基於私人動機殺人、並在法院上聲稱是被害人自己的意願。法律設下這樣的屏障，無疑是有道理的；問題是，這個屏障是否在任何情況下都合理呢？

雖然歐洲各國的法律規範差異很大，但是至今卻還沒有一個國家直接允許積極的死亡協助。不過，二〇〇一年在荷蘭以及二〇〇二年在比利時都立法通過了間接的允許，積極協助死亡依舊是違法的，但在「可提出證明」的情況下仍可「免受刑責」。荷蘭以這條法律來回應自一九六九年以來許多荷蘭醫生暗中進行積極死亡協助的情況；而大多數人民也都支持這個被官方禁止的行為。為了防止這個灰色地帶，政府建立了「原則禁止」的規定，同時又提供「免除刑罰」的可能，這個作法在司法上類似德國的墮胎規定。自二〇〇一年起，荷蘭的醫生已經可以結束病人生命，只要：一、那是病人堅決的意願；二、有第二名醫生提供諮詢並作為證人；三、醫生向檢察官通告其行為，使檢察官得以請警方對過程進行調查。

主張允許積極協助死亡或除罪化的人，主要論點是「自主權」。根據自主權，每個頭腦清醒的人都應該具有決定自己「生」的權利，那麼也就同時具有決定自己「死」的權利。若是對德國的基本法進行相對應的解釋，那麼「人性尊嚴」就不僅包含對生的自決權，更包含對死的自主權。有趣的情況是，無論贊成或反對積極協助死亡權的人，都以康德來作為理論根據。反對者指出人類生命的絕對「不可侵犯性」，因為按照康德所說，人本身就是目的，所以人是不能被「利用」（verzweckt）的；但是，賦與某人去殺另一個人的權利，將意味著我們不再能支配自己，而是讓他人來決定自己。這麼一來，一個自由的人就會被另一個人支配了。弗萊堡（Freiburg）馬克斯蒲朗克研究院（Max-Planck-Institut）的一位外國和國際刑法退休教授阿爾濱・艾舍（Albin Eser）便認為這是一種「濫用」（Verzweckung）。然而這個論據卻不怎麼令人信服，因為：我是在完全自由的條件下決定自殺，或是在同樣自由的條件下請求他人殺我，因為我無法自己完成，例如我躺在醫院的病床上，這兩者真的有差別嗎？如果有人違背我的自由意志而讓我繼續活者，豈不更是「濫用」我嗎？據我們所知，康德晚年時非常害怕失智症的威脅，認為到了時候，生命就不再有價值和意義了。在他那個時代，還沒有什麼間接協助死亡，而中斷醫療行為也不會立刻導致阿茲海默症或失智症病人死亡，因此可想而知的是，康德至少應該會為了自己而對積極協助死亡投下贊成票。

還有個支持允許積極協助死亡的論點，是由統計數據提供的，不過這個論點並不可靠。要求積極協助死亡權的「德國人道死亡協會」每年都委託意見調查中心作問卷調查。根據調查結果，目前約有百分之八十的德國人贊成允許積極協助死亡；這對該協會來說是個明確的信息，當政者應該立刻將人民所想要的付諸實行才對。不過，把統計數據作為道德命令並不是如此簡單的。直到幾年前，德國對於同性戀仍然存在普遍的排斥。難道因此就可以把同性戀者送進監獄，像一九六〇年代以前那樣嗎？如果有人在二〇〇一年九月十一日後立刻做個問卷，調查是否應該將德國境內的伊斯蘭教徒驅逐出境的話，可能大多數人都會同意；而同樣的調查結果今天則不可能再次出現。統計數據也會反映衝動的情緒，並且與提問的措詞方式息息相關。四年前，反對積極協助死亡的德國臨終照顧醫院基金會也曾委託意見調查中心；他們不僅向受訪者解釋什麼是積極死亡協助，並且還說明**安寧療護**的可能性和作法。安寧療護是對瀕死病人的醫療和照顧、盡量減輕他們的病症、讓他們的餘生在盡可能無痛苦的狀態下度過。可想而知，這項意見調查的結果和「德國人道死亡協會」的調查結果大相逕庭。在充分了解積極死亡協助以及安寧療護的受訪者中，只有百分之三十五的人贊成積極死亡協助，而希望醫院能加強安寧療護的則有百分之五十六。功利主義者若想以統計數據去斷定社會裡快樂和痛苦的比重，在這裡恐怕就相當困難了。

第三個在德國贊成允許積極死亡協助的（間接）論點，是存在於司法現況的嚴重矛盾。在德國，每年死亡的人數在八十到九十萬人之間，其中至少有三分之二是死於醫院和療養院，只有少數是在自家、在親人的陪伴下死亡的。看起來，似乎沒有人是經由醫生或臨終照護人員的積極作為而死的。然而，事實上在過去十年中，卻有超過三百名德國人買單程機票到瑞士去，就是從當地如 Dignitas 或 EXIT 等協助死亡組織取得藥物來自殺。這在法律上稱之為「協助自殺」。和瑞士情況不同的是，在德國雖然協助自殺並非明確合法，卻也不受禁止。而販售致命的藥物並不構成積極協助死亡。我們唯一能批判氰化鉀交易者的，只是違反了麻醉品管制法。德國的司法因此便面臨一個兩難的困境：那些商業性的協助死亡組織確實很可疑，但是又無法根絕以自殺來做生意。梅因茲大學法哲學家何斯特（Norbert Hoerster）認為，這個法律漏洞（相對於他覺得應該准許的積極死亡協助）是很大的問題，因為那只要確實是依照病人的自由意願就行了。雖然何斯特贊成在滿足上述條件下允許積極死亡協助，

卻還是建議誘使或鼓勵他人自殺者應處以最多五年的有期徒刑，除非他的確是根據自殺者的自由意願。何斯特論述的主要基礎是偏好功利主義的原則，而他在也暗中引用了第二個標準：重要的不僅是想自殺者的願望和意圖，還有其協助者的**動機**。因為，要誘使某人去做某事，必須有個可以就各方面去權衡的理由。功利主義一般只考慮行為的結果，卻忽略行為的動機，這其實是眾所周知的缺陷。比起因貪婪而毆打老婦致死的暴徒，難道在戰爭中迫於長官命令而殺害百人的士兵是更可惡的殺人犯嗎？一種道德若是只評估對當事人或社會的結果，那麼它顯然過於短視。

幾乎所有的偏好功利主義者都贊成積極協助死亡權，因為這個可能性關係到的是**當事者**（一般來說就是瀕死的病人）**的利益**。然而反對者也總是以當事者的利益作為論證基礎。想了解箇中原由，我們就得看看被動以及間接的協助死亡。**被動協助死亡**在德國是合法的，只要它符合病人（可能）的意願。沒有任何醫生可以違背病人的意願以人工方式延長其生命；至於處於昏迷狀態下病人的意願，我們從亞歷山大的案例就已經看到其中的複雜性。**間接的協助死亡**在德國也是合法的；最常見的例子是所謂的「臨終鎮靜」（terminal sedation）。依照安寧療護的計畫，垂危病人會得到高劑量的止痛劑，外加例如嗎啡的藥品，使他在面對難以忍受的疼痛時能夠昏迷。醫生盡量減輕病人在最後時日的痛苦。他唯一不做的，是供給瀕死病人足夠的水分。在疼痛的處理加上嚴格禁水的程序下，病人會在二至三天後死於脫水。臨終鎮靜是符合安寧療護的概念的，並不會被視為積極協助死亡。

臨終鎮靜主要執行於臨終照護醫院，被視為死亡協助的人道管道。在德國，這也是間接協助死亡的普遍方式，當然其中仍有灰色地帶。我們沒有準確的數據，因為在德國不需要提報任何單位，也因此只要有執行間接協助死亡的地方，都會有不明確的案例，因為在實際執行上，間接和積極協助死亡有時很難清楚區分。近年來若干明顯濫用的驚人案例也引發了批評者的撻伐聲浪。我們如何能在事後審查病人是否明白疼痛處理的風險，還有病人不只是被動接受無痛死亡，而且還是積極想要死亡呢？因此批評者認為，這種在德國已經被實際執行了千百次的「間接協助死亡」，其危險意義比執行嚴格管制下的「積極協助死亡」更大。

以上是贊成法治國家有限度允許積極協助死亡的重要論點。為了使整體概念更清楚，讓我們再整理一下：一、對積極協助死亡的要求是「自由人」的基本權利，是自主權的一部分。二、大多數德國人都贊成將積極協助死亡合法化。三、積極協助死亡比協助自殺和間接協助死亡更透明化、更好管制，因此應該成為合法的方式。

這三個論點與以下反對允許積極協助死亡的意見正面交鋒：一、准許積極協助死亡難道不會破壞病人和醫生間的信賴關係嗎？二、積極協助死亡不違背醫生「助人和醫人」的天職嗎？三、我們總是能夠確實審查「積極協助死亡是不是病人的意願」嗎？四、誰能保護失智或昏迷病患，若是其家屬出於自私的動機希望他死呢？五、積極協助死亡的合法化，

難道不會讓社會在思考如何對待瀕死病人的問題時產生根本的改變，進而危害我們社會生活的條件嗎？六、它會不會造成一發不可收拾的「潰堤」現象，讓原本只是「一種可能性」的積極協助死亡，變成間接強迫人去使用的方式，為的只是滿足家屬的目的或停止醫療保險單位的負擔？七、「死亡的自由」是否遲早會因而變成「無法自由生存」？八、健康醫療政策難道不會因為積極協助死亡的允許，而不再發展其他雖然更昂貴、卻更人道的可能性，例如在安寧療護上作更多的投資？

關於醫病關係的第一個和第二個問題，我們可以很快回答：它們並非哲學的問題，而是源於個人的心理狀況；而這個狀況是因人而異的。也就是說，醫病關係可能會因積極協助死亡的可能性而受到負面影響，但不是必然的。此外，就算開放了積極協助死亡，也不會有任何醫生有義務或被迫殺死他的病人。第三和第四個關於家屬可能濫用的問題則和司法有關；司法應該考慮是否能做到讓法律規範盡可能滴水不漏，讓制度透明。廣義來看，只有第五和第六個關於社會結果和對瀕死病人可能產生的期望壓力才是屬於哲學問題。有一個層面在這裡極為重要，也就是整個社會倫理的層面。然而，我們如何能夠評估以及衡量社會的結果呢？荷蘭自二〇〇一年起對於積極協助死亡進行三次大型研究；每年在醫院裡死亡的十四萬名荷蘭人中，約有四千五百位死於醫生注射的致死藥劑，更有其四倍的人數死於臨終鎮靜，而這兩個數字每年幾乎都維持不變。贊成積極協助死亡的人覺得自己的主張獲得了支持，也就是並沒有產生所謂「潰堤現象」，因為期望透過醫生得到死亡的人數並未增加；不過，反對者也在相同的研究結果中找到支持自己的論點，因為每年至少都會有若干導致家屬和醫院間法律糾紛的案例。而且，有些批評者還推測存在一個未經呈報的、統計上看不到的非官方死亡數據。因此，從目前現有的醫療資料上，我們是無法得到協助死亡的明確道德論據的。

那麼現在只剩下第七個問題，也就是積極協助死亡的合法化是否會因為其他比較昂貴的可能性而被犧牲了。大多數人肯定會直覺認為減輕痛苦的安寧照顧要比施打致死毒針來得好；就像馬克．豪瑟的測驗題得出的結論一樣，這種本能的感覺深植於人類天性，就算結果相同，主動殺人和不救人還是不一樣的。因此，對於「主動殺人」的根本禁止，並不是因為人命具有「神聖性」這個宗教誡命，而是物種發展史中根深柢固的直覺的結果。基於這個理由，用「宗教在我們當今這個時代的沒落」來鄙視生命的「神聖性」，是站不住腳的，因為對殺人的先天顧慮是早於基督宗教歷史的；而雖然有這個先天顧慮，我們仍然能在每個時代和文化裡不斷看到許多例外狀況。特別的是，連大多數贊成積極協助死亡的人，都承認在主動行為和消極放任之間有重大的差別。而雖然很多人批評間接協助死亡的灰色地帶，但是贊成積極協助死亡的人中，卻幾乎沒有人認為施打毒針是更好的方法。因此，當不存在其他可行的方法時，積極協助死亡只能夠作為最後的一條路。

綜合以上所述，我們可以得出兩個結論：第一、國家必須盡一切力量投入安寧療護，並且讓間接協助死亡盡可能在人道和透明化的條件下進行，好讓人民根本不會要求積極協助死亡。因為，當我們考慮那些患有不治之症且痛不欲生的病人時，關於他們剩餘時日的問題並不是醫學的問題，而是心理的問題。雖然一方面來說，「可以決定自己死亡的權利」是必須被尊重的人權，但是，謹慎審視這個願望的前提環境也是同樣重要的。積極協助死亡的問題並不在於病人的合法要求（而這是我們能夠理解的），而是讓他作出求死決定的生活環境。因此，不管是對醫生或是病人來說，安寧療護都是較為人道的方式。

第二、若是准許積極協助死亡，那麼我們等於是把一個對「少數絕望」的狀況來說「最後的」辦法變成一個與其他辦法無異的「一般」辦法。有些家屬將不再為瀕死病人付出那麼多心力；而醫院也不再需要盡力讓病人在剩下的幾天或幾個星期裡無痛苦地度過。雖然荷蘭的統計數據到目前為止還無法印證這個憂慮，但由於所有歐洲國家的健康醫療體系幾乎都有經費短缺的狀況，因此這個對自己死亡的自主權一旦通過，將可能發展成相反的結果，也就是一股社會的期待壓力，好讓自己不再成為醫療保險的負擔。

在現今這個健保政策預算不斷刪減的時代，關鍵問題是：一個有尊嚴的死亡對於國家和社會具有什麼價值？在面對這個問題時，「人類對自己死亡的自主權」這個有力的論點將變得相對不重要了。今天，在德國醫院裡的個別案件都處於被動、間接和積極協助死亡的灰色地帶，而比起在法律及道德哲學方面對於積極協助死亡有個清楚明確的立場，而這個灰色地帶還是好一點。對哲學家來說，重要的是一個立場的合理性、一致性和說服力；但是對從政者來說，其社會道德責任才是重要的，比起現實中可接受的灰色地帶，他們並不在乎理論中不可接受的灰色地帶。

也就是說，在對社會（可能）造成不可接受或不人道結果的問題上，人類的自主權都有其限制。然而，誰被我們歸類在這個「社會」裡呢？我們又如何對待那些能感受到痛苦、卻無法表達自己需求、要求自己權利的生物，例如動物呢？

香腸和乾酪以外：可以吃動物嗎？

想像一下，有一天外星生物從外太空來到我們居住的地球，那生物就像好萊塢電影《ID4星際終結者》（*Independence Day*）裡有智能遠超過人類的外星人。現實中不可能總是出現一位英勇駕駛戰鬥機的美國總統，而這次也沒有什麼跌破大家眼鏡的天才用地球的病毒造成外星電腦的癱瘓，因此外星生物很快就制服並囚禁了人類，一段史無前例的恐怖統治時期就此展開。外星人把人類拿來做醫學實驗，用人皮製作鞋子、汽車坐墊和燈罩，而毛髮、骨頭和牙齒也各有用途。此外他們還大啖人肉，特別是小孩和嬰兒，因為他們的肉特別鮮嫩柔細，所以最合他們的胃口。

一個剛被他們從地牢裡提領出來準備做醫學實驗的人對著外星人大喊：「你們怎麼可以這麼做呢？你們難道看不出我們有感受、而你們正在傷害我們嗎？你們怎麼能奪走我們的孩子，還殺他們、吃他們呢？你們看不見我們的痛苦嗎？你們不知道自己有多麼殘忍和野蠻嗎？你們一點同情心和道德感都沒有嗎？」

那些外星人點點頭。

「沒錯」，其中一個說。「我們有可能是殘忍了點。但是你們看……」他接著說：「我們確實比你們更高等。我們的智能比你們高、比你們明智、會許多你們不會的事物。我們是比你們更先進的物種，過著與你們完全不同層次的生活，因此我們可以對你們為所欲為。跟我們相比，你們的生命根本沒有價值可言。此外，就算我們的行為真的有些不妥好了，有件事是肯定的：沒辦法，你們就是太好吃了！」

一九七〇年秋天，彼得．辛格（Peter Singer）坐在牛津大學的大食堂裡吃著牛排，他是個愛思考的年輕人。不過當時的他還沒想過虛構的外星人以及吃人的習性；他才剛結束在墨爾本的哲學學業，從澳洲回到英國，開始在大學授課。從少年時期開始，就沒有什麼比哲學以及生命的問題更讓辛格感興趣了。他的父母是住在維也納的猶太後裔，德國和奧地利在納粹統治時期迫害猶太人，他們只好於一九三八年離開奧地利，年輕的他們從奧地利逃到澳洲，而他們的父母，也就是彼得的祖父母，則遭到納粹逮捕並在德瑞莎城（Theresienstadt）集中營裡被處死。

辛格治學嚴謹，尤其是道德問題；他渴望知道什麼是好與壞、什麼是正確和錯誤的生活方式。他坐在歷史悠久的大學餐廳裡吃牛排，發現同桌一名學生把盤中的肉撥到一邊去。這名學生名叫理查．科申（Richard Keshen），後來成為加拿大布列頓角大學（Cape Breton University）的哲學教授。辛格問他是否覺得東西不好吃，理查則說他自己永遠不吃肉；他說他是素食者，因為吃動物根本就是不對的事。辛格對他明確而堅定的態度感到驚訝；但是理查卻問他，請他說明為什麼吃動物在道德上是站得住腳的。辛格給自己一點思考的時間，兩人約定第二天再於餐廳會面，屆時辛格將給理查一個理由說明為什麼人可以吃動物，接著辛格便靜靜享用他的牛排。此時的他並未料到那是他人生中最後一份牛排。

在返家路上，辛格開始思考。當然，人類一直以來都是吃肉的；從史前時代獵捕原牛和長毛象，到後來牧人和農夫飼養綿羊、山羊、牛和豬，都是要吃它們的肉。遠古人類以及許多土著如果沒有肉作為主要食物來源，就不可能存活。然而，辛格也很清楚，他的理由都不適用在自己身上；遠古的人類、或是必須以獵捕海豹維生的愛斯基摩人，都不足以解釋為什麼他可以吃動物；因為在英國即使沒有肉也可以攝取身體所需的所有營養。辛格心想：畢竟狼、獅子和鱷魚等動物也吃肉，並且從不在乎自己是否可以這麼做啊！因為他們如果沒有肉就會死。辛格知道，自己就算不吃肉也並不會死；相對於狼、獅子和鱷魚，他可以選擇吃肉與否，而這個「可以選擇」的事實，便是他與獅子的區別所在；他比獅子優越，也比他在大學餐廳裡吃的牛、豬和雞更優越。人類比動物聰明、有更高的智能、能說精確的語言、具有理性和知性。古代、中古和近代的哲學家都曾說：這個就是為什麼我們可以吃動物的原因，人類有理性，動物沒有理性；人類有價值，動物沒有價值。但是，我們真的可以說，有智慧的生物比智慧較低的生物更有價值嗎？雖然辛格並不知道外星人的虛構故事，但是就像許多讀者一樣，辛格也憤憤不平；如果外星人對待人類的方式是不道德的，那麼人類與動物之間類似的關係難道不也一樣嗎？更優越的智能並不是「道德特許證」，讓人可以為所欲為。辛格花了三年的時間，深入思考「人類應該如何對待動物」的問題，並於一九七五年出版了《動物解放》（*Animal Liberation*）。這本書暢銷了五十多萬本。

辛格在書中寫道，對於生物的生存權來說，最重要的標準並不是智能、理性或知性。一個剛出生的嬰兒在知性上低於一頭豬，但是我們不能吃他、或作為測試新洗髮精效果的實驗品。尊重生物及其生存權的決定性原因，是他有快樂和痛苦的能力，就此而論，辛格與邊沁的看法一致。邊沁在一七八九年法國大革命時就曾說：「那一天將會到來，其他生物也將重獲人類以暴行從他們身上剝奪走的權利。有一天人們將會明白，腿的數目、體毛的多寡都不足以構成如此對待一個有感受的生物的原因。但是，什麼會是不能逾越的界限呢？是說話的能力嗎？可是一匹長成的馬或一隻成年的狗比一個剛出生一天、一個星期或甚至一個月的嬰兒都要來得聰明，社交能力也更好；而且就算不是如此，那又能改變什麼呢？問題並不是他們是否會**思考**或**說話**，而是他們會不會**感到痛苦**。」辛格沿用了邊沁的功利主義：「快樂是好的，痛苦是不好的。」這不僅適用於人類，也適用在所有能感受快樂和痛苦的生物，因為作為有感受能力的生物，動物和人類在原則上是一樣的。因此，當面對「人類是否可以吃其他動物」這個問題時，我們將很容易就做出決定，比起動物必須付出的身體、生命以及無法言喻的痛苦，人類單純的口腹之欲是微不足道的。

辛格關於「人類應該解放對動物的控制」的作品引起很大的震撼；在英國、美國和德國都發起「**動物權利運動**」。而如「善待動物組織」（PETA）和「動物和平組織」（Animal Peace）的目標都已遠超出傳統保護動物者的要求。動物權利人士抗爭的對象不僅包括「大規模飼養動物」、「毛皮獸養殖場」和「虐待動物行為」，他們質疑任何對動物的使用權。他們認為人類既不能吃香腸，也不能吃起司；不能把他們關在動物園或馬戲團裡，也不能以他們去做動物實驗。他們要求動物也應該有快樂生活以及自由發展的權利。

雖然辛格的觀點乍看之下很有說服力，卻遭到許多哲學家的激烈反駁。因為道德界限的若不是在於理性、知性或智人的屬性，而是感受痛苦的能力，那麼是在哪裡呢？豬和雞會感受痛苦，這點一般人很容易認同，他們被折磨或宰殺時都會哀號。但是魚呢？魚會痛苦嗎？根據最新的研究顯示，魚雖然不能表達，卻似乎會感受疼痛。那麼無脊椎生物，比如貝類呢？我們對於貝類的痛覺所知太少了，因此無從回答。更清楚地說，我們人類甚至不知道植物是不是也可能感到痛苦；當人把萵苣從土裡拔起時，它是否感覺疼痛呢？

這麼說來，疼痛的感受並不是很清楚的界限。而這個標準之所以有問題，是因為我們無法直接深入動物的意識狀態。在探討腦部的問題時，我們曾提到科學在描寫人類主觀的經驗狀態時有很大的困難，而面對動物的狀況更是難上加難。一九七四年，正當辛格寫著那本關於解放動物的書時，湯瑪斯．內格爾（Thomas Nagel），也就是現在紐約大學法學院的教授，發表一篇著名的論文〈身為一隻蝙蝠是什麼感覺〉。內格爾對動物並不特別感興趣，他想要說的是，其實人不必設想自己是另一個生物，例如蝙蝠，因為那根本就不可能做到。他認為人唯一能夠做的，是想像自己如果具備回聲定位系統在夜間獵捕昆蟲的話，會有什麼感覺。但是誰又知道這感覺和蝙蝠的知覺有多少關連呢？也許兩者一點關係也沒有。內格爾想要強調的是，意識總是主觀的歷程，因此是他人無法理解和進入的。

到目前為止一切聽起來都很正確。但是「我們不可能完全知道動物的內在感受」這個論點，當然無法完全駁斥辛格「尊重動物」的立場，因為「我們不了解其他人的內心世界」並不能作為傷害他們的理由。沒有法院會以犯人無法知道被害人的感受為由而容許傷害、謀殺或過失殺人的行為。我們假定人都有完整的意識，這便足以構成尊重他們的理由。相對來說，許多科學家在面對動物時，卻只以生物學的角度去解釋它們的心理；然而，這種「刺激與反應」的模式本身是有問題的。例如：長尾猴的欺騙行為是出於本能，還是有計畫的手段？獅子之間的強弱鬥爭遊戲是一種策略，還是一時興起？誰能斬釘截鐵地回答呢？人類

的欲望也有如「厭惡疼痛」、「性渴望」等生物需求，但是我們不會認為欲望僅限於生物需求。既然我們不會把「人類的心理經歷」降低為機械化的官能，那麼為什麼不能也如此研究動物的心理世界呢？當然，我們不能天真地把我們的感覺和意圖投射到動物的內心世界；但是，偏激地把動物視為單純的機械性行為，卻也是很幼稚的。我們怎麼知道動物們的「遊戲本能」只是單純的功能性機制呢？猴子的性行為和性欲的確可以從功能的角度去解釋，但是我們因此就**只能**從功能去解釋它們嗎？

古代的中國人早就知道不可能真的了解動物的感受；但是他們卻知道我們可能接近動物的內在世界，也就是透過**類比推理**。莊子與惠子遊於濠梁之上。莊子說：「鯈魚出游，從容是魚樂也。」惠子說：「子非魚，安知魚之樂？」莊子說：「子非我，安知我不知魚之樂？」

現代的腦部研究也應用了類比推理。他們檢查我們脊椎動物腦部的反應方式，並猜測其他脊椎動物腦部的類似結構可能會有和我們類似的經驗。腦部學者不僅驗證事實是否符合推測，更試著找出為什麼我們認為自己對某些動物比對其他動物更能感同身受。當人們觀察海豚時，會立刻從海豚的表情中聯想到微笑，我們的鏡像神經元因為我們以為自己了解海豚的表情而進行工作。幾乎所有人都覺得海豚很討人喜歡；而具有「陌生」面孔的動物則不會刺激我們的鏡像神經元，不會讓我們聯想到熟悉的事物，也就不會刺激我們的同理心。另一方面，我們相信自己能夠理解狗的某些行為，我們喜歡它們玩耍的模樣，並覺得它們很快樂，不過這是有限制的。例如賈科莫・里佐拉蒂（Giacomo Rizzolatti）認為，「我們不知道狗吠是什麼意思，因此我們也無法以吠叫來與狗溝通。吠叫並不屬於我們的活動機能。人類雖然可以模仿狗叫，有些人甚至學得惟妙惟肖，但是我們卻無法理解狗吠的意義！」

即使腦部研究已有了進一步的發展，動物的內在世界仍然是個未知領域。正因為如此，人們在法律、哲學甚至日常語言的使用上粗暴地界定動物的內在世界，就越加讓我們憂心。在德國，沒有任何動物擁有被善待的道德要求權。從法律上看來，黑猩猩與蚜蟲之間的關係比黑猩猩與人類的關係更近。人類有憲法和民法，而黑猩猩卻只有動物保護法。這使得黑猩猩所受的保護和鼴鼠並沒有差別；每個深入探討過生物世界的道德學者，都會對這樣的結果搖頭歎息。

這麼說來，至少像猿猴或海豚這類高度進化的脊椎動物，是不應該被隨意歸類在沒有權利的層級。辛格和偏好功利主義者一樣認為，「自我意識」是讓生命絕對值得受保護的條件；雖然很有說服力，但是我們仍然必須承認自我意識並不是神經學上的確切範疇。一種生物是否具備自我意識，並不能透過核磁共振成像得知，有些哲學家把自我意識等同於「『我』的感覺」。在探討「我」的章節中曾提到許多不同的「我」的狀態，其中「**身體的我**」、「**定位的我**」和「**觀察點的我**」，在猿猴身上應該都存在，否則它們的社會行為會極度失序。

有些脊椎動物無疑具備類似基本自我意識的東西。但是這在道德上又應該給予多高的評

價呢？以大象為例，如果在非洲有獵人為了販賣象牙而殺害這種高度進化且敏感的動物的話，是否能夠槍斃這些「私獵者」呢？（槍斃私獵者在肯亞是合法的。）對辛格來說，這個例子很清楚，答案是否定的，因為人類比大象具有更高的自我意識。然而，若是一個人殺了三隻、五隻甚至十隻大象呢？若被殺的是母象，遺留下悲傷的小象因恐懼而導致精神錯亂呢？那麼辛格認為，天秤此時將會往大象的那一邊傾斜。不過獵人的家屬們又如何呢？在這個例子上我們可以用一切想像得到的版本繼續延伸下去，而就算我們考慮得再周到，最後也非得做出一個專斷的權衡不可。功利主義在這裡對抗的是不可測量性以及無法控制的後果，而且無法擺脫它們。

以「自我意識」作為生物的生命價值的普遍標準，最大的困難是我們在探討墮胎問題時曾提到的「非直覺後果」；因為，如果生物的生命價值依賴於其感受和行為的完整性，那麼初生嬰兒以及重度智障者的層級甚至低於一隻牧羊犬。辛格並無意貶低嬰兒和智障者的生命；他只是要提高動物的價值。然而，他招致的反彈卻有如雪崩一般，以致於許多殘障協會的代表至今仍視辛格為眼中釘。面對動物問題和面對墮胎問題時一樣，以「公平」作為唯一的標準是不夠的。母親會出於本能而將自己的嬰兒看得比一隻牧羊犬更重要，由此我們知道不應該把直覺和本能從道德哲學中抽離出來。

因此，「人類可以如何對待動物」不只是理性思考的問題，更是本能的問題。將人類的生命和動物的生命做不同的評價，是人類自然的本能。我們的道德感就好比在水中投入一顆石頭，會激起一圈圈漣漪：最中心的一圈是我們的父母、兄弟姊妹、孩子和至交；外一圈則是朋友或我們的寵物；接著是普羅大眾；而最外層則大多是盤中的魚蝦、烤雞等。這些道德的圈圈並不能任意延伸。但是這麼多可供食用的動物會處於圈圈的外圍，並不是自然的法則，而是受到壓迫和思想控制的結果。

如果我們把人的感覺納入考慮，那麼問題就會是：如果我無法親自動手宰殺動物，我還可以吃它嗎？在西方文明裡，大多數人還是覺得難以動手屠宰一頭豬或牛，即使我們知道屠宰的方法；但是要殺的若是魚的話，則會有不少人下得了手；而「殺」雞蛋這件事對大部分人來說就更不成問題了。屠宰動物在遠古的人們眼中應該比較容易些，土著也不覺得為難；但是道德總是個文化敏感度的問題，它和「人」的抽象定義關係不大，卻得視一個社會的感知能力而定。我們大可以認為這個感知能力在西歐目前已暫時達到了人類發展的高峰，也因此我們今天才需要製造「假象」的肉品加工業，讓小牛蹄盡可能看起來不像牛犢。我們的直覺將被誤導，幫助我們更容易驅散聯想。我們社會中大多數人在吃肉時不會感到噁心和畏怯，是因為他們並沒有直接眼見動物的痛苦。我們的鏡像神經元會對屠宰場內牛犢的咆哮產生反應，而對一盒包裝好的肉排卻是無動於衷。

究竟在經過聰明的思考後要不要改變自己吃肉的習慣，這是每個人自己的決定。如果理性考慮，那麼我們恐怕必須說，無論是從功利主義的角度或是從道德直覺來看，反對吃肉的論點可能比贊成吃肉的論點更好也更有說服力。至於現在是要完全放棄牛排、漢堡和烤雞，還是只比以前少吃點，則要看我們在這個問題本身的敏感度，或是「被刺激出」的敏感度而定了。換句話說，也就是要看我們是否將它作為我們自尊（Selbstachtung）的問題看待。相對於我們的多毛近親，再來看看我們對自我的理解，將為這個思考提供更多的靈感。

文化叢林裡的猴子：人類應該如何與人猿相處？

「傑若姆死於一九九六年二月十三日，再過十天就是他十四歲的生日。他雖然正值青少年，卻意興闌珊、身形腫脹、鬱鬱寡歡、渾身乏力，並患有貧血症以及腹瀉。他已經有十一年不曾在戶外遊玩、享受新鮮空氣了。當他還只是個三十個月大的幼兒時，就被蓄意接種了 HIV-SF2 病毒；到了第四年，他又被注射了另一型 HIV 病毒 LAV-1；在他四歲生日的前一個月，人們再度給了他第三型病毒 NDK。」報告就是如此開場的。作者是在尼德漢（Needham）哈佛大學法學院的法學家史蒂芬・懷斯（Steven Wise），報告內容是關於一隻名叫傑若姆的實驗黑猩猩，他被隔離在位於亞特蘭大埃默里大學（Emory University）的黑猩猩傳染病大樓（Chimpanzee Infectious Disease Building）中，一個由鋼筋和混凝土蓋成的、沒有窗戶的小房間裡，並在那裡結束了生命；和他命運相同的還有另外十隻人猿。懷斯是位於波士頓的基本權利發展中心（Center fort he Expansion of Fundamental Rights）的負責人。他積極主張的理想，是要讓大型人猿在未來也能享有人類最重要的三個人權：不可侵犯的生命權、身體不受傷害權以及自由的個體發展權。

賦與黑猩猩、侏儒黑猩猩、大猩猩和紅毛猩猩基本人權的要求開始於十四年前，發起人為彼得・辛格和義大利的動物權利運動者寶拉・卡瓦里爾瑞（Paola Cavalieri）。他們於一九九三年共同出版一本書，同時也成為一個新成立組織「大猿計畫」（The Great Ape Project）的宣言。他們對於人猿的看法在當中說明得很清楚：猿猴擁有與人類相近的社會及情感生活，他們的智能幾乎不亞於我們，卻沒有完全的法律保護，這在辛格和卡瓦里瑞爾看來簡直是不可思議。

這兩位哲學家的看法正確嗎？我們必須改變人類與大型人猿之間的關係嗎？畢竟於十八世紀發明科學「雙名法」（Nomenklatur）的瑞典人卡爾・馮・林奈（Carl von Linné）早在第一次嘗試分類時就把人類（*Homo sapiens*）和黑猩猩（*Homo troglodytes*）視為同一個「屬」。他的看法在兩百三十年後被證實不是完全錯的。一九八四年，耶魯大學的兩名分子生物學家查理斯・希伯利（Charles Sibley）和瑱・阿基斯特（Jon Ahlquist）發表了長年研究人類和猿猴 DNA 的結果，而這些結果在今天都被視為科學界的智慧財產。根據他們的研究，紅毛猩猩和人類在遺傳因素方面的差別約為 3.6%，大猩猩和人類的差別約 2.3%；人類與黑猩猩和侏儒黑猩猩的差別大致相同，都各約只有 1.6%。當我們發現黑猩猩和大猩猩之間的差別超過 2%，而兩個長臂猿種（Gibbon）間的差別約有 2.2% 時，這些相當抽象的數據也就變得特別麻煩了。推測人類（*Homo sapiens*）和黑猩猩（今日的學名為 *Pan troglodytes*）之間基因差距出奇地小：98.4% 的人類基因同時也是黑猩猩的基因，而兩個物種的相近程度大約如同馬和驢子。從分子生物學來看，他們比小鼠和大家鼠、駱駝和羊駝之間的關係都要近。基於這些研究結果，美國加州洛杉磯分校的演化生物學家傑瑞・戴蒙（Jared Diamond）便主張為人猿的分類制定一個新的系統。戴蒙認為，生物學家在未來大概「必須從不同角度來看事物，也就是從黑猩猩的角度。這麼一來，稍微高等的人猿（三種黑猩猩，其中包括人類黑猩猩）和稍微低等的人猿（大猩猩、紅毛猩猩和長臂猿）之間只存在非常小的對比。而傳統上對人猿（被定義為黑猩猩、大猩猩等）和人類所做的區隔則不符合實際情況。」生物學事實表現出的效力顯得十分驚人。既然如此，對於「人猿與人類是相同的，所以必須被相同對待」這件事，是否仍存在懷疑呢？

還有一個懷疑是來自演化生物學本身；因為在進行分類時，不應該只考慮基因的遠近，還必須加入其他完全不同的生物學標準。例如，從物種發展史來看，鱷魚和鴿子之間的親等關係比鱷魚和烏龜更近，但是生物學家仍然把鱷魚和烏龜同樣歸為爬蟲類，而鴿子卻不是。因此，對生物學系統裡的分類而言，重要的不僅是近親值，另外還有對環境的適應以及生活方式等要素。那麼，人猿和人類在這方面又有多大程度的不同呢？「動物之父」布雷姆（Brehm）早在十九世紀中就猜測說：「我們對猿猴的反感乃同時基於它們在身體以及精神上的表現。它們的身體只在外表近似人類，而它們的精神只在不好的方面近似人類，好的方面卻不像。」現在是否真的應驗了呢？

日本的行為學家於一九五〇和六〇年代在沖繩島上露天觀察了一群日本獼猴之後，證明「猿猴也有文化成就」。有些年輕獼猴在沒有人類的指導之下，學會了我們從未在野生猿猴身上看過的行為方式。著名的新發現是在食用馬鈴薯前先洗掉上頭的泥土，即所謂「淘金」，獼猴還會透過淘洗來分離小麥粒和沙粒；另外還有會開發新的食物來源如海裡的昆布和貝類等。特別的是，這些能力會被群體中其他成員仿效，作為一種「文化」傳承給下一代。對人猿的觀察結果在文化傳承方面甚至還有更多的發現。著名的英國靈長類研究學家珍・古德（Jane Goodall）曾於一九六〇年代末提出報告說，野生的黑猩猩會搓揉樹葉塞進縫隙裡以吸取縫隙裡的水、用草莖撈食白蟻、甚至還會除去樹枝上的葉子，然後用樹枝來製作工具。當珍・古德向古人類學家路易士・利基（Louis Leakey）報告她的觀察時，她收到了一封傳奇的電報：「我們現在要不就是重新定義**工具**，要不就是重新定義**人類**，再不然就是接受黑猩猩也是人類。」

然而，在比較人類和猿猴時，最明顯且重要的標準其實是語言；更確切地說，是人類的語言。沒有人會否認，猿猴具有複雜而完整的聲音和溝通系統。在猿猴的顳葉中也具有負責字詞理解的韋尼克區，在其額腦也具有負責字詞發音和語法的布羅卡區。但是為甚麼他們不能像人類一樣，用不同的語音來溝通呢？這個問題的答案簡單地令人吃驚。人類語言的祕密，如前面曾提到的，就在於喉頭（見〈玻璃瓶裡的蒼蠅〉）。人類喉頭的位置比所有猿猴以及人猿都要低幾公分，早期人類喉頭部位的改變，很可能和負責符號溝通的腦區發展產生了交互影響，而這個過程卻並未發生在猿猴身上。

即使如此，對猿猴的語言實驗還是有些成果的。一九六〇年代，內華達大學的碧翠斯和羅伯特．葛德納（Beatrice & Robert Gardner）的實驗就引起了轟動。他們教導華秀（Washoe）和露西（Lucy）兩隻黑猩猩一種由聽障者使用的美國手語（Ameslan）。根據他們的報告，這兩隻黑猩猩學會了幾百個手語辭彙。人猿有能力使用代表物體、情境和行為的抽象符號，並且和特定的人、動物或物體相連結。心理學家蘇．莎維琪倫波（Sue Savage-Rumbaugh）於一九八〇年代也以對侏儒黑猩猩坎奇（Kanzi）的實驗得到相同的結論。坎奇在兩年內學會了使用一個由二百六十五個文字符號組成的鍵盤，並且能夠熟練提出請求、確認事實、模仿、做出選擇或表達感覺；此外，坎奇還能對聽到的幾百個英語辭彙做出反應。田納西大學的麥爾斯（Lyn White Miles）也對紅毛猩猩做過實驗，並得到類似的結果。

然而以上猩猩的成就都遠不如位於舊金山市南方、加州伍賽德（Woodside）的可可（Koko）。可可是一隻母猩猩，經過二十五年的密集訓練，竟然可以掌握上千個美國手語辭彙，並理解約兩千個英語辭彙。在一九九八年就已經有了第一次與可可的網路線上聊天。它的句子由三到六個辭彙組成，能表達時態，句子中甚至還包含笑話。可可專業智商測試的結果約為 70-95；而 100 就已符合一個正常人類的智商。可可還會押韻，包括 do 和 blue，squash 和 wash，並且還發明了一些比喻，如用「老虎馬」來比喻斑馬，用「大象寶貝」比喻一個皮諾丘玩偶。當人問它：「為甚麼可可跟其他人類不一樣？」他能聰明而正確地回答：「可可大猩猩。」經過了三十年以上的定期訓練後，這隻年邁的大猩猩夫人在人類語言上達到了其他非人生物從未達到的境界。派特森（Patterson）（譯注1）認為，透過向可可學習，我們可以了解大猩猩的一般心理；例如，當大猩猩高興時會說甚麼呢？答案是：「大猩猩抱抱。」當他們生氣時又會說甚麼呢？答案是：「馬桶鬼。」

在可可的學習實驗中有個特點是，這些成果只有在隔離的實驗室條件裡才可能完成。野生或動物園裡的大猩猩則不會有閒功夫去管人類的語法。不過，大猩猩看起來仍然具備了比「只需滿足適應自然環境和覓食」更高的智力。就像人類一樣，所有其他靈長類腦部擁有的智力也都源自於社會行為的必要性。猿猴世界的一切挑戰中，最複雜的要數他們群體組織的遊戲規則了；而人猿的智力也要歸功於社會性的棋戲。當然，這個發現同時也指出了為甚麼對人猿的語言實驗都存在著問題，因為人猿只能學習在他們的世界中也有的、或是能從中推導出的辭彙意思，而對人猿來說，其他的一切「很自然地」不知所云的，就像人猿的許多行為對人類來說是難以理解的一樣。因此，智力和特定的社會交際形式有著密切的關係。然而，人類對人猿的實驗卻不是依據他們本身的標準，而是依據著人類的標準去測量他們的成就；在這樣的方式下，他們的語言習得約等同於兩歲的孩子，而他們的計算能力則如幾年前在京都發表的關於母黑猩猩小愛（Ai）的能力，有時可達到學齡前兒童的程度。這些研究的證明是：人猿能夠學習語言以及計算系統中重要的基礎元素，代價卻是失去他們本身正常而特有的行為與溝通形式。這在道德層面上具有甚麼意義呢？

語言能力和計算能力的標準一般並不能判定他們是否該歸於人類這個道德群體。相對於人猿的際遇，重度智障者或是嬰兒在這方面幾乎都沒有甚麼能力，卻仍然有其應得而完整的道德保護。雖然黑猩猩和大猩猩一方面在實驗室裡看似透過計算和語言技藝進入了人類這個道德團體，另一方面智力對人類來說根本不算是道德考慮的標準。

即便如此，「大猿計畫」的代表還是把人猿的智力表現作為論據。不僅是基因，還有根本的精神性質如自我意識、智力、複雜的溝通形式和社會體系等，都將「同為人屬的人類和

譯注1：法蘭欣・派特森（Francine Patterson），大猩猩基金會（Gorilla Foundation）創辦人、可可的老師。

其他人猿」歸結在一個道德群體內。這些代表們以偏好功利主義的「位格」（Person）概念將人猿納入人類的範疇。由於人猿有願望和意圖，並且遵循目的而行動，因此他們是「位格」。這樣看來的話，他們不僅應該得到絕對的保護，而且還應該擁有基本權利：人猿應該有權於動物實驗中不被濫用和傷害；他們應該有權不被展示在動物園和馬戲團裡；他們和受威脅的自然民族一樣，都應該有權擁有自然的生活空間，而負責照顧他們權益的不應該是物種保護者，而是聯合國。

反對這些要求的意見可想而知：單單談論保障人猿身體不受傷害、自由發展其位格等權利，卻不同時思考他們該如何盡「義務」，是否真的有意義呢？例如，這些被視為人類群體一員的人猿們，未來該怎麼繳稅和服兵役呢？就算不用這種語帶諷刺的論調好了，我們還是要問，若是有一隻猿猴違反了那些不是他自己接受、而是由我們賦與的「人權」的話，該怎麼辦呢？我們該如何評價黑猩猩之間的「戰爭」，以及發生在人猿世界中「殘暴謀殺」和「同類相食」的行為呢？我們該如何對待一隻傷害甚至殺害一個人的猿猴呢？難道應該根據我們要求「位格」的法律標準審判他嗎？

「大猿計畫」的第二個難題在於邏輯的矛盾。動物權利人士想要瓦解人和動物之間所謂「種族差別主義」的界限，他們認為道德的標準並不在於是否「屬於人這個物種」，而是能夠複雜感受且至少擁有基本的目的。也就是說，人類必須學習不要從自身出發，而是要接受每一種能滿足「位格」條件的生物。這些聽起來都沒錯；但是「大猿計畫」如何能以此為前提，而主張說「人猿應該享受道德的優待，因為他們是所有動物中最像人類的」呢？因此，有些動物權利人士甚至認為「大猿計畫」還是太過消極、不堅定或過於「人本主義」了。他們和保守的批評者一樣，都不想要一個區分動物和人類的新界線；因為保守批評者並不想改變目前的界線，卻提出另一個疑問：重新界定目前區別人類和黑猩猩的界線，以區別紅毛猩猩和長臂猿類，又有什麼好處呢？

支持者為「大猿計畫」提出辯護，說明他們的要求具有象徵意義。辛格也希望讓界線範圍超過長臂猿類，進而使所有能夠感受痛苦和快樂的動物都獲得權利。這樣看來，為大型人猿的人權請命只是第一步而已；而這個嘗試已經獲得了初步的成功。一九九九年十月，紐西蘭政府正式賦與了在國內生活的約三十隻人猿不可侵犯的生命權；英國也自一九九七年開始禁止對大型人猿的任何動物實驗。這是個重大思想改變的開始嗎？動物和人類之間古老的界線是否不再存在了呢？與其關注傳統的道德，認知科學難道不應該探討這類現象嗎？如同我們所看到的，腦部研究在脈衝與反射、反應和處理之間的關係上劃分了全新的等級制度。我們今天已經知道，人類的意識只有很小的部分和理性有關；我們的世界裡大部分都是人類與其他動物共有的能力所決定的結果，而且這些能力早在語言形成以前就有了。把純粹的知性當作人類行為的中心特質，其實是個幻想；而我們未來是否會因此認為人猿比較接近

人類而不只是動物，則仍是個定義的問題。因為大概沒有人能比日本靈長類動物學家西田康成說得更貼切了：「黑猩猩本身就具有迷人的特色，他們在某些方面不如我們，在其他方面則超越我們。」整體來說，今天關於人類和人猿的知識都迫使我們進行一個思想改變，不管這個思想改變有多少會被納入法規細則。思考的方向似乎很清楚了：我們從腦部研究得到的知識越多，我們就越接近我們的動物近親。當代行為心理學的研究結果將會很快地因腦部學者的研究結果而失去意義；而大猩猩可可對於死亡的認知，更是既有智慧、滑稽而平靜（人們都有成見，以為動物不知道、也無法想像何為死亡）。「死亡是甚麼？」派特森曾對可可提出這個問題；可可思考了一下，然後用手指了三個詞：「舒服、洞穴、再見。」

當達爾文證明人類起源於動物時，他仍然猶豫了很久，不敢把人類稱作「聰明的動物」。而在二十世紀時，著名的演化生物學家朱利安・赫胥黎（Julian Huxley），也就是達爾文的戰友托瑪斯・赫胥黎（Thomas Henry Huxley）的孫子，就為人類發明了完全屬於人類自己的生物存在領域「靈生界」（Psychozoa）。今天腦部研究卻又將我們從這個尊貴的獨享地位拉回到我們的動物近親旁邊。他們也不再是只從事機械化動作的「低等」生物，他們也擁有我們必須顧及的價值。問題是，這個價值始於大自然中的何處？大自然的一切都是值得保護的嗎？我們真的必須保護周遭的一切生物嗎？

第22章
華盛頓

鯨魚的痛苦：為什麼應該保護環境？

他們很聰明、具有音樂天賦、而且很敏感；他們的母親會哺乳八個月之久，並照顧孩子長達多年；他們十三歲時便具備生殖能力；他們的社會生活和多采多姿的生活非常特殊；他們的語言複雜而完備；他們彼此的照應值得作為學習典範，而他們逸樂的天性顯得優雅而動人；他們在經過漫長的一生後，才將於七十到八十歲間死亡，因為他們唯一的天敵只有那些可惡的挪威人、冰島人和日本人。在過去二十年中，有兩萬五千條鯨魚喪命在捕鯨人的捕鯨叉之下，不是內臟撕裂出血致死，就是因肺部破裂或橫膈膜被射穿而遍體鱗傷地窒息於新型魚業加工船的甲板上。上帝，或許應該說是具有理性的世界各國，為什麼能夠容許這兩萬五千條鯨魚的慘死呢？

一九八六年，國際捕鯨委員會決議規定禁

止獵殺鯨魚，僅有的例外則保留給北極地區的原住民，或是以科學研究為目的的殺鯨行為。自此之後，求知欲望強烈的日本人似乎就竭盡全力地進行科學研究，而且每年研究的鯨魚數以千計；而挪威人也重新變成了原住民，只要是想殺鯨的人都可以放手去做了。國際捕鯨委員會卻只是冷眼旁觀，或甚至就像上次一樣以相對多數否決該禁令。

當然，捕鯨這件事確實是挺倒胃口的，這點日本人也知道。而捕鯨其實也不算是獲利性很高的生意，日本人中有比較敏感的，就像德國人裡也有敏感的人一樣，他們都對鯨魚肉感到反胃。但是沒辦法，誰教捕鯨是日本自中古世紀以來的傳統呢？傳統是不會因為現存鯨魚數銳減而廢除的。而鯨魚數銳減卻偏偏總是委員會中反對捕鯨者的唯一論點：他們要求維護鯨魚的動機是他們的**稀有性**，而非他們的**生命權**！因此，雖然存在一個聯合國人權理事會，卻只有一個捕鯨委員會，而沒有「聯合國動物權利理事會」。既然不存在一個國際性的動物保護機制，更遑論明文規定的國際動物權了。不過也不見得如此理所當然，畢竟德國民法規定，動物不可以被視為無生命的物體，而德國的動物保護法也禁止對動物不必要的虐待行為；但在歐盟法和國際法卻沒有對應的規定。只有如捕鯨委員會這般的貿易委員會，或是作為最高當局的「瀕臨絕種野生動植物國際貿易公約」（Convention on International Trade in Endangered Species of Wild Fauna and Flora）。會議首次召開於一九七三年，地點是在華盛頓，因此也稱為「華盛頓物種保護協定」。不過自一九七三年以來，人類依然無動於衷，而當時所有物種大約有一半已經絕種了，這可說是極大規模的物種死亡，情況非常嚴重。人類近幾十年來對地球的傷害已超過了自人類出現後到二戰之前的傷害程度。地球表面每年有百分之五遭受烈火摧殘，今天地表熱帶森林覆蓋的範圍只剩下百分之六，是地球上物種最豐富的生物棲地。在不到三十年的時間內，森林面積縮小了一半以上，若是現今的森林砍伐率維持不變的話，熱帶地區的最後一棵樹將於西元二〇四五年倒下。日復一日都有數百種的動物絕跡，而他們大多都沒有名字，科學界也從未發現過他們。

當今沒有人知道地球上還存在多少不同的物種，可能是人們經常提到的三千萬種，卻也可能是一億或只有六百萬種。相對於白堊紀，當恐龍的時代結束而哺乳類動物的大時代來臨時，目前的物種滅絕率應該比物種形成率高出了約一百萬倍。例如在所有已知的鳥禽類中，已經有五分之一絕種或直接面臨絕種威脅。每個物種的滅絕都代表了十億至百億個鹼基對複雜的遺傳特徵將永遠消失。大眾媒體和政治對這個生態災難的漠視，為我們的後代帶來一個幾乎無解的難題。而我們更驚訝德國只有一位教「環境倫理」的教授，卻有約四十個教授講授十八世紀哲學。學術界這種漠不關心的態度令人不寒而慄，幾乎沒有任何哲學科目像「環境倫理」一樣受到如此的冷落。然而，若不透過環境倫理的話，我們又能如何回答關於物種保護的基本問題呢？問題也就是：為什麼人類應該保護各類物種免於滅絕呢？做法又是如何呢？

乍看之下的答案通常都是很簡單的：我們應該保護環境，為的是要保護我們自己；「現在死亡的是樹木，接下來就是人類了。」也許這麼說並沒有錯，但是事情也並非這麼簡單，至少當我們在問「環境到底應該是什麼？」時，其複雜性就立刻彰顯了。環境是一個「價值」嗎？是個生態機能的相互關係嗎？是一個巨大的生物嗎？對英國人詹姆斯・洛夫洛克（James Lovelock）來說，**只要是活著的一切都應該尊重**。洛夫洛克是一位著名的化學家、醫學家和地球生理學家，著作豐富並擁有多項發明專利。不過他的世界觀可說是十分特殊：他不僅將植物和動物視為生命，還把一般認為無生命的物質如石油、腐植質層、石灰岩和氧氣等也囊括在內，因為它們全都是從具有強大動能之生化過程的交互作用中產生出來的。德國在一九八〇和九〇年代也有一些較不如此狂熱、卻懷抱類似理論的環境哲學家，他們要世人把敬畏、責任、尊重和尊嚴擴及於整個自然界。

像洛夫洛克這樣把大自然中的一切都視為一種價值意義的人，很容易會得出一些非常奇怪甚或不合人道的結論；似乎人類才是這個充滿「流暢平衡」以及和諧的美好世界中唯一具有危險性的破壞因素。而高齡九十歲的洛夫洛克會認為車諾比（Tschernobyl）核子反應爐的慘劇有其正面意義也就不足為奇了，因為之後人類就不敢進入受放射性物質污染的地區，而這個無人之境也就能生長許多樹林和灌木了。由於植物對於放射性的免疫力通常比人類強，因此產生了一個免受人類破壞之手威脅的生存環境，這使得洛夫洛克感到興奮。不過，也只有未遭受事故的人才會有這種想法，試想一下：作為一個骨骼發生病變的車諾比寶寶的母親是否會感到高興呢？大概不會吧！

美麗的大自然並不同時是「善良」的大自然，而我們一旦經歷過它的邪惡後，它也就不再美麗了。岩壁、峽谷、沙漠和溝壑令我們嘆為觀止，卻是巨大災難後留下的痕跡。宇宙大爆炸、隕石撞擊、毀滅性的火山爆發以及其他地質的災難，為這個行星寫下歷史，使原本多樣的生態如今僅留下了百分之一，而其他的則永遠消失了！在火山灰下窒息、在大氣的灰色污層下凍死、被殘忍的凶器和陰險的陷阱捕捉、被尖齒利牙和無情利爪箝制、在冷酷的基因存亡戰中敗北。要把這些生命的殘酷與不和諧融入充滿創世祥和氣氛的天堂花園中，沒有一定的浪漫情懷和忽視能力還真無法做到呢。大自然「本身」既不良善也不邪惡，它甚至不知道什麼是良善和邪惡。

因此，大自然「自身」的價值是可議的。如果上百萬的動物種類在沒有任何人類作為的情況下絕跡，而西方哲學家依然認為這一切是個「和諧的過程」，那麼現在由人類所造成的動物絕種又有什麼值得批評的呢？大家都知道人類也是動物，而他會去排擠或是滅絕其他動物種類也是「自然」的過程，在自然界不曾間斷。這樣看來，在過去幾千年主宰地球並繁衍至億萬的人類，其實只是許多自然災難的其中之一。作為生物的篩選因素，人類參與了演化的決定：誰可以存活，誰必須絕種。

對於「大自然具有絕對價值」這種說法感到不舒服的人，寧可採取另一種思考，也就是：大自然毋庸置疑地是因為**對人類有益處**才有了價值。人們必須迫切維護自然界的多元物種，因為這在生態上是對人類有益的。「生態」和「有機」的概念在不到十年之間就從邊緣的政治團體變成了德國民眾的普遍共識。這概念告訴我們，樹木的倒下意味著下一個就輪到我們人類。為了大氣層，我們需要雨林；為了氣候和飲水，我們需要乾淨的海洋。一般人都認為，一切都在我們這個星球上交互作用。世界是個單一而巨大的生態系統，每個物種在其中都有其重要的位置。然而真是如此嗎？這也是個有爭議的看法，因為「多元物種在生態上的意義」這個問題根本尚未完全釐清。簡單地說，生態學家們基本上有著兩種對立的觀點。我們想像世界是一架飛機，那麼無數的動植物種類將扮演何種角色呢？有一群生態學家認為，每個物種都是一個特殊的鉚釘，以固定飛機結構，因此每缺少一個物種都會影響飛行的性能，直到飛機最後墜毀；另一群生態學家則持完全不同的看法：對他們來說，許多物種只像是飛機上不必要的乘客，而即便飛機上只有很少的執勤人員，也依然能順利飛行。

無論那一種看法較為正確，有一件事是確定的：並非每種動物或植物種類在生態上都是不可或缺的！尤其是那些在自然界的寶藏裡最耀眼的寶石，例如西伯利亞虎、歐卡皮鹿、貓熊、紅毛猩猩以及某些海豚，雖然面臨絕種威脅，錫霍特山脈的泰加森林卻依然存在，並沒有因為僅存最後三百隻老虎而倒下；另外，歐卡皮鹿生存的伊圖利原始林、貓熊所在的中國和紅毛猩猩所在的蘇門答臘與婆羅洲也都是如此；而喜愛海豚的人可以放心的是，海洋並不會因為鯨魚的消失而乾涸；因此，雖然從長遠的眼光來看，人類對大自然的侵犯造成的後果並不清楚，某些物種的絕跡卻似乎不會帶來必然而重大的結果。很有可能只需要少數幾個樹種就足以讓雨林內的碳循環繼續進行。飲用水的毒化和臭氧層的破壞是會造成大自然生態循環的嚴重傷害，但老虎、歐卡皮鹿、貓熊、紅毛猩猩和鯨魚的絕種卻不會。我們似乎想保護許多動物免於絕種，即使他們對其所生活的生態系統完全沒有存在的必要性，沒錯，比起一些重要的昆蟲、微生物和細菌，人類有時甚至投入了更多金錢和精力去拯救對生態比較不重要的動物。因此，「生態」肯定不是我們關心瀕臨絕種動物的唯一動機。不過這樣也好，因為如果我們只根據動物在生態循環上的功能去評斷他們的價值，將產生極為可怕的後果。例如有些細菌對於生態比人類更重要且更有益處，難道我們在必須抉擇的時候就應該選擇他們而犧牲人類嗎？而我們應該為地球上每年只因飢餓就造成七百萬人的死亡感到高興、因為這些人死後不再需要每天吃飯、所以如雨林等天然資源也就能因此受到保護嗎？

一個真正經過深思熟慮的生態學是非關道德的。沒有一個腦袋正常的德國人會只把眼前的人們都視為處理物質和能量代謝的「生物催化劑」，即使是費尼斯·蓋吉這樣有社會行為障礙的人也不會。我們如果尊重「人類具有和橡樹不同的價值」這個事實，那是因為人類有非常複雜的**感受能力**，那麼狗、貓、豬、老虎或大象也都能夠感受、痛苦或快樂啊！這樣

說來，人類的生命權和其他動物的生命權之間，差別最多也只是漸進性的，是依照對於生活感受的複雜性來決定的。也就是說，物種保護如果不去考慮高複雜性生物的生命權的話就沒有意義了，而這個生命權是唯一的道德論點。因此，華盛頓公約對鯨魚限量獵殺的討論並不僅限於挪威和日本所覬覦的灰鯨和小鬚鯨是否真的瀕臨絕種的問題，射殺非洲象的准許與否也不能迴避這個觀點。認為殺害在國家公園內可能過多的動物是合理的人，必須面對一個質疑，就是他是否認為同樣的作法放在顯然過多的人類身上也是合理的。

即使在未來，要回答「物種保護的意義」這個問題時也不能只把對生態的益處當作唯一的考量基礎。而稀有性也不見得是個道德的觀點，因為一種動物的稀有性並不會加強其感受痛苦的能力。無疑的，歐卡皮鹿、老虎和紅毛猩猩都具有存活下去的意圖。然而，動物個別存在的，是否也適用在整個物種身上呢？我們究竟是以道德之名還是以受迫害的動物之名去論證，在這裡似乎還是有區別的。當一隻動物所屬的物種即將隨著他的死而滅絕時，他究竟是否能認知或因此感受到其中的痛苦呢？如果西伯利亞虎在未來幾年內永遠從滿洲地區的樺樹林內消失，這個「絕種」事實對其物種本身的興趣可能還小於對我們人類。我們並不是為了老虎的利益而救老虎，而是為了那些著迷於老虎的魅力的人們，他們不忍見到私獵者為了幾塊錢而把這麼美的動物趕盡殺絕。不過，如果涉及到要長遠保護瀕臨絕種的動植物的話，其外表的美麗實際上究竟能發揮多大作用，還是見仁見智的。為什麼錫霍特山脈的泰加森林內必須有老虎的存在？讓他們在世界各地的動物園裡好好地繁衍難道不夠嗎？人類有個需求，就是在地球上發現那些並非由我們自己所創造出來的「價值」；而這個「美感的需求」難道不會隨著這些物種的滅絕而漸漸消逝嗎？

沒有一位哲學家或生態學家能夠真正解釋為什麼上百萬種的動物必須存在於地球上；他們卻也無法在不必大費哲學周章的前提下解釋為什麼人類應該存在。關於人類價值最有力的論點，是其複雜的痛苦和快樂的能力，但如果也在鯨魚和大象的身上成立的話，那麼他們也應該有不被殺的權利、而他們的生存基礎也應該有不被破壞的權利才對。並不是因為他們的稀有或是長相好看，而是因為他們有存活的意圖，這是我們不能視若無睹的。就算是與自然界中意識較低的生物相處，我們也應該謹慎。我們對蛙類和鳥類、植物和水母的感覺世界所知太少了。就算是對自己和自己的利益所在，人類仍然了解得不夠多；人們只是很輕率地以「人類中心主義」去思考，彷彿對海洋、空氣的污染以及對所有資源無情的掠奪並不是出於單純的愚昧，而真的都是從「人類中心主義」出發、所為的是人類的福祉和未來一樣。

然而，我們在何處可以因為人類的利益而改變自然，在何處又不可以呢？兩者之間的界限又在哪裡呢？我們可以操控自然到何種程度呢？如果所涉及到的是我們自己的「自然天性」呢？

複製人眼中的世界：可以對人進行複製嗎？

雷爾運動教派（Raelian movement）究竟在幹什麼？那個由極端資本主義、科幻情節、嘻皮夢想和恐怖宗教雜燴而成的混合物，幾年前曾於蒙特婁（Montreal）宣佈要製造第一個人類複製寶寶並開啟永生之路！那名寶寶夏娃（Eve）如果真的曾經誕生的話，現在應該有四歲大了，就像該教派公告的另外兩個於二○○三年一月出生的複製兒二號和三號一樣。答案很簡單：雷爾教派沒什麼特別的作為，他們的創始者兼主席，一名法國的體育記者克洛德．佛里倫（Claude Vorilhon），偶爾只會公佈一些不重要的消息，例如製造出花生過敏者可以吃的基因改造花生。如果法國小說家米榭．韋勒貝克（Michel Houellebecq）沒有極力推崇該教派的話，大概沒有人會再問他們的下落了，因為雷爾教派經常成為被譏笑的對象，而他們就像一整片畸形山脈中的山峰一樣，被怪異的世界觀所圍繞。

如果想看看那第二高的山峰的話，那麼我們就要問：那名義大利籍的婦科醫生塞維利諾·安提諾里（Severino Antinori）又在忙些什麼呢？人們也許還記得他在二〇〇二年四月聲稱讓三名婦女懷有複製寶寶。同年十一月底安提諾里還證實此事，並且預告第一名複製寶寶將於二〇〇三年一月的第一週誕生。然而安提諾里的複製寶寶卻始終沒人見過，就這樣消失在佛里倫及其教派的漩渦裡。安提諾里本人最後一次在媒體上公開的消息是於二〇〇三年一月底宣佈因為反對義大利健康部長而打算絕食抗議。

接下來要問的問題是：那位位於美國肯塔基州勒星頓（Lexington）生殖學中心的科學家帕納伊奧蒂斯·札沃斯（Panayiotis Zavos）現在在做什麼呢？二〇〇四年夏天，他確實曾複製一個人類的胚胎，卻在四天後將它殺死。據札沃斯當時的說法，那只不過是個練習：是為了一項計畫，也就是將一個複製的人類胚胎植入其母親子宮。不過，這件事確實發生的可能性並不大，因為以札沃斯「健談」的個性，若是真的成功的話，肯定會昭告天下。

從十多年前複製羊桃莉（Dolly）在蘇格蘭的一個羊群中睜開雙眼以來，依然還沒有一個複製寶寶祕密或公開地爬行在世界上的某個角落。而這個讓某些人覺得興奮、大部分人卻感到訝異或驚恐的想法，到目前為止依然被證明是不切實際的。然而複製人的想法到底為什麼會讓我們不安呢？複製本身有什麼在道德上令人憂慮或鄙棄之處呢？更精確地說：複製的「不道德性」在於哪裡呢？

複製人的批評者認為，對人類進行人工重製是違反人性尊嚴的，因為根據康德的名言，人類「本身就是目的」，因此是不能被「利用」的。而批評者指出，複製行為正是利用人類，使他「物化」並降低了他的尊嚴。為了檢驗這樣的疑慮，我們得深入探究。基因工程學家今天把複製分成兩個不同的概念：「再生性的複製」以及「醫療性的複製」。

「**再生複製**」指的是創造一個在基因上與其範本幾乎相同的有機體。為了達到這個目的，我們首先要從一個人體細胞中取出細胞核，每個細胞核裡都含有完整的遺傳資料，接下來是要找到一個卵細胞並移除它的細胞核，然後把那個人體細胞的細胞核放入其中，最後將這個被改造過的卵細胞植入一個孕母的子宮內。要是這個實驗在人類身上成功的話，那麼孕母在九個月後將會生出一個嬰兒，而其遺傳特徵將會與提供細胞核者近乎完全相同。這個方法至今已成功用在小鼠、大家鼠、牛、山羊、豬、非洲野貓、白尾鹿、野牛、馬、狗和綿羊，也就是聞名世界的桃莉身上。至於在人類身上呢？如同前面所提到的，還沒有一個成功的嘗試。

其實只有極少數人希望對人類進行再生複製。雖然聯合國還沒通過全球一致性的禁令，大部分的國家以明確的法律禁止製造遺傳特徵相同的人類。而相對於人類，至少在植物和動物方面已無爭議了；自一九九〇年代起，食用植物和動物的複製就已是司空見慣的事了。

然而，為什麼遇到了人類的再生複製問題，無論是在理性或直覺反應上，就會出現道德的疑慮，而這個道德疑慮在面對其他動物時卻不存在呢？

當我們想像人類的遺傳資料被複製、然後轉移到另一個人身上時，許多人本能地會有種非常奇怪的感覺。書本和電影的世界裡充斥著這樣的幻想，而它們幾乎都是恐怖的情節。「每個人都是**獨一無二的**」這樣的觀念顯然是我們覺得最重要的事實。而個人的獨特性也是許多人深信不疑的價值。因此，刻意違反這個「法則」也就像是一種褻瀆行為。對於動物我們則不會這麼敏感：自家養的狗對我們來說的確是獨一無二的，貓和馬也是；但金魚對我們來說就無所謂得多，至於盤子裡的豬肉生前是不是獨一無二的，大概只有極少數人在乎了。由此看來，我們只把「獨一無二」的感覺保留給極少數的生命而已。

還有許多其他的論點支持這個直覺的疑慮，不過只有當我們同意「獨特性價值」的論點時，其他的論點才有說服力。想要對一個生物進行再生複製，需要非常多的卵細胞；原因是在一千個去核並重新填入新核的卵細胞中，只有極少數能夠真的發展成進一步的有機體，並成為健康的生物。也就是說，動物的複製成功率非常低，絕大多數的卵細胞都會死亡，這在人類身上肯定也會是相同的情況。而就算一切在開始時看起來都很順利，經由這個方式製造出來的人能夠存活的時日也將頗為有限。那隻桃莉羊只不過活了六年，是正常綿羊平均壽命的一半，當桃莉在二〇〇三年二月死於嚴重的肺炎時，其身體是處於相當悲慘的狀態的：它深受關節炎之苦，而它的遺傳特徵也損壞得非常嚴重。

以多病且早衰的桃莉羊作為論點雖然清楚而明顯，但用它來反對再生複製人類卻仍然相當薄弱。因為以這個論點為基礎的人必須面對的問題是：如果能夠排除「技術」的問題，那麼「製造遺傳特徵相同的人類」這件事是否就完全可以被接受了呢？而指出那些在嘗試過程中死亡的眾多卵細胞也只能引起特定人士的注意，也就是那些連人類的卵細胞都視為有尊嚴的生命、且應該加以絕對保護的人。在此值得我們暫停一下這個思考，稍後再繼續處理；因為人類卵細胞的價值問題會帶領我們直接進入複製的第二個問題，也就是「醫療性的複製」對人類的優缺點的問題。

關於這方面，首先要說的是：這個概念的名稱必須更換。首先，「再生性的複製」這個概念本身就有問題了，因為複製總是再生的，所以在這裡出現了「意義重複」的問題；而「醫療性的複製」指的是一個醫學界夢寐以求的未來境界，也就是有朝一日可以藉助胚胎來培植組織甚至器官，並將其植入病人體內。要完成這個目的，胚胎將在經過少數幾次細胞分裂後的最初期階段被加以破壞，個別的細胞將被繼續培植，以製成一個我們想要的組織。更遠大的理想是希望有朝一日能用這些「幹細胞」直接植入器官中來取代受損或遭到破壞的細胞。

以上是醫療性複製的想法。不過，就算這個想法有一天能實現（我們稍後將看到實現的可能性很低），這樣的複製動作本身也不是「醫療性」的，而是和「再生性的複製」一樣是「再生性」的。兩者的差別並不在於複製的**過程**，而是我們藉由複製想達到的**目的**：我是為了製造出遺傳特徵相同的人類，還是為了醫學的目標？由於複製行為本身永遠不可能具有醫療性，因此這個概念應該改成「**為研究目的所做的複製**」，因為這樣才符合事實。

有些科學家對胚胎幹細胞表現的熱情來自於其理論的極大可能性。我們可以把胚胎幹細胞想像成能夠變成任何形狀和照映出任何顏色的「新雪」，基因工程學家稱它們是「全能的」（totipotent）。理論上可以用幹細胞培植出任何想得到的組織，但是在這個句子裡要強調的是「理論上」三個字，因為至今在這方面仍沒有太多的成果。另一個很大的障礙是當陌生的幹細胞組織植入時，免疫系統產生的防衛反應，這種排斥狀況在動物實驗時的發生機率極高，而產生惡性腫瘤的可能性也非常大。

那麼，我們該如何評價複製行為呢？讓我們從人性尊嚴的論點開始吧。當我們在複製人類時，是否不認為他是「價值本身」，而以不道德的方式「利用」他呢？再生複製的情況看起來很單純。感覺自己是獨一無二而有別於其他人的「自我」，顯然是人類的自然需求（雖然馬赫對此存疑）。我們的整個自我理解和對我們文化的理解都奠基於這個「獨一無二」。難以對自己說出「我」的人，通常也都存在嚴重的心理問題。然而，一個再生複製出來的人卻無法體驗到自己是個「不可分割的個體」，因為從他的存在來看，他是個「可分割的個體」，

他將被貼上「複製品」的標籤，而非獨一無二；除非（這也是最基本的條件）他永遠不認識他的「原型」，並且永遠不知道自己是複製人。

但是為什麼我們要進行這個無論在心理或社會層次都如此殘忍的實驗呢？滿足的只是那些對複製人內心與外貌感興趣的研究人員，犧牲的代價卻是一個人的命運，而且這個人將來產生心理疾病的風險非常高，這是再明顯不過的「濫用」，也難怪大多數的人和國家都反對再生複製，並立法加以禁止。更何況目前尚未發現任何好處足以來平衡這個巨大的缺點。

「為研究目的進行的複製」似乎就不同了，因為那些到目前為止提出的反對理由，在這裡都不成立。簡單地說：沒有人會遭受到心理方面的傷害，受害或死亡的只是些完全處於初期階段、尚無意識的胚胎。但是如同我們在探討墮胎的問題時看到的，這樣的胚胎在生物學上卻也無庸置疑地算是一個「人的生命」，是人類的成員。根據這個論點，德國以「胚胎保護法」禁止對胚胎進行的研究。

然而，即便是法律也對胚胎有著不同於人類的對待。非法摧毀一個胚胎和殺一個已經出生的人是兩件完全不同的事，對於摧毀胚胎的刑罰明顯輕得多。而從德國立法者仍然允許某些特定研究者對胚胎進行研究，就更可看出這兩個犯罪行為之間的差別，因為國家並沒有制定允許研究人員從事謀殺行為的例外情況。由此我們便可看出，立法者並非毫無保留地相信他們自己的論點：即胚胎是絕對值得保護的。也因此在這裡就出現了和墮胎問題一樣的矛盾，也就是：將胚胎在生物學和道德意義上定義為人，卻又允許這些人在初期階段被殺死。

因此，胚胎的人性尊嚴問題還不是完全清楚的，而且若是我們維持前面的論點的話，那麼一個生命的價值和尊嚴就不在於它所屬的物種類別，而是這個生物是否具有意識：一個基本的自我意識以及需求，而這些對於一個經過六次或八次分裂的人類卵細胞來說，肯定都還談不上，因此也並不存在任何賦與胚胎人性尊嚴的理由。胚胎的幹細胞研究雖然是在生物學上「利用」人類，卻不在道德的意義上。沒有了人性尊嚴，胚胎就是一個物品，是可以被拿來交換其他物品的。雖然研究者所提出的保證不切實際，但是對於他們想以醫療複製來治療如糖尿病、帕金森氏症或阿茲海默症等疾病，我們大可安心以功利主義的方式來權衡：一邊是被殺胚胎並不存在的痛苦，而另一邊卻是成千上萬、甚至上百萬被治癒病人們無法言喻的快樂。

這個論點極具份量，想推翻它必須要有個很好的反證。有趣的是，對「為研究目的進行的複製」最有力的反證並不夠根本，而只是就功利主義而言的反證。過去八年來對「以研究目的之複製」的爭論十分激烈，但至今那些「所謂的」基因醫療師卻幾乎沒有達到多少成果。因此以改造的細胞取代病變的組織，雖然是個好主意，但問題是在這個領域中，胚胎幹細胞真的就是最好的途徑嗎？

幹細胞不僅僅存在於胚胎中，我們所有人都擁有幹細胞，例如在骨髓、肝臟、腦部、胰

臟和皮膚裡都有。科學家在此談的是「成年」的幹細胞。成年幹細胞也是多面向且富有發展潛力的，它是「多功能的」（pluripotent）。我們終其一生，成年幹細胞都為我們的身體不停製造新的、專化的細胞，它們還能在研究人員的培養皿內發育成許多不同的細胞組織；不過，和胚胎幹細胞不同的是，成年幹細胞有其侷限性。一個取自腦部的幹細胞可以發展成各種的神經元神經組織，卻極可能無法發展為一個肝臟細胞。不過取自羊水、臍帶血和乳牙的幹細胞卻也有可能是例外，然而這些觀察目前都還在討論階段。

相對於胚胎幹細胞，成年幹細胞的極大優點是不容置疑的。若是能從我自己的腦部取出幹細胞，以生化改造的方式培植成新的腦部組織，然後植回我的腦中，取代病變的組織，那麼我的免疫系統將不會發生排斥的狀況，而且就目前所知也不會提高罹患癌症的風險。從一九六〇年代起，醫界就應用骨髓的造血幹細胞來治療白血病和淋巴瘤；到今天，已有許多以成年幹細胞來治療心臟和血管疾病的臨床研究；另外，在癱瘓、帕金森氏症以及心肌梗塞後的恢復上也都有成功的臨床研究結果。目前醫界已經可以透過注射成年幹細胞來治療大家鼠的腦瘤。

目前看來，成年幹細胞研究的發展是前途看好的。基因研究學者經常預測在治療帕金森氏症的突破將於二十年內實現；果真如此的話，人們對成年幹細胞的研究便可比胚胎幹細胞懷有更大的信心和期待。不過這兩個領域的研究計畫常常因為公共和私人的研究經費而產生激烈的競爭。支持胚胎幹細胞的研究也總是意味著不會把相同的錢投資在成年幹細胞這個更有成果的領域上。成年幹細胞的研究不僅更有機會達到醫療治癒的目的，而且也沒有造成社會問題的疑慮；成年幹細胞在取得上沒有問題，而胚胎幹細胞卻必須仰賴人的卵細胞，且大多是作為人工授精的結果，再者還有數量有限的問題。可以想見的是，卵細胞的提供在未來會是一門有利可圖的生意，而發展中國家的女性則必須負責「供貨」，這無疑成為一個有道德爭議的問題。

如果我們以功利主義的角度來衡量「胚胎幹細胞研究」和「成年幹細胞研究」的醫療承諾可能帶來的快樂，那麼後者這條路似乎更理想得多。這並不意味著基於道德的理由就不可以對胚胎幹細胞進行研究，因為功利主義的衡量總是只能考慮「**可能**」的成功。不過它還是削弱了對胚胎幹細胞研究的要求、自我理解和社會意義，雖然這個研究領域在過去幾年中引起了如此情緒澎湃的討論。

基因工程學並不只是個根本的道德問題，它還有很大的社會倫理廣度，而這個廣度也將隨著我們一同面對下一個現代生物醫學的問題：也就是「胚胎著床前基因診斷」。

第24章 根特

任君挑選的孩子：生殖醫學將往何處發展？

根特（Gent）是位於比利時東弗蘭德區（Ostflandern）的美麗港都，以花市和老街的小巷聞名。當然，在二〇〇二年和二〇〇三年間，許多年輕夫妻還有另一個造訪這個城市的理由，因為在根特有一位名叫法蘭克．寇海爾（Frank Comhaire）的生殖醫學家，他以相當高的金額為代價，提供這些夫妻非常專門的服務：為他們未來的孩子選擇性別。大約有四百對夫妻在當時如願得到所希望性別的孩子。

寇海爾的診所和美國維吉尼亞州菲爾法斯（Fairfax）的一間實驗室合作。這位比利時人將精子寄到美國去，精子的細胞在那裡完成由儀器挑選性別的動作。由於男性的Y染色體在雷射光的照射下較女性的X染色體為暗，所以很容易透過**微選程序**（Micro Sort）區分開來。精子回到比利時後，寇海爾將卵細胞放在試管內與父母雙方選出的精子進行受精，最後植入。

這位比利時醫生的診所隸屬於一項大型醫學研究，且由美國國家食品藥物管理局監督。參與這項有史以來最大預先性別選擇計畫的，總共有六十間診所及七個國際生殖中心，前來尋求服務的客戶有西班牙人、比利時人、荷蘭人、英國人、北歐人、法國人和德國人。

這些想要作性別選擇的父母們，唯一必須符合的條件是母親的年齡：她們必須在十八至三十九歲之間，而且最好已經有一個孩子了，因為這樣才能符合所謂家庭性別平衡（Family Balancing）的目的。其他的限制則由市場決定：血液分析費一千兩百歐元、精子的運送和實驗室費用兩千三百歐元，試管受精和之後的著床還能為診所賺進六千歐元。高昂的費用幫助寇海爾解決了道德的問題：這位比利時醫生保證，在這麼高昂的價格下應該不必擔心造成過度的商品化：入口門檻越高，便可推斷出這個方法的道德疑慮將越低。而此「家庭性別平衡」的目標比較讓人擔心的是司法問題。比利時當時並不禁止「出於非醫學動機從事的蓄意性別選擇」行為，然而媒體的大肆報導卻使得寇海爾的家庭計畫成為轟動一時的醜聞，比利時的國會也因而立法加以禁止。

美國方面的夥伴對此則表現出泰然自若的態度，他們的法律至今依然還允許試管嬰兒的性別選擇。微選程序於一九九二年便已取得專利且極為成功；此方法原本應該是用來促進國民健康的，例如為血友病家庭挑選女嬰，因為血友病較會遺傳至男孩身上。第一個因此而挑選出的女嬰於一九九五年誕生，自一九九八年起該公司便對健康的夫妻開放提供這項所費不貲的服務。

二〇〇三年有一對英國夫妻上了頭條新聞。他們有三個兒子，唯一的女兒在一場意外中喪生，為了要重新維持家庭裡的「女性比重」，這對夫妻便申請以試管受精並選擇其性別的權利。負責單位以無醫學動機為由拒絕這項申請，而該事件也吸引媒體的興趣；不過英國的小報和比利時不同，他們選擇為這對父母發聲。二〇〇五年三月，國會要求在科學和技術方面修法，也就是父母如果具備正當理由，應該可以自行決定其試管受精胚胎的性別。雖然二〇〇六年十二月英國政府在白皮書中仍堅持全面禁止的立場，但是一般認為未來還是有允許例外情況的可能性。

技術所能達到的可能性越多，父母的虛榮心和欲望也就越強烈。能夠選擇性別的人，也會希望能決定其他如眼睛顏色或身高等特徵。不少了解生殖醫學的人都對這樣的想法感到十分憂心：孩子們是否將就此成為依照品管和貨管規定挑選出的商品呢？批評者用的關鍵詞是「消費性優生學」：一個選擇出「設計師寶寶」的方法，就像美容手術一樣，繁殖醫學也將能成為一個迅速成長的市場，為世界建立全新的標準。沒有及時為自己孩子作健康和外貌確認的人，可能很快就會被社會視為太窮而做不到、或是做事過於輕率，以致於把一個不起眼、社會機運較低的孩子帶到這個重視外表的新世界來。雖然這還只是幻想，卻也是很容易理解的。

因此，讓我們試著就道德方面一步步檢視「胚胎著床前基因診斷」這個大領域的可能性和風險。人類自我意識中重要的問題之一，就是人被「製造」的地方：是在床上、田野小徑、汽車內還是試管中？並不是說人們往後真的會提出這個問題或是有什麼必然的重要性；但是對法學家、醫生和道德哲學家來說，這卻是個關鍵的問題。我們怎麼看待試管造人這件事呢？關於這個被造的新生命有什麼是我們在一開始就可以知道的？我們又可以依照什麼來選擇呢？

在試管內進行卵子和精子受精在今日已算是家常便飯了。婦科醫生以荷爾蒙治療讓女性有多個卵細胞成熟，並檢查男性精子的品質。荷爾蒙治療若是產生功效，醫生便從個別卵泡中取出卵泡液和五至十二粒成熟的卵細胞，取出的卵細胞將於試管中與男性精子完成受精，其成功率約在百分之七十左右。

有個新的方法，是將一個（挑選出的）精子和顯微操作儀注射入卵細胞中；如果卵細胞在第二天進行了兩次分裂，就把兩個這樣的胚胎植入母親的子宮中；另一個常見的可能性是在受精的第五天以後植入。多餘的受精卵若不是被處理掉，就是像在某些國家中允許的被冷凍在液化氮中。大約在胚胎被植入的兩周後便可進行可靠的驗孕，足月分娩的成功率大約在百分之四十左右。

以上是試管嬰兒的做法程序。在德國，每八個孩子中約有一個是試管嬰兒。這個方式最初是為兩類的夫妻設想的：第一是要幫助危險性遺傳疾病發生機率高的家庭儘早檢查並於必要時篩選他們的後代；第二是提供無法以自然方式受孕的夫妻一個機會。對於第二類來說，最特別的狀況也可能是精子來自於別的男性，或卵細胞取自別的女性，而非取自想要孩子的夫妻本身。另外也可能有由代理孕母分娩的情況。德國的胚胎保護法不但禁止卵細胞的捐贈，也禁止代理孕母，不過精子捐贈卻是允許的。

「胚胎著床前基因診斷」在德國也是禁止的；相對來說，其他國家都允許在受精後第三天，從試管胚胎中取出一個細胞，就特定遺傳疾病與染色體特性進行檢查，接著醫生和父母便可決定是否要把胚胎植入子宮。但是在德國，試管中的胚胎在著床之前不可以檢查遺傳疾病，只有在其於子宮著床**之後**，也就是對母親和孩子都有危險的時候才允許。若是這時檢查出未來將可能患上母親自認無法應付的疾病，那麼直到分娩之前她都可以選擇墮胎。倘若胎兒在墮胎過程中依然存活下來，那麼母親不但必須接受這個患有先天疾病的胎兒，還得面對墮胎過程中帶給胎兒的一切附加傷害。

贊成「胚胎著床前基因診斷」者認為這樣的規定很不合理，因為試管階段的早期檢查將可能避免重大的手術；所以歐盟各國在「胚胎著床前基因診斷」的作法上有很大的差異也就不足為奇了。例如在英國，有錢的父母可以在胚胎的試管階段做各種檢查，這和那對有三個兒子、卻很想再要一個女兒的蘇格蘭夫婦的願望，實際上也已經非常接近了，而且其中也完全沒有任何違反道德之虞。那麼除了這些檢查之外，如果再加上「性別」這一項來選出所要的胚胎，難道就真有這麼嚴重嗎？試想那對蘇格蘭夫妻會將多麼快樂，而這也並不會直接損害到任何人。況且多餘的人工受精胚胎本來就會死亡或是被冷凍起來，那麼我們如果「刻意」挑選出女性細胞而不讓男性細胞被「偶然」地選中，又有什麼關係呢？

大多數的批評者也承認在這個案例上並沒有什麼違反道德的部分，例外的只有基於宗教理由反對「胚胎著床前基因診斷」，因為他們認為在這裡做決定的並非上帝，而是父母；而反對「胚胎著床前基因診斷」的主要論點，在於它帶來的社會道德後果。要是提前檢查胚胎成為慣例的話，將可能導致無法收拾的「潰堤現象」。因此，嚴厲的批評者採取根本上反對「胚胎著床前基因診斷」的態度；他們認為「胚胎著床前基因診斷」會導致人們選擇「有生存價值」的、排除「無生存價值」的生命，但是這樣的「淘汰」**在任何情況下**都是不道德的。他們認為基本上沒有人擁有「要一個健康的、而不要一個殘疾的孩子」的權利；而較溫和的批評者則不反對基於醫學標準進行的選擇，對他們來說，一切**非醫學的選擇點**，例如性別、身高或美貌的特徵，才是違反道德的開端。

讓我們來看看上述的第一個觀點。區分「有生存價值」和「無生存價值」的生命何以是嚴重的呢？因為這樣的區隔會讓我們想起納粹的野蠻和殘暴：他們把精神和身體上有殘疾的人歸類為「無生存價值的」並加以謀殺；可怕的是，一個國家竟儼然以判定人民生存價值的法官自居，並且殺害有繼續生存下去的意圖的人。此兩者都必須受到絕對的道德審判，都是嚴重藐視人權的錯誤。

這兩個嚴重的道德錯誤是否與「胚胎著床前基因診斷」相契合呢？答案是否定的，因為就像我們曾多次提到的，經過分裂成為四或八個細胞的胚胎還不是人，而且動手的也並非國家，而是未來的父母進行的選擇。如果排除了宗教理由的話，我們又該如何解釋為什麼夫妻沒有權利去擁有一個健康、無殘疾的孩子呢？其次，如果這個權利的行使根本不必傷害或殺害其他人呢？選擇健康胚胎雖然違反了我們傳統上「懷孕屬於醫學偶然」的觀念，但是人類社會已做了許多的努力來降低偶然的發生率，因而減少了夭折的情況，改善了助產的條件。既然如此，為什麼在「胚胎著床前基因診斷」這件事上卻非要堅守傳統不可呢？難道這項醫學進步為世界帶來的不是更多的益處和快樂、而非傷害和痛苦嗎？

我們接著來看看第二個觀點：為什麼反對基於非醫學性標準進行的選擇呢？批評者擔心，如果這件事合法化了，遲早會讓每個人（至少是負擔得起費用的人）都採用；而從前掌握在「偶然」手中的，有朝一日將完全被父母的品味隨意掌控。發展中國家的男孩將越來越多，女孩越來越少，就像現在中國一胎化社會中普遍墮胎的後果一樣；而在西方富裕國家中則將隨處只見基因健康的、多數是金髮碧眼的孩子，他們都長得高大、修長而健美。最糟糕的情況是：並非我們所有人而是只有富裕的上層階級才能享受這種「特權」。有錢人能夠選擇，如他們的頭髮會越來越金；而低下階層的孩子卻只能繼續地「醜」下去。或者情況也可能正好相反：低下階層的孩子將依照大多數人的品味來選擇，但也可能因此成為「賤民」，因為所謂的「品味」改變了。一件事物若是過量地存在，便將迅速失去它的價值，而只有聰明的人能及時注意到這一點而不跟著趕流行。然而姑且不論以上哪一種情況發生的可能性較大，這整件事在道德上難道真的到了驚世駭俗的地步，讓我們非得對它進行根本的禁止和阻擋不可嗎？

許多人在想像這件事的時候，都會有種不安的感覺，但這算是充足的論點嗎？到目前為止，這些都還只是科幻小說的情節而已；不過，一旦「胚胎著床前基因診斷」的可能性存在並且也被合法採用了，這種不安的感覺還是有可能改變的。誰知道當世上出現了第一代以如此刻意選擇的方式出生的孩子後，他們也許不會再有任何不好的感覺，反而將這種方式視為完全正常且理所當然的呢？

美容手術在十年前還被視為見不得人，今天卻幾乎可說理所當然了，至少就某些行業和特定的社會階層來說。未來將有多少孩子控訴他們的父母沒有及時把他們「完美化」呢？因為在可預見的將來，緊接在「胚胎著床前基因診斷」後大概就會出現「胚胎著床前修護」和「胚胎著床前完美化」吧。胚胎內有缺陷的基因可能不久後便可以用健康的基因來取代，這種作法很可能比醫治一個已經生病或殘疾的人來得更容易、成功率更高並且更經濟。「胚胎著床前完美化」可應用於當負責特定遺傳特徵之基因被確定時；雖然在今天看來，「一個相應的遺傳特徵僅由一個基因決定」的情況很少，但並不是完全沒有，例如決定我們眼睛顏色的就只是一個單一基因，如果進行更換的話，將可把藍色變成棕色或棕色變成藍色。「胚胎著床前完美化」的想法甚至讓幻想家們開始夢想，將人類完美化成為更溫和、更有道德的生物，彷彿道德就只是基因決定的天性、是可以在某一個特定的基因內找到似的。

想像中充滿了許多的可能性。在第一個試管嬰兒露薏絲・喬伊・布朗（Louise Joy Brown）誕生三十年後的今天，生殖醫學已經變成了一個「充滿奇蹟的世界」。如果我們要讓事情變得簡單一點的話，我們可以捍衛醫學性和非醫學性選擇（即「完美化」）之間的界限。醫學性的選擇和基因的錯誤矯正並不會對任何人造成傷害，卻可以造福父母和孩子；但是父母若是對胚胎進行外貌美觀的選擇和矯正的話，則會給孩子帶來無法預估的風險，因為做決定的是父母的品味，而不是孩子自己的品味。健康問題方面沒有什麼可爭論的，但審美觀卻是見仁見智的。我今天看來美麗的事物，在二十年後可能會令我覺得俗氣又乏味；而就算我的品味維持不變，我的孩子也不一定會認同。那麼社會何必合法化這種美感的取捨呢？社會難道不是更應該保護父母免於做出錯誤決定、保護孩子們不受父母的品味傷害嗎？

這件事是可以這樣看的；但是我們也可以提出一個問題，那就是立法者在這方面有義務干預到什麼程度呢？「人民保護自己以不受自己傷害」什麼時候變成國家的任務了？而「保護孩子不受其父母的價值觀傷害」也是值得商榷的。五年前，德國聯邦議會「現代醫學法律與倫理調查委員會」主席瑪歌・馮・瑞妮絲（Margot von Renesse）認為：「任何第三者，包括未來的父母，都沒有權利決定一個人的生命價值。」然而這句話就像所有其他好聽的句子一樣徒託空言。

因為墮胎正是最好的反例：母親決定了胚胎的生命權，也同時決定了它的生命價值。瑞妮絲提出的基本原則在德國不被承認，在歐洲其他國家也同樣不被承認，而這個基本原則將來在世界各地被採納和遵從的可能性也非常渺茫。

比較可能的情況是：這個充滿奇蹟的世界將在許多地方創造出全新而有爭議的奇蹟。比如說，生殖醫學已經在我們與「時間」的關係上提供了一個完全不同的可能性。二〇〇五年七月，加州一名四十五歲的婦人生了一個孩子，這個孩子在十三年前是以胚胎的形式冷凍起來的。她原本的一對十二歲雙胞胎因此多了一個，成了三胞胎，因為這三個孩子是同一個受精過程的結果。對於美國生殖醫學家史提夫・卡茲（Steve Katz）來說，這只不過是個開始而已。他預估，即使在五十至一百年後，當他們的父母早已離開人世了，冷凍胚胎仍然可以加以解凍。

另一個問題是「替代件」的培植。二〇〇四年七月，英國有個關於兩歲大的約書亞・弗

萊契（Joshua Fletcher）的案例，引起大眾關注。約書亞患了一種血液方面的怪病，身體無法製造足夠的紅血球，將不久於人世，唯有從他的近親中取得幹細胞的捐贈才能救他。由於父母和兄弟與他的基因都不夠接近，因此必須先製造出一個這樣的近親，而且最好是透過試管挑選一個最接近的基因。被植入子宮的胚胎將成為約書亞的弟弟或妹妹，未來將在不傷害他或她的條件下，以其幹細胞來幫助約書亞。英國負責人工受精與胚胎學的當局認為該案例具有正當理由並予以通過。在德國則受限於目前的法律不允許類似的情況。到目前為止尚無關於約書亞案例實驗的結果。

生殖醫學還有另一個新的可能性，也就是延長婦女可受孕的年齡。一九九〇年代末期出現並流行所謂的「卵細胞質移轉」。如果高齡婦女在人工受精時擔心其卵細胞的受孕力，便可以由另一個年輕婦女之卵細胞提供細胞質強化自己的卵細胞。發明者是紐約的生殖醫學家詹姆斯．葛立福（James Grifo），他是第一位試驗卵細胞質移轉並製造胚胎的人。這個實驗結果成功了，而「葛立福的孩子們」目前都生活在中國。為了規避繁複的申請許可程序，葛立福決定前往中國這個在研究領域上毫無限制的理想環境。

在那不久後，研究人員連到中國去都省了。位於美國新澤西州萊星頓（Lexington）聖巴拿巴斯生殖醫學中心由賈克．科恩（Jacques Cohen）所屬的一個研究團隊，於二〇〇一年便呈報了十五個新生兒，他們都是經由卵細胞質轉移的強化而產生的。不過，葛立福並未告知那些母親的是，由年輕婦女所捐贈的卵細胞質並不單純只是中性的原料而已；它當中還含有許多捐贈者的細胞器，包括扮演遺傳物質承載者角色的粒線體。捐贈者的粒線體若和卵細胞的遺傳物質混合，那麼經由這個卵細胞質轉移方式所產生的胚胎就有三個父母了：母親和父親所提供之細胞核內的基因，以及母親和細胞質捐贈者提供的粒線體基因。如此產生的孩子並不是兩個人、而是三個人的基因混合體。

二〇〇五年十一月，加州大學爾灣分校的道格拉斯・華萊士（Douglas Wallace）另外發現細胞質轉移上有極高度的風險：許多以這種方式出生的小家鼠後來都證實為不具生育能力。也就是說，葛立福和科恩製造出的孩子也有可能呈現高比例的無生育力。這個研究顯示，幾乎所有工業國家在製造任何一種護手霜或咳嗽糖漿時都須遵守的規定：先以動物進行繁複的測試；在美國，那些生殖醫學家們卻顯然不必理會。研究同時還顯示，當面對生殖醫學新的神奇方法時，若是沒有恰巧出現一個幸運的意外（在這個案例上算是個令人沮喪的預測）的話，大部分國家在立法上將顯得多麼無助！

以較寬的條件允許胚胎實驗和「胚胎著床前基因診斷」的人，很快會面臨彌補漏洞和不斷禁止新技術的窘境，因為新技術都是以先前允許的方法為基礎，但其後果卻可能觸法。因為當一個看起來似乎毫無問題的方法導致危險的後果，那會是非常嚴重的司法問題。道德上困惑的程度和司法糾紛的發展到目前為止似乎還無人能預料：葛立福和科恩製造出的孩子

們，有一天是否會反過來控告他們，因為這些人的輕率造成了他們的不孕？這些孩子會不會甚至對和他們有基因關係的第二個母親提出遺產繼承和供養的要求，雖然她們當初只是想藉由自己的細胞質來幫助強化他人的卵細胞而已？更有可能的是，這些「第二個媽媽們」會不會出來要求她們自己的權利，也就是要探視和照管她們那些被蒙在鼓裡的孩子？

如前所述，「保護準父母們免受自己的品味和想法所傷害」並不是一個國家的任務，因為這樣的立法必將導致極權主義；另一方面，國家卻有義務防止社會遭受可預見的損害。生殖醫學的新可能性就在這個道德與司法的角力場上爭取著活動的空間。如果今後我們可以對那些過去命定的事物進行選擇，那麼勢必會產生一連串無法預估的後果。因為這樣一個經過剪裁的社會，將失去一個目前為止必然且無法避免的特性：接受並安於所處的生活狀況！

美容手術是要讓每個男人和女人的容貌和身體達到更美麗的夢想；生殖醫學卻保證在一開始就避免或去除掉缺陷。如此一來，健康和美貌就成為雙重的要求態度：父母對孩子的要求，以及反過來孩子對父母的要求。這樣的社會不僅失去了對「感受缺陷」和「少數人的異常」應有的理解和包容，還為父母和孩子帶來尷尬的處境：孩子們對於父母所施予的「矯正」會表示贊同嗎？而反之，如果父母不為他們做這些矯正而可能因此讓他們烙印為「邊緣人」，他們能夠接受嗎？

每個新的可能性對於立法者來說都是一項不可能的任務：他們必須權衡潛在的益處和可

能的傷害。如果弗萊契能得到一個弟弟或妹妹，而他們又能在自己不受傷害的情況下拯救弗萊契的生命的話，這難道不是美好而又正確的事，就算這個孩子有一天會知道他是為了什麼目的製造出來的？即使是我們其他一般人也並非總是出於無私的愛而生的。此外，誰又能告訴他的弟弟妹妹，他們的出生純粹只是因為這個目的而不也是因為父母想要再有一個孩子？所以，一個非關利益的可能性也可能是違反道德的。

另一方面，對身體特徵進行挑選的「消費性優生學」，也為社會發展帶來幾乎無人樂見的影響：一個普遍而沈重的不安感！就算消費性優生學在個案中可以因為不違反道德基本原則而被接受，但從公共利益的角度來看，其結果卻還是令人擔憂。因為我們究竟想把我們的孩子塑造成什麼形象呢？孩子是有自主能力的生物，我們難道要把他們變成由我們所構建的物品、把對他們的教養權「擴大」成為所有權嗎？又是怎樣奇怪的生命認知賦與我們這個「擴大」的權利呢？就算知道並非生命中所有事物都是可以矯正的，也不見得就一定是個缺憾。不過相較之下，遺傳工程學和生殖醫學提供的矯正可能性在未來也許還只是個「侏儒」：相對於仍在沈睡的巨人：腦部研究。

第25章 克里夫蘭

通往精神世界的橋：腦部研究允許做些什麼？

「那隻猴子看得見，他的目光跟著我掃過房間；他也還能吃，如果你把手指頭放進他嘴裡，他會將它咬掉。」羅伯特・懷特（Robert White）很喜歡講述他的猿猴實驗。三十年前，那些實驗讓這位現年八十二歲，來自美國俄亥俄州克里夫蘭的腦部學者一夕成名。關於這隻愛咬東西的小猴子，故事的高潮在於：雖然猴子的頭穩穩地和身體相連，那卻不是他自己的身體！

從那之後，懷特在克里夫蘭凱斯西儲大學（Case Western Reserve University）校內實驗室中究竟還砍了多少隻靈長類的頭，他自己已經記不得了；估計應該有好幾百個。一切都於一九七〇年代開始，就在醫學院大樓側翼，一個帶有古典主義列柱門廊，形如婚禮蛋糕的建築裡，懷特認真投入工作。他謹慎地取出一隻獼猴的腦部，接在另一隻還活著的獼猴的循環系統。實驗成功時，這位神經外科醫師便轉而嘗試頭部的移植。他先切開皮膚、肌肉和筋，然後割斷氣管和食道、脊椎和脊髓，只剩下六條血管供應腦部血液。懷特在短短幾分鐘內將猴子頭部的血液循環和一具猴子身體相連。那些硬接上的猴子頭顱存活了好幾天，然後他們的臉開始鼓起、舌頭厚得變形、最後那腫脹的眼皮終於永遠地闔上了，免疫系統對陌生的身體產生排斥反應而終告失敗。不過另一個發現卻令這個大膽的實驗者欣喜若狂：一切跡象顯示，腦部並沒有受到排斥。

這位美國最年輕的神經外科教授喜歡向「高層」爭取支持他那些惡名昭彰的實驗。身為十個孩子的父親和一名積極的天主教徒，他和教宗若望保祿二世有多次對談；他也是世界上最高等研究團體「梵蒂岡主教科學研究院」的成員，因而算是一位世界菁英。然而，新任的教宗心中可能會有較大的疑慮，因為這名「來自俄亥俄州的鐘樓怪人」於過去幾年中屢屢提到他那最大的夢想：對人類進行頭部或腦部移植術。

這位外科醫師在對靈長類進行實驗時，天主教的教義一直為他豁免道德的疑慮。懷特認為，猴子「與人類並沒有共同之處，至少在其腦部和精神方面都沒有。」但瀆神的問題則是，這個人預告要幫助某些人，如（現已過世的）半身癱瘓演員克理斯多夫・李維（Christopher Reeve）和患有肌肉萎縮性側索硬化症的物理學家史蒂芬・霍金（Stephen Hawking），給他們一個新的身體。五年前，懷特曾經問過我：「我植入一個肝臟、更換一

隻手臂還是移植一個身體，這當中的區別在哪裡呢？沒有人會想要在肝臟或手臂裡尋找精神，精神就只存在於腦部中。」

教宗也許並不這麼認為，不過他也不必去支付這項計畫的費用。懷特說，他只缺四百到五百萬美金就可以到烏克蘭的基輔去進行第一個人頭移植手術。他還說，這項「人類史上最大的手術」當然會造成一些美觀上的缺陷，病患的腿和手臂將無法活動，他不能說話、吞嚥和消化食物。懷特笑著說，至少這麼一來他也不能抱怨了。他認為大概還要二十年的時間，頭和脊髓才能完成連結，而所有的問題才能一次解決。當時我問他，是否可能用自己的身體做實驗呢？他又笑了，回答說：「當然！不過我還寧可提供我的頭，因為它更有價值。」

懷特多次前往烏克蘭，不過那「人類史上最大的手術」卻只聞樓梯響，未見人下來。因此，哲學家、醫學家和法學家今天都還不必探討在懷特的手術裡被移植的究竟是什麼：是頭還是身體。而他們也不需要回答，當身體捐贈者的家人去拜訪身體接受者時，他們見到的會是誰。但是，儘管懷特計畫沒有成功，我們卻不應該過於放心。他的實驗只是冰山一角；腦部研究不僅是二十一世紀最大的科學挑戰，也是對我們道德的最大挑戰。腦部研究的成功，讓神經生物學改變了我們傳統的人類觀，也創造出全新的可能性和危險。

在這些可能性中，有許多無疑都是種恩賜。「**神經輔助**」（Neuroprosthetics），一個新學科，結合了腦部研究和工程技術；它的成果已經足夠讓人夢想一些神奇的可能性。神經輔助能刺激人體器官如心臟、膀胱和耳朵達到決定性的效果。例如對重度聽障到幾乎全聾者的**人工耳蝸**植入（或稱助聽器）。「耳蝸」是耳朵中狀似蝸牛構造物的學名。而這項技術的程序如下：重度聽障者於耳後裝置一個聲音處理器，這個處理器能將周圍的聲響轉換成電子信號，接著透過線圈把信號傳送到位於皮膚下的植入器。脈衝將從這裡透過耳蝸的電極傳導至聽覺神經，最後在腦部進行處理。這種神經刺激的竅門在於耳朵後面的處理器可以把聲響轉換成腦部聽覺神經能夠理解的信號，雖然這些聽覺神經嚴格說來什麼也沒「聽到」。神經刺激是讓腦中電子信號的傳導發生作用，並「略過」身體上受損之感官功能的技術。

人工視網膜輔助視覺處理器也是相同的作法：恢復重度視障到近乎全盲者的視覺能力。而目前這項技術至少已經能做到區別明暗的程度。另外還有一些有趣的項目仍處於臨床測試的階段。研究者尤其花了許多精力嘗試讓半身癱瘓患者能再度行走；「以人工方式刺激體內的電流信號路徑」，這個想法似乎也很有成功的希望。一九九〇年代初期，研究學者以感應器精確地測出病人的肢體運動狀況，找出肢體運動神經元使用的語言。剩下的問題只是在運動上是否也能達到控制和調節的效果。慕尼黑的一個研究團隊於五年前便有了突破性的成果：首次讓一位半身癱瘓患者以助行器的把手對背包裡的電腦下達「站起來」、「走」或「上樓梯」的指令；接著電腦傳送脈衝至固定於病人雙腳的電極，脈衝果真導致肌肉做出適當的反應，而其他感應器也同時測量活動過程，並向電腦回報結果，最後電腦再根據行走的需求調整下達的命令。

另外還有個可能性是「運動輔助植入」，它和助聽器類似，也是裝置在病人的皮膚下，而且現在的研究進行相當成功。雖然目前為止半身癱瘓的病患只能夠行走幾步路，未來卻是希望無窮的。

不過當下就已經有些令人看了會吃驚的紀錄片，內容是帕金森氏症和癲癇症病患如何通過腦部刺激法解除痛苦。這兩種病症都和一個腦區有關，透過一個「腦部節律器」傳出的電子脈衝，能對病態過動的腦區產生影響，並即刻阻止症狀的發生。因手部嚴重顫抖而無法舉起杯子的帕金森氏症病患，馬上解除了所有疼痛並且坐在沙發椅上平靜地喝咖啡；癲癇病患也立刻中斷了症狀。而神經輔助在聽覺和行走方面對於精神障礙也可能有所助益。腦中的電極可能直接影響神經化學的循環系統；憂鬱症患者可能因為腦中的一個電極啟動了那平時已停止作用的「正面」信號物質，而產生積極的改變。

以上這些都是了不起的成就，而原本只存在於聖經中的醫治故事也有希望成真：聾子可以聽見、瞎子可以看見、瘸子可以行走。那麼問題在哪裡呢？神經輔助植入和腦部刺激兩者與用鐘樓怪人的手法進行的頭顱移植有什麼關係呢？其實答案很簡單：所有這些對我們腦中神經系統的新的操控行為，人們也都同樣可以拿來應用在有爭議的目的上，甚至刻意加以濫用。無論如何，以目前生化醫藥的進展程度來看，未來對腦部進行更大規模的影響是有可能的，而這個事實將會激起人類的欲望。

可能濫用的人們當中，最可怕的應該就是軍方和祕密警察了。當他們審問囚犯時，將不難利用腦部刺激來施以刑求，並透過對腦區的影響進行深入的操控。傳統的測謊器怎能與現代新型的腦部掃描相比呢？費城賓州大學的精神病學家丹尼爾．藍格本（Daniel Langleben）早在七年前就想到這點。透過核磁共振成像可以觀察腦部的活動，因此只要找出說謊的所在位置就行了。藍格本認為那是位於前運動皮質內的一個區域，它會在衡量衝突狀況時啟動。藍格本的主張其實非常簡單：他認為，因為說謊比說實話要更費力得多，所以說謊必定伴隨著一個較高的腦部活動。這個看法是否在所有情況下都成立，還有待爭議；因為當一個慣性說謊者在說些平日說慣了的謊話時，很可能比說實話（對他來說是個複雜的嘗試）要輕鬆得多。不過目前仍然有兩家公司正嘗試將藍格本的測謊腦部掃描器量產。

美國的法律實務在這方面的需求很大。目前，藉助於核磁共振成像的專家鑑定已在法庭上扮演舉足輕重的角色。精神病理學家運用該儀器來測定重刑犯的責任能力。在殘暴的罪行和連續殺人案件中，經常可以發現犯案者在腦部的腹側區有欠缺或受損的情況，就像那位著名的蓋吉（Phineas Gage）一樣。對殺人犯和強暴犯的精神狀態拍下的那些圖片，不僅有助於探究「犯人是否具有完全責任能力」，也替司法提出「如何處理和解決」的問題。

有些會導致嚴重行為障礙的腦部損傷，在不久的將來很可能透過手術治癒。讓腦部受損

的罪犯接受腦部手術，甚至強制執行，這對於作案者和社會來說，難道不比終身監禁或死刑更好嗎？然而在這樣的情況下，誰有權做出最後的決定呢？是精神病理學家、法官、作案者還是他的家人呢？誰又能阻止有人打著「在腦部動刀，總比花錢讓罪犯終身坐牢來得更好、更便宜」的口號加以濫用呢？

下一個可能濫用腦部研究結果的人則是毒品販子。我們對腦部的所知越多，就越能有效操控它。能夠幫助癡呆病患改善專注力的「精神作用性物質」可能會讓年輕的毒品消費者得到非常強烈的興奮感。它們對血清素受體和多巴胺代謝的影響尤其危險。（參考「史巴克先生戀愛了」。）多巴胺內含有和麥斯卡林（Mescalin）以及迷幻藥（LSD）相同的化學原生質苯乙胺，它會導致某個腦區興奮或過度興奮。我們越能直接影響腦中多巴胺的平衡，就越能製造出效果更好的毒品。

撇開違法的高危險性毒品不談，那些用來提升專注力的精神作用性物質，其合法應用的界限又在哪裡呢？癡呆症病患嗎？健忘者？有輕微注意力集中障礙的人？或者就在不久的將來，父母們早上都會為學齡孩子在熱巧克力飲料中放進一顆小藥丸，讓他們在重要考試時提高專注力？如果用這麼簡單的方法就能提升孩子的成績至理想境界，那麼我們真的還需要遺傳工程技術和生殖醫學嗎？政治人物和高級經理們將每天都能夠精力充沛地工作十六個小時；而環法自行車賽（Tour de France）的選手們也將不僅在生理上被施以興奮劑，其精神就算在爬最陡的斜坡時也依然能維持亢奮的情緒。

相對來說，另一群早已經豎起耳朵、吸收任何神經心理學新知的人們，便顯得無傷大雅多了：那些超級市場裡的行銷部門、廣告商和網路設計公司，每天都樂於聽到關於他們客戶潛意識的新資訊。例如，當人們在陌生環境裡要辨認方向時，會很自然地傾向「右轉」，而超級市場便利用這一點放置架子和商品。色彩心理學家對受測人員測試色彩目錄並在核磁共振成像上進行觀察。娛樂電子業或線上遊戲的製造商也用腦部掃描來找尋他們顧客的心理愛好。上述的一切是否真的都無傷大雅呢？從前靠的是推測和問卷調查，現在這些信息來源卻變成了可直接利用的人類中樞神經系統。

然而，在我們生活周遭的這類實驗有什麼反作用呢？無疑地，我們所處的環境不僅只對我們的腦部產生影響，它也會改變（有時甚至是永遠地改變）我們神經元的連結狀況。經常下國際象棋的人，能夠藉此精進特定的能力，這對他來說是件好事，而且顯然沒什麼負面的影響。但是一個玩「毀滅戰士」（Ego-Shooter）遊戲、每天轟掉上千個敵人的人呢？他也會是個傑出的玩家。問題是：除此之外，那千萬次射擊動作在他的腦中會造成什麼後果呢？那些飛快的影像和電影片斷難道只是不留痕跡地在腦中閃過嗎？只要是對腦部研究稍微有些概念的人應該都不會同意吧。

應用神經心理學上不斷增加的知識可以發展出更新的刺激，而這個發展還尚未達到盡

頭。我們是否很快就要經歷娛樂電子業者和精神病學家之間的戰爭呢？一方總是找到新的刺激，另一方則因為可能的或已經診斷出的短期和長期傷害而不停要求立法禁止。「專注力掠奪」是個至今沒有任何社會加以處罰的「違法行為」，未來我們難道不應該改變嗎？

美茵茲大學哲學家托瑪斯・梅金格（Thomas Metzinger）為此創造了「人類學後果評估」的概念。就像我們為社會評估「科技風險」一樣，我們未來也應該評估腦部研究的風險。腦部研究的挑戰是要重新思考我們腦部的可能性和危險性：一個「意識文化」。在兒童教育上，梅金格建議學校應該安排一門無關宗教的冥想課。我們的孩子必須學習保衛自己的注意力、聚精會神以及不受干擾的能力，以對抗周遭越來越多的專注力掠奪者。至於醫學實務方面，他則規定一系列腦部學者和神經技術專家的守則：不與軍方合作、研究成果不可違法商業化、不可違法取得人體組織，以及不可對病患進行醫學和商業的濫用。

一套縝密的規則無疑是必要的。我們不必想到懷特在克里夫蘭進行的移植，就能想像狀況的嚴重性了。未來幾年，國際上在中風研究領域可望開始出現腦部移植，以更換特定「受損害的」腦區。不過前提是醫學必須能恢復移植過程中被阻斷的神經通路和神經接觸。如果我們真能做到這一點，那麼我們不就等於具備了自製大腦的知識嗎？「人工腦」一向都是個激發人類想像空間的題材，而今日「**神經輔助**」和「**神經仿生學**」（Neurobionics）的最新技術卻已真的讓我們可以夢想「腦部義肢」實現的一天。

我們很難想像這對我們的人類觀代表什麼意義，因為就已知的意義而言，腦部義肢是不死的；它是個具有精神的機器。配備這個永不朽壞的腦的人們，難道就不會因此而變成「超人」嗎？這樣一來，科學界是否達成了藝術家法朗茲．馬克（Franz Marc）曾經就表現主義繪畫提出的主張：建造「一座通往精神世界的橋梁」？

因此，腦部研究和其實際的技術應用至少有兩層的道德挑戰：它一方面必須保護人類免於不當對待；另一方面，腦部的醫學手術意味著我們對自我以及世界理解的巨變，而腦部研究也許還必須為社會做好面對巨變的準備。在這裡我們必須再次提到康德所說的界限，也就是人不可以被利用，因為任何經由軍方和祕密警察、甚至行銷和娛樂電子業的濫用，至少都包含了利用的成分在內。

上述一切的社會後果可能會相當顯著，而功利主義對快樂和痛苦的權衡有時候卻非常困難。因此社會應該儘早進行道德的控制；而哲學家、心理學家和社會學家應該幫助腦部研究學者和神經仿生學家評估他們的研究工作並預想可能的發展。

在我們離開人類的界限以及我們傳統的人類觀之前，也許還應該對我們自己有更多的認識。我們學到了一些關於我們認知能力的知識，也思考了幾個重要的道德問題。接下來便是要看看人類的「渴望」（若是沒有渴望的話，我們將不會是現在這個樣子），也就是我們的要求、我們的快樂和我們的渴慕，簡而言之：信仰、愛和希望。

我可以期望什麼？

最大的想像：神存在嗎？

神存在嗎？我們能夠證明他的存在嗎？我們這麼說吧：我們唯一能對神做出的有意義的想像，是一個無限巨大而且完美無瑕的本質。因為所有其他想像似乎就不是神了，至少不會是基督宗教意義下的神。我們可以說，神就是極大值，我們無法想出什麼東西超越他。不過，如果「擁有一切偉大屬性」屬於我們對神的想像的話，那麼「他是存在的」也就是其屬性之一，因為如果他不存在，那麼他至少就會缺乏**一個屬性**，也就是「**存在**」，而他就不是神了。也就是說，必須存在一個東西，是我們想像不出有什麼比他更偉大的了，否則這個想法就會是荒謬的。因此我們可以得出的結論是：神存在！

我不知道讀者覺得這個說法是否有說服力，但是如果你的答案是否定的話，我得說明責任並不在我，因為這個「上帝存在論證」當然不是我想出來的。這個思想來自於一個終身都在法國度過的義大利人，不過他卻因為一個英國城市而聞名：坎特伯里城（Canterbury）的安瑟倫（Anselm）。安瑟倫原名安瑟爾默（Anselmo），一〇三三年前後出生於義大利北部的奧斯塔（Aosta）。十五歲時，他進入附近的一間修道院，不過他那望子成龍的父親對他有著更遠大的計畫：他覺得自己這個天資優異的兒子應該在政治上一展鴻圖。二十三歲時，安瑟倫到法國各地生活了三年，法國北部讓他深深著迷。早在一百多年前，諾曼人就不斷把法蘭克人排擠出法國北部，並在當地發展出豐富的文化；他們繼承了前人的法語以及基督宗教。在諾曼時代計畫建立的修道院有超過一百二十座，使其成為文化、經濟和精神高度發展的所在。

即使在教堂藝術方面，諾曼第也是法國最豐富多彩的地區之一。其中最著名的寺院和修道院有：聖旺德里耶（St-Wandrille）、蒙達耶（Mondaye）、瑞米業日（Jumièges）、韓貝（Hambye）、位於索里尼（Soligny）的特拉普教派修道院和位於勒貝克（Le Bec）的本篤會修道院。當安瑟倫來到諾曼第時，勒貝克的修道院最著名的學生蘭法朗（Lanfranc）正把這座修道院擴建成諾曼第最重要的屬靈中心。安瑟倫在經過短暫的猶豫後，也於一〇六〇年進入了勒貝克修道院。三年後，蘭法朗轉到較大的卡昂（Caen）任修道院院長，而安瑟倫則承接他主持勒貝克修道院。蘭法朗與「征服者威廉公爵」之間的熟稔關係決定了他往後的

命運。一〇六六年，威廉征服了英格蘭，而蘭法朗隨即成為了坎特伯里的大主教。那座後來名聞世界的大教堂在諾曼戰爭中被焚毀得只剩下斷垣殘壁，於是，蘭法朗將曾經在勒貝克完成的成就在坎特伯里複製。他從廢墟中建造出一座雄偉、帶有十字形翼部和聖壇的羅馬式教堂框架。而當蘭法朗在坎特伯里建立英國最重要的文化和宗教中心時，安瑟倫也在勒貝克繼續著他的擴建工作。

這個男人細微的側臉輪廓可以在唯一一幅清楚的中古繪圖上看出：菱角分明的頭部線條、大鼻子、光禿的前額以及後腦門白色的長髮。事實證明他是這個職位最理想的人選。他所領導的修道院越來越興盛，而這間修道院同時也是培訓領導幹部的神學和修辭學學校。他開始撰述自己的哲學與神學著作，一〇八〇年前後，他完成了《獨白篇》（*Monologion*）和《論證篇》（*Proslogion*）。前述的「上帝存在論證」，便是出自《論證篇》。

「神就是無法設想比他更偉大的那一位」，這句話是哲學史上最受廣泛討論的論證。安瑟倫的論證被視為第一個證明上帝存在的存有學論證，「存有學」（Ontologie）意思是「關於存在的科學」。而一個「**證明上帝存在的存有學論證**」也就是一個從思考直接推論出上帝存在的論證。我們還記得論證的重點是：由於神是所能想像中最偉大的，因此他不可能不存在。因為如果他不存在，那麼就會嚴重貶低了上帝的偉大。如果可以設想出更偉大的東西來的話，就會牴觸「無法設想比他更偉大的東西」的概念；因此我無法真的想像神是不存在的。

整個中古時期直到近代初期，安瑟倫的上帝存在論證都有著重要的地位，雖然這個論證只有一頁的篇幅。當然，這個論證也一直引起諸多批評。他的第一個思想反對者是蒙蒂尼（Montigni）的伯爵，這名伯爵在經歷了一段駭人聽聞的人生後，於盧瓦爾河（Loire）邊杜河市（Tours）附近的馬穆提修道院（Marmoutiers）出家，成為高尼羅（Gaunilo）教士。他給安瑟倫的信寫道：不能用雜技式的概念釋義來推論出某物存在的結論。高尼羅複製安瑟倫的論證，只把「完美的本質」改成「完美的島嶼」，並用安瑟倫自己的話來證明它的存在，就如同神無與倫比的卓越性證明了他的存在，那麼這個島嶼無與倫比的卓越性也同樣能證明自己的存在。

安瑟倫沈著冷靜地答覆他。他辯護說他的論證只是一個特例，並不適用於島嶼或其他事物上。從「完美性」推論出「存在」，只適用於**絕對**完美的東西，也就是神。而一座島嶼卻永遠不可能是完美的，從它的本質來看也不會是所能想像中最偉大的。安瑟倫非常認真地處理高尼羅的批評，甚至堅持其他教士若要抄寫或傳播他的上帝存在論證，就一定得附上高尼羅對他的批評以及他的回覆。這個作法頗能表現出安瑟倫的強烈自信，而關於上帝存在論證的意見分歧更讓他聲名大譟。

蘭法朗於一〇八九年去世，這位著名的勒貝克修道院院長便是繼任坎特伯里大主教理所當然的人選。不過威廉二世，也就是征服者威廉的兒子和繼承人，卻猶豫了四年才把這位聰明而自信的安瑟倫接到英國來。國王的懷疑後來證明是有道理的。雖然坎特伯里大教堂在安瑟倫的主持下在許多方面都經歷了輝煌的時期，例如教堂建築大規模擴建，教育水平也持續提高。但是這位強硬的國王和他那位自視甚高的大主教很快就開始在王冠和教堂的權力上激烈較勁。在威廉眼中，安瑟倫是個不忠的大主教，安瑟倫任大主教四年後，在一次羅馬之行結束後欲返回遭拒。於是他在里昂（Lyon）待了三年，直到威廉的繼承者亨利一世即位，才讓他重返英國，當然只是為了於一一〇三年再次將他放逐，而這次的時間是四年。安瑟倫於一一〇七年回來，在坎特伯里度過了生命中最後兩年的時光，以七十六歲的高齡去世。這位相信自己證明了上帝存在的人於一四九四年被封聖。

安瑟倫過世的一百五十年後，一位在名聲上遠遠超越坎特伯里大主教的神學與哲學家深入研究安瑟倫的上帝存在論證。和安瑟倫一樣，托瑪斯．阿奎那（Thomas von Aquin）也是義大利人，於一二二五年出生在阿奎諾（Aquino）附近的羅卡塞卡城堡（Roccasecca），父親是一位公爵。他五歲時就被送進修道院，十九歲時成為一名道明會修士。他曾到科隆、巴黎、維泰博（Viterbo）和奧爾維托（Orvieto）學習和任教，並於一二七二年在拿坡里（Neapel）建立了一所道明會學校。雖然他於一二七四年以年僅四十九歲辭世，卻留下了數量龐大的著作；中世紀沒有任何哲學家像托瑪斯一樣對當代思想造成如此深刻的影響。

自安瑟倫以後，於文章開頭就對上帝存在的問題盡可能清楚闡明，便屬於神學論文寫作的慣例，不過這位聰敏的道明會教士卻無法認同安瑟倫的上帝存在論證。托瑪斯以不指名道姓的方式批評安瑟倫過於輕率地從對神的想像推論出確實存在的結論。他認為從「我設想一個完美無瑕的神」，只能推論出「神存在於我的想像裡」，並不代表他確實存在。而托瑪斯所想到的還遠不止於此，他認為討論「一切所能想像中最偉大的」根本沒有意義，因為「所能想像中最偉大的」若非是大到我完全無法想像，否則就是太小了；不管我想像出的是什麼，我永遠都還可以想像出比它更大的東西來：在最大的已知數之上，總是還有「加一」的可能性。因此，安瑟倫的上帝存在論證一開始就失敗了，因為「所想像中最偉大的」根本不存在。

托瑪斯完全無意指出上帝不存在；相反的，他想要闡明如何提出一個最好的上帝存在論證。和安瑟倫不同的是，他認為上帝的存在的偉大，非人類的想像力所能及，因此，他另闢蹊徑去證明上帝的存在。托瑪斯從原因和結果的邏輯去解釋上帝，他的上帝存在論證是一個因果關係的**上帝存在論證**。由於這個世界存在，因此它必然是在某個時間點形成的，因為沒有什麼是無中生有的。必定有第一因造就了一切或啟動了運作；而這個初始的「東西」本身是不動的，否則他就不會是那個初始，因為他自己也得有一個起因。照他的說法，一切的初始是個「不動的原動者」；這是托瑪斯沿用希臘哲人亞里斯多德的概念。

但是我們該如何想像「不動的原動者」這個概念呢？如前所述，他其實是不可想像的。

因為他之所以能夠是他，就必須具備這個世界所沒有的一切屬性：他必須是絕對的、永恆的、真實的、具有不可思議的智慧並且是完美的。人類必須一點一滴地去除所習慣的想像，才能設想一個上帝的形象。我越能夠拋棄人類的想像，這些想像就越無法迷亂我的認知。我必須設想一個不是由物質組成、不受時間束縛的本質。神是全知全能的，他也是無窮盡且深不可測的；他的意志是絕對且完美的，他有無盡的愛，而且他的存在本身就代表著幸福。

對於像托瑪斯這樣的哲學家來說，他們的目標是盡可能調解理性和信仰的衝突。上帝存在論證的藝術就在於解釋人究竟如何以及從何得知「上帝是誰或是什麼」。中世紀沒有任何重要的哲學家懷疑過「上帝確實存在」這件事。他們只是要指出，我們對上帝的認知如何融入我們的知性裡。

康德於一七八一年在《純粹理性批判》便持完全相同的看法。康德說：我對世界的一切想像都是存在於我腦中的想像。（見「我心中的法律」）我以感官獲得經驗，我的知性塑造觀念，而我的理性則進行分類和評價。凡是超出感官經驗世界的，我都一無所知。康德認為這就是每個上帝存在論證的困難所在。如果我要設想一個完全完美的本質，那麼這就是我的一個想像，這一點安瑟倫也承認。但是如果由我的想像推論出「現實存在」是神的完美屬性的話，那麼**還只是我腦袋裡的一個想像而已！**這一點安瑟倫顯然並沒有看到，對他來說，上帝已經從腦中跳進了世界裡。不過事實上安瑟倫只指出了上帝必定存在的想像如何在他的腦中形成罷了，不多也不少。腦中一切的定義都和經驗之外的世界完全沒有關係。

康德對整個上帝存在論證的邏輯的批評從「存有學論證」開始，而他所認識的存有學論證是與安瑟倫非常接近的笛卡兒版本。康德的影響無遠弗屆。雖然後來仍然有人試圖證明上帝存在，但是存有學論證卻有很長的時間被認為是站不住腳了。

令人驚訝的是，關於上帝存在論證的科學討論，竟在我們的時代重新出現。而支持該論證的，竟然就是平常顯得很理性的腦部研究；今日腦部研究不僅在各個領域都讓「感覺」有發揮的空間，有些腦部學者甚至相信他們已經發現上帝的祕密。第一位認為自己有所突破的，是位於薩德伯里（Sudbury）勞倫森大學（Laurentian University）、現年六十二歲的加拿大神經學家麥克．波辛格（Michael Persinger）。他早在一九八〇年代就進行一連串十分怪異的實驗。他讓受測人員待在大學裡一間有隔音的地下室裡，讓他們坐在沙發椅上，並給他們一副深色的眼鏡。接著他為他們戴上一頂稍經改裝的機車安全帽，上頭附有能發出相當強烈脈衝的磁性線圈。受測者頭上的磁性不僅可以讓我們測量到腦波，甚至還可以影響腦波。許多受測者都感覺到一個「更高的真實」或「存在」，彷彿突然還有個人出現在地下室裡一般。波辛格提出報告說：「有的人聲稱感覺到了他們的守護天使、上帝或者類似的東西。」對這名大膽的加拿大人來說，這個實驗結果清楚說明了宗教感受顯然是在磁場的影響下產生的。波辛格認為，當地球磁場發生斷斷續續的波動，例如地震時，我們尤其可以看到類似情

況。我們不是經常聽到有神奇的經歷伴隨著自然災害發生嗎？特別是顳葉很敏感的人，對這樣的磁場影響是很沒有抵抗力的。因此，至少從波辛格的觀點來看，上帝和地球磁場之間的關係非常密切。不過，可惜還沒有其他腦部學者成功重複該實驗，因此在腦部學者當中，這名來自薩德伯里的科學家至今仍被視為特例。

相對來說，賓州大學年輕的安德魯．紐柏格（Andrew Newberg）就成功多了。一九九〇年代末期，這名內科、核子醫學以及核子心臟病學的專科醫師，設計了一連串實驗來探索信仰的奧祕。他只選擇靈性感受特別敏銳的人做實驗：天主教方濟會的女性教徒以及男性習禪者。紐柏格讓他們接受核磁共振譜儀測驗，並觀察他們腦部血液的供給狀況。受測者開始默想並全神貫注於信仰，如果受測者達到某個定境，就按下一個快門；這時紐柏格便檢視螢幕畫面改變的情況。觀察結果中，產生變化的主要區域是頂葉和額葉：當頂葉的活動力下降時，額葉的活動力則相對提高。因此對波辛格而言，上帝觸碰我們的地方是顳葉；對紐柏格而言則是額葉。

不過，波辛格小心謹慎之處，也正是紐柏格大膽和感到興奮的地方。這位現任的放射學教授認為，如果在腦中存在一個負責宗教情感的中心的話，那麼它不可能是偶然出現的；若不是上帝自己，又有誰會配備設置這個中心和能力呢？紐柏格把實驗著書出版，該書在美國極為暢銷，書名為《超覺玄祕體驗》（*Why God Won't Go Away*）（譯注1）。字面意義的書名其實應該叫「為什麼上帝不會離開我們」，因為這正是紐柏格的觀點：就因為上帝是停泊在我們腦中，所以他總是與我們同在，我們也無法擺脫他。

傳說中哲學家第歐根尼（Diogenes）在木桶裡的頓悟，現在卻是由教徒們在核磁共振譜儀裡找到。不過，波辛格在顳葉、紐柏格在額葉裡認定出人類的宗教情感中心，則充分顯示出研究人員有限的知識。顳葉的主要功能是負責聽覺以及語言理解的韋尼克區；此外它在精確的記憶上也扮演重要角色；額葉則操控我們的肢體動作以及我們的活動與行為計畫。這兩個腦區的共同點是，它們主要都負責「更高的」意識工作，但是它們的任務卻十分不同。批評者對波辛格和紐柏格的看法一樣，都不認同他們在做結論時的堅決態度，因為這些具有重大意義的結論背後的實驗基礎都太少了。與我們的宗教情感相關的，難道真的就只有一個腦區嗎？而就算確實存在紐柏格認定的那個接受宗教信息的「信箱」，誰又能宣稱真的有個名叫「上帝」的寄件者以這樣的方式對我傳道、開示呢？這一切是否也可能是我在無意識下自己製造出來、並將自己擠爆的「垃圾郵件」，就像是演化錯誤操縱下的結果呢？

這麼說來，「神經神學」的上帝存在論證也並不很站得住腳，最多只能指出我們感覺到的宗教在神經化學上是如何發生的；但是上帝是否真的對人說話，則依然是個推想。因為即

譯注1：時報文化出版社出版。

使證明腦中有負責宗教經驗的中心，也僅是停留在腦部，並不會跳出腦部的範圍而進入超感官的世界。康德便曾批評「上帝存在論證」不當地從自身的經驗世界躍入一個其聲稱的客觀世界。

康德的批評不只是針對存有學論證，也適用於「神經神學」的論證。然而，它是否也適用於因果論證呢？如前所述，因果論證並不是從想像出發的，它是在「為什麼世界存在」的問題上尋求答案。難道我們不必把神看作讓一切開始運作的那個第一因嗎？我們可以，但是我們並不一定得這麼做。「沒有東西是無中生有的」這個推論指出了「第一因」的存在性，但是這個「第一因」一定就是上帝嗎？

對有些人來說，設想一個永恆的上帝比設想一個永恆的物質來得容易，對另外一些人來說則正好相反。畢竟我們知道物質是存在的，卻不知道上帝的存在，至少不是經由類似的感官方式。「物質可以是永恆的」這個想法讓羅素（見「玻璃瓶裡的蒼蠅」）懷疑「第一因的必然存在性」。因為如果一切都有個動力因，那麼就不會有「開始」的存在，不會有物質的開始，也不會有「第一個」上帝。羅素冷酷地描繪一個想像的畫面：也有可能存在著許多依序被造的神。

因此，托瑪斯認為上帝是第一因的理論，並不是真正有說服力的上帝存在論證。也許他應該更堅持對安瑟倫的批評，也就是任何對上帝的想像都必然是太小的。任何無法完全進入到我們經驗裡的，都不應該被認定為規範性的普遍準則。基於這個論點，也有許多神學家反對任何的上帝存在論證。例如，新約神學家魯道夫・布特曼（Rudolf Bultmann）就認為：「想以上帝存在論證來說明上帝真實性的人，所論述的其實根本是個幻象。」我們哺乳類動物的腦部無法直接通達超感官的世界，否則它也不會是「超感官」了。因此，我們無法認知上帝，而只能透過不同方式體驗到（或體驗不到）上帝，這正是世界的本質所在。

不過那些仍然想證明上帝存在的人，口袋裡還有最後一張王牌：如果我們基於上述的種種理由無法直接證明上帝存在的話，難道不能**間接**證明嗎？選擇這條路的，正是今天於美國再次引起熱烈討論的「自然神學」。

第 27 章

貝士威爾茅斯

會吏長的時鐘：大自然具有意義嗎？

年輕的達爾文（Charles Robert Darwin）在眾人眼中可以用「一場災難」來形容。他在愛丁堡（Edinburgh）讀醫學時，總是學習力低落而且心不在焉；而解剖課的練習更讓他反胃。比起教科書，大自然中舉凡被海浪沖到岸邊的海星或螃蟹以及棲身田野的鳥類等，都更讓他感興趣。父親眼看他如此不務正業了兩年後，終於喪失了耐心，命令他結束醫學的學業。於是，這個散漫的兒子來到國內最具盛名的英國聖公會大學之一：劍橋大學基督學院（Christ's College）。父親心想，既然他做不成醫生，說不定還有機會讓他成為有用的牧師吧。

當達爾文於一八三〇年來到劍橋基督學院時，被分配到兩個非常特別的房間。曾經有一位名氣響亮的人物在這裡住過，那就是哲學兼神學家威廉．裴利（William Paley）。而這時裴利雖已去世了二十五年，卻在大學裡受到近乎聖人般的崇拜，他的著作被印在達爾文的課表上，而且都不是過時的陳舊思想，而是無法超越、接近永恆真理的神學巨著，連達爾文也讚嘆不已。雖然神學的學業比醫學更乏味，但裴利的文章卻是例外。空閒時，達爾文會漫遊在原野和森林裡蒐集甲蟲和植物，回到書房中便閱讀裴利的《自然神學》：一本關於宇宙創世計畫和大自然體系的書，讓人可以從每隻甲蟲、每顆鳥蛋和每根草莖中看出偉大造物者創造萬物的巧思和計畫。這個讓達爾文如此熱中的人究竟是誰呢？他為上帝的存在寫下了如此具有影響力的證明，而他的作品直到十九世紀中仍被視為對於自然的完備解釋。

威廉‧裴利，一七四三年生於彼得伯勒（Peterborough），出身自一個教堂執事的家庭。在大教堂裡擔任執事的父親勉強能夠負擔養活妻子、三個女兒和小威廉的生計。他傑出的希臘文和拉丁文能力使他還能在約克夏（Yorkshire）西部吉格斯威克（Giggleswick）的鄉村裡主持一間小學。威廉自小即名列前茅，他敏銳的理解力和智能讓人對他的未來充滿期待。在他十五歲時，父親為這個柔弱、缺乏運動細胞卻天賦優異的兒子報名進入劍橋大學。其基督學院是一所英國神職人員和從政人員的幹部養成中心。父親認為，威廉應該要有一番事業，達成自己僅能夢想的成就。

裴利是劍橋大學裡年紀最輕的學生，而他的能力也確實非常出色。他在大學時就非常引人注目；他那一頭很費功夫整理的長髮、織了許多花邊的襯衫以及腳上昂貴的絲質襪子，都

透露出他是個想盡辦法要出風頭的年輕人。他在學院裡的公開辯論會中也是個耀眼的人物，總是帶著誇張的動作和過度的熱情。也許有些人認為他是個瘋子，但大多數人都非常喜歡他，並佩服他那清晰透澈的思考與雄辯的天才。裴利最後終於以第一名成績畢業。

不過，他期望得到的回報並未實現，在不得已的情況下，他接受格林威治（Greenwich）一所高等學院擔任拉丁文教師的工作，直到突然有人請他回去從前的大學授課。他於一七六六年回到劍橋大學基督學院，一年以後被祝聖成為英國聖公會的牧師。不過，裴利的抱負還不止於此，他無論如何都要出人頭地。在幻想的世界裡，他看見三十歲的自己成為律師，站在皇家法庭上；他常在自己的房間裡對著牆壁練習慷慨激昂的辯詞，也曾在腦海中與首相威廉．畢特（William Pitt）以及國會裡最傑出的演說家辯論。然而出身平凡的他被分配到兩個小教區。一七七七年九月，他到艾波比（Appelby）的教區，也就是他日後的生活重心。雖然與夢想的發展相去甚遠，但裴利得自於教區的收入至少還能夠保障生活。他後來娶了一名富裕酒商的女兒，這名女子為他先後生了四個女兒和四個兒子，卻不常見到丈夫的面。一七八〇年，卡萊爾（Carlisle）（鄰近蘇格蘭邊境轄區的首府）的主教將裴利調到當地的大教堂，並於兩年後任命他為會吏長（archdeacon）。

裴利在四十歲時終於可以向世界展現自己的能耐，他並非在國會裡與人進行雄辯，而是在書中寫下令人折服的論述。他的風格洗鍊、極具說服力而又淺顯易懂。他支持同樣來自英國的當代名人邊沁，調解功利主義和教會的立場。和邊沁一樣，裴利認為一切哲學的目的都只在於一個基本原則：增加快樂。因此在基督宗教的意義上，人之所以是善的，不是透過他的信仰，而是透過他的行為、責任以及對社會的投入。就像上帝在自然界中設計出大相逕庭的不同機制、聯結和彼此交錯的關係，每個人也必須去適應所處的社會環境，才能完到他的使命。

裴利成功了：倫敦主教提供他一個在聖保羅大教堂的優渥職位；林肯（Lincoln）的主教任命他為主教堂區的會吏；達勒姆（Durham）的主教為他謀得一個位於貝士威爾茅斯（Bishop Wearmouth）舒適且高薪的教區。不過他對教會的批評態度以及眾所共知的自由派政治思想卻使他無法晉鐸為主教。裴利被授與劍橋的榮譽博士，並遷往貝士威爾茅斯這個位於北海岸的秀麗小城。

他在這裡找到了完成其晚年巨著的時間。他依然認為「增加快樂、減少痛苦」是最重要的基本原則；越能夠符合這個個人和社會的原則的目的，人生就會越好。然而，這個關於效益的想法是如何存在於世界的呢？造物者的意志和個人的生活原則之間存在著怎樣的自然關係呢？裴利最重要的著作《自然神學》就在他位於貝士威爾茅斯的研究室裡誕生了。

這部著作是在很緩慢的進度下完成的。患有嚴重腎臟病的裴利偶爾會有好幾個星期的時間無法工作，劇痛經常突然來襲。而這部巨著本身亦是十分艱難的挑戰：一個以縝密研究自然現象為基礎的宇宙理論。裴利謹慎研究他在貝士威爾茅斯所能蒐集到關於大自然「建構圖」的一切：他到院子蒐集雞毛、到海邊蒐集魚骨、在路旁摘取花草並潛心閱讀關於解剖學的書籍。

他這本新書中的關鍵字是「適應」。上帝如何將這些數以百萬計的生物安置於自然界中，而這些生物又如何依他的意志彼此適應、交織成一個在形體和精神上的偉大整體呢？這本書完成於一八〇二年，並且成為暢銷書。五十年後，裴利的《自然神學》依然是英國神學界最著名的「目的論上帝存在論證」。如同裴利在副標題所寫的，這是「取材於自然界現象，為上帝的存在所作的證明」。

裴利非常敬畏生物界的複雜性。他了解生物界必須以特別的方式去解釋，不過他的答案既不新也不具獨創性。早在一百多年以前，也就是一六九一年，自然科學家約翰・雷（John Ray）也有類似的嘗試，引起了許多哲學與神學家的效法。然而裴利對其觀點的陳述比前人都更為清楚且具說服力。其中最有名的部分就在於開頭的鐘錶匠比喻，有什麼比製造鐘錶內齒輪和彈簧的要求更精細、比將這些零件組裝起來更複雜的呢？如果我們在荒野中發現一個像手錶這樣的東西，即使我們不知道這支錶是怎麼做的，單憑它的精密和設計的細緻，我們就不得不想到「這支錶肯定有個創造者：在某個時間、某個地點一定存在一個或多個精密工匠；他了解錶的結構、規畫錶的用途，以符合測量時間的目的製造了它。我們在手錶上能夠找到的**計畫**背後的意義、設計背後傳達的想法也都存在於自然界的作品裡；差別只是：這些意義和想法在自然界裡更大或更多，達到了超越一切想像的程度。」

從此這個自然界鐘錶匠的比喻就和裴利的名字密不可分了。他的《自然神學》以超過二十版的發行量深入廣大群眾，不過鐘錶匠的比喻並不是他發明的，是他在閱讀時發現荷蘭神學家柏納德．紐汶提特（Bernard Nieuwentijdt）使用了這個比喻。但是紐汶提特也不是這個比喻的發明者；威廉．德漢（William Derham）於一六九六年就發表過一篇〈技術純熟的鐘錶匠〉的文章，而他也不過是將一個古典時期的概念翻譯成適合當代的比喻而已，西塞羅（Cicero）在〈神的本質〉裡就做過這個大自然複雜機制的比喻。

雖然裴利的「鐘錶匠」比喻原創性不高，但是他的態度卻比所有前輩都更為嚴肅。他從頭到腳指出身體的每一個部分、每一個細小單位都能有其特殊功能，就像精細的鐘錶的內部結構一樣。他尤其讚嘆的是人類的眼睛，比喻為望遠鏡，認為眼睛被創造來看東西，就像望遠鏡被創造來輔助眼睛的功能一樣，這證明了：無論是望遠鏡還是眼睛，兩者都必定也有一個創造者。裴利以數量驚人的例子來說明自己的論點。「若是改變人類身體上任何一個小細節，比如把手指甲改裝在手指的前面而非背面，那將變得多麼不方便且不合理啊！同樣的道理也適用在老鷹的羽毛，甚至整個太陽系上。這些都是最偉大的睿智的作品。」

這本書是裴利在承受身體的劇烈疼痛下完成的。他不斷地問為什麼在上帝良善且深思熟

慮創造的世界裡竟會有苦難和疼痛。如果上帝創造了腎臟，為什麼不防止它疼痛和流血呢？這個問題並沒有清楚的答案。有時候裴利會為上帝辯護，說「善」在多數情況還是能超越「惡」；但有時候他又希望萬物能夠一直發展到邪惡與痛苦都完全從世界上消失的那一天才結束。然而裴利腎臟病的痛苦卻沒有消失，反而日益嚴重。他未能戴上期待已久的主教帽，那從格洛斯特（Gloucester）遲來的機會。他生前的最後幾個月只能非常虛弱地在床上度過。一八〇五年五月，雙目失明但神志清醒的他，終於在貝士威爾茅斯的住所裡帶著病痛離世。

裴利的著作完成了。他相信自己用生物「**適應**」自然的原則解開了一切受造物的祕密。整個生物界都是經過造物者有目的地安排和設置的。然而裴利卻不知道自己並未將自然哲學推到終點；相反的，他竟然在三十年後成為了一個新理論的先驅，這個理論為「適應」的概念賦與全新的框架。

在讀了裴利《自然神學》的兩年後，剛通過聖公會牧師考試的達爾文搭上了探勘船「小獵犬號」（Beagle）前往南美洲，他在那裡對動物以及化石所作的觀察撼動了他的世界觀。如裴利所言，動植物確實會適應牠們生存的環境，但是牠們的適應行為顯然不止發生一次，而是不斷重複發生。他所看見的不再是一個偉大的計畫、一個將整個大自然如齒輪組一般環環相扣的體系加以調治妥當的鐘錶匠；而教會關於位格的上帝存在的教義也不再可信。

達爾文思考並猶豫了二十多年，才於一八五九年出版了不同於裴利觀點的巨著：《物種起源》。他十分感慨地說：「我們不能再繼續推論出這樣的結論，如同人類創造了門一樣，貝類兩片殼的完美嚙合肯定也是由一個充滿智慧的本質所創造的。」裴利想看到的完美和諧，卻被達爾文視為「生存競爭」。如果自然界是一位鐘錶匠的話，那麼這位鐘錶匠就是盲眼的，因為自然界沒有眼睛，不能看到未來。它不預先制定計畫、沒有想像能力、沒有先見之明，什麼也看不見。那位備受推崇的卡萊爾會吏長在達爾文的書裡只提到過一次，也就是稱讚他的一個正確的觀察：「自然選擇永遠不會在物種裡創造出任何對同一物種壞處多於好處的產物來。如同裴利所察覺到的，沒有一個器官被造的目的是要帶給其主人痛苦及傷害的。仔細衡量每個細部的益處與壞處，將發現它在整體看來永遠是有益的。」

裴利對於達爾文的影響並沒有妨礙他「物種自行適應自然」的演化理論。達爾文用自然來取代上帝作為動力因以及作用的原則，「自然為之」（Nature does）是他經常使用的說法。與達爾文同時代的佛洛昂（見「精神的宇宙」）曾批評這個取巧的說法。他認為自然並不是個主體，如何能既沒有目的卻又為著某個目的行動呢？如果它不思考，又如何能構想出效益性來呢？雖然達爾文的「物種自行適應自然」的理論在大約三十年內被廣泛接受，但直到目前仍然存在一些根本的疑問。今天他的批評者喜歡整合在「智慧設計」（Intelligent Design）的概念下。

這個概念的原創者正是達爾文頑強的對手，也就是愛爾蘭重要的物理學家凱爾文爵

士（Lord Kelvin）。凱爾文的批評對達爾文有很大的殺傷力，因為這位格拉斯哥大學的物理學教授聲譽卓著。凱爾文首先懷疑達爾文提出的演化並沒有足夠的時間來讓它確實發生。他計算地球的年紀為九千八百萬年，後來又再把數字縮減到只有兩千四百萬年。凱爾文論述說，倘若地球的年紀更大的話，那麼它的內部將不會像此刻一樣如此高溫，他忘了考慮到放射性可以延長地球內部的高溫。一八七一年（達爾文出版那本關於人類起源於動物的書的同一年），凱爾文提出一個強烈的推測，也就是存在一個「有智慧且調整至最完善地步的設計」。

直到今日，「智慧設計」這個口號仍然號召了許多人們，他們認為複雜生命共同體的原因不在於自然，而在於上帝。他們最有力的代言人是「發現研究院」（Discovery Institute），一個位於華盛頓州西雅圖的保守基督教的思想工廠。「智慧設計」的許多理論都具有兩個共同的基本立場：它們都認為物理和生物學不足以解釋這個世界；而他們也都相信這個問題只有一個真正具說服力的解決之道：設想一個睿智的、預定一切的上帝。對這些人來說，「物理世界的常數能彼此完美地協調」就間接證明了上帝的存在。只要有一點偏差，就足以讓地球上一切生命（包括人類的生命）無法繼續下去。

這個觀察無疑是正確的。但是，能否從而推論出「上帝為之」的結論，則必須看我們如何評價這個精密的協調性。事實上，如果說人類是由偶然所創造出來的，那麼這個偶然也未免太驚人了，以致於人類自己也難以相信。但這難道就可作為「人類存在之必要性」的證明嗎？就算是或然率極低的偶然，作為幾百萬之一的狀況也還是有可能發生的。有些自然科學家認為我們不應該高估大自然界的意義。生物學家尤其無法接受「自然界裡的一切都是精心安排、而且是美麗而有意義的」的想法，畢竟我們地球的歷史在各個地質時期曾經歷過五次的地理災難，且伴隨著動植物大規模的死亡。並不是每個演化的細節都是好的；所有哺乳動物具有七節頸椎，但是對海豚而言，若是減少一至二節的話肯定能更便於活動；相對地，觀察過長頸鹿喝水的人都會希望牠們若是能多長幾節頸椎就好了。生活在蘇拉威西島（Sulawesi）上的東南亞疣豬，其公豬都長有奇特的裝飾性獠牙，這對獠牙顯然對他們沒有任何好處，至於他們仍長有獠牙，則不能說那是適應性的表徵；更可能的解釋是：這對獠牙並沒有造成干擾，卻也沒有帶來任何壞處。

我們近距離的觀察，發現並非所有東西看起來都是經過智慧的設計的。例如深海蝦鮮紅色的外表既不是上帝的智慧，也不是適應自然的結果；他們看起來的確是很漂亮，但是要給誰看呢？在深海底下沒有光，伸手不見五指，甚至連蝦子自己也辨認不出他們的顏色，因此紅色對他們並沒有任何好處，就連達爾文的演化理論也無法解釋牠們為什麼要有鮮艷的色彩。另外，烏鶇為什麼在過了交配期、沒有任何演化的益處時，卻還會模仿手機鈴聲、鳴唱最動人的鳥囀呢？其中有什麼更深層的目的嗎？有些人為什麼會愛上同性伴侶呢？演化理論將每個現象和行為都詮釋為對環境的適應，而這些懸而未決的問題也正顯示出這個演化理論的弱點。不過，這些弱點卻並不因此支持「智慧設計」的想法，因為當我們指出達爾文理論違反效益性的原則，也會批評到「存在一個偉大計畫」的想法。

因此，今天的生物學傾向以相對的角度謹慎看待這個「絕對效益性」。如此一來，「智慧設計」的概念光芒更顯黯淡了。新的觀點是：**生命大於所有個別部分的總和**。人們不再只是四處關注簡單的因果順序，新出爐的神奇辭彙名叫：「自我組織」（Selbstorganisation）。

自我組織所要傳達的是：生物體並不只是由原子和分子像樂高積木般組合起來，而是經由與環境互動的過程形成的。例如，一個馬鈴薯芽若是在地窖裡無性生長的話，將呈現白色無葉的狀態；若生長在田裡則會是綠色多葉的樣子。所有生物顯然都有相同的作用。而大自然在與世界的反饋過程中不斷創造出新的面貌。可以推想的是，生命有極為複雜的結構，有非常特別的組織形式，會產生大於部分的總和的東西。就像在解釋宇宙起源時一樣，古典物理學的概念和思考模式在此依然顯得不足。

一九二九年，愛因斯坦曾在接受一個訪問時說：「我們的處境相當於一個孩童。這個孩子走進一座龐大的圖書館，館內裝滿了許多不同語言的書籍。他知道這些書是某個人寫的，卻不知道這是怎麼回事，也不懂得書裡頭的語言。孩子隱約感覺到這些書在編排上依循一個神祕的秩序，卻不知道這個秩序是什麼。在我看來，最有智慧的人對於神的看法也不過如此，我們眼見一個組織完美、遵循某個法則的宇宙，但我們對這些法則卻一知半解，我們有限的知性無法理解這個讓星系運動的神祕力量。」

我們看看這段話，暫且不管愛因斯坦是否認為存在一個有智慧的自然常數的創造者，也就是那位圖書館內眾多藏書的作者。在他的比喻中，一般接受的事實是：我們的知性基本上是有限的，無論我們探索什麼，都只是不斷利用我們的思考方法與可能性來勾勒這個大自然。然而「脊椎動物的腦」以及「客觀現實」卻如同兩塊不相容的拼圖；其中的原因就在於我們對「客觀現實」的所有想像都是自己創造出來的。而「真正的真實」也將一直是個虛構的概念，至於那個我們想放置神的位置，則由每個人自己決定。

我們究竟應該用因果論的基礎還是用「自我組織」的基礎來解釋我們生存的世界？這一點仍將困擾生物學家很長時間，因為這裡的爭辯才正處於開始的階段。尤其值得注意的是，「自我組織」這個生物學理論自始就被一個不同領域的科學家所利用：一名社會學家。這個二十世紀後半最重要的社會學家，將在下一個章節中與我們見面，並為我們帶來他對宗教以外最神祕的現象的解釋：愛。

第28章　畢勒菲爾德

一個再平凡不過的不可思議：愛是什麼？

一九六八這一年，德國多數大學的校務與往年都不相同。大學生運動正如火如荼，除了柏林之外，最大的中心應該要算是法蘭克福大學（Johann Wolfgang Goethe-Universität Frankfurt）了，其中又以社會學系的學生和教師之間的論戰特別激烈。尤根．哈伯馬斯（Jürgen Habermas）與提奧多．阿多諾（Theodor W. Adorno）兩位教授雖然在政治上與學生們的立場相近，卻不願支持他們的革命衝動：這兩位教授覺得將德國的現狀視為「反動」和「後資本主義」是合理的，卻不認為可以用暴力的手段來改變國家。

終於，大學在一九六八到六九年間的冬季學期發生了一件不堪的事。阿多諾在授課時遭到學生嚴重的抵制，使這位著名的哲學和社會學家面對外界顏面無光；而「社會研究學院」（Institut für Sozialforschung）也被學生佔據。阿多諾在經歷了這些事件後，一夕之間取消了自己所有的課，於是大學面臨了一個難題：學期進行到一半，該到哪裡緊急找來代課教授，一位膽子夠大、敢奮勇跳進社會學學院這個危險漩渦裡的人？令人驚訝的是，真的出現了這樣一個人選，一個沒沒無聞、四十一歲、來自明斯特（Münster）的行政專家。他的名字是尼克拉斯·盧曼（Niklas Luhmann）。而他開的課名為「作為激情的愛情」。

一門關於愛情的課？正當社會學和所有人文社會學科都在討論「後資本主義」的當前和未來的時候？在學生浮動情緒達到沸騰的時刻，這名勇氣十足的代課教授來到大學主樓位於四樓的大講堂中，站在僅約二十個好奇且不想參與罷課的學生面前，以「親密關係的理論」為題消磨時間。他究竟是怎樣一個人？

盧曼於一九二七年出生於呂內堡（Lüneburg），父親擁有一座酒廠，母親則出身自瑞士的一個旅館業家庭。盧曼就讀於約翰中學（Gymnasium Johanneum），就在畢業考即將到來之際被召入空軍服役，並於一九四五年身陷美軍戰俘營。一九四六年，他重新完成高中畢業考，接著到弗萊堡大學念法律。通過了國家考試後，盧曼於一九五三年轉到呂內堡的最高行政法院，不久後又到漢諾威去。由於他在那裡感到枯燥乏味，便開始閱讀各個時期不同知識領域的專業著作，並把每個有趣的想法記在卡片盒裡。一九六〇年，他在偶然的情況下得知了一個到波士頓哈佛大學深造一年的機會。

盧曼在哈佛大學研究行政學，並結識了著名的美國社會學家帕森思（Talcott Parsons）。帕森思的理論將社會分為個別獨立的**功能系統**（functional systems），而這個想法立刻說服了盧曼。他回到德國，隨即在施派爾（Speyer）的行政學高等學校接任了一個小小的講師職位。當時沒有人注意他的大材小用。直到他出版了第一部著作《形式組織的功能與後果》（*Funktionen und Folgen formaler Organisation*），才有兩位明斯特的社會學教授注意到這名性情固執而奇特的行政專家。薛爾斯基（Helmut Schelsky），當時德國的社會學家大師，發現了這個「沈睡中的巨人」。如同羅素在劍橋發現了天才的維根斯坦，薛爾斯基也在盧曼身上看到了一個尚未被發掘的天才。不過盧曼對於在大學裡發展的興趣不高，而薛爾斯基費了九牛二虎之力才說服盧曼到明斯特，讓他「不至於以一個沒有博士頭銜的高級行政專員身分埋沒在歷史之中」。一九六六年，三十九歲的盧曼憑著他在施派爾發表的著作獲得博士學位，這在德國大學是很不尋常的，卻也與維根斯坦的際遇相仿。更不尋常的是，他又於同年取得了教授資格，而且薛爾斯基甚至還為盧曼在剛成立的畢勒菲爾德大學（Universität Bielefeld）準備一個教授職，使他於一九六八年正式獲聘為教授。由於當時系務尚未真正運轉，他就在一九六八至六九年間的冬季學期到法蘭克福暫代阿多諾的教職。直到一九九三年退休前，他都在畢勒菲爾德任教。剛開始的十年他也居住在畢勒菲爾德；妻子過世後，他即遷居到鄰近位於托伊托堡森林（Teutoburger Wald）的小城俄林豪森（Örlinghausen）。他每天的作息流程非常規律：清晨便致力於寫作直到深夜，只有中午時會帶狗出門散步一小段。一九九八年盧曼因血癌逝世，享年七十一歲。

薛爾斯基的眼光一點也沒錯，這位行政專家果真成為了社會學的巨擘。本書將他介紹為一個「愛情哲學家」其實是有些輕浮而詭詐的。不過他肯定會喜歡這個詭詐，因為從他在法蘭克福冬季學期的表現來看，他是一個富有敏銳的幽默感的人。當然，他應該還是會露出那招牌的、帶有諷刺意味的眼神，對此淺淺一笑。從盧曼的著作裡只選出關於愛情的思想，大概就像只把康德視為宗教哲學家，或只把笛卡兒看成醫生一樣。不過這麼做還是有道理的：因為一方面來說，盧曼整個複雜的思想可以清楚地在愛情這個主題中體現出來；另一方面，他也確實在愛情哲學上做出了重要的貢獻。不過，我們在此還是得對他的整體思想做一個簡短的總結。

盧曼主要的目標是要找出社會的**功能**。他在帕森思的系統理論中為自己的思想找到了一個非常有意義的出發點。另一個出發點則來自生物學，這其實並不讓人意外，因為與達爾文同時代的史賓賽（Herbert Spencer）（社會學的創始人之一）就已經自心理學推論出社會學，而從生物學推論出心理學。不過，盧曼對於這個模式（把社會視為由簡單生物體構成的巨大生物體）卻只能搖搖頭。他認為，社會系統的發展雖然可以像帕森思那樣用演化理論的概念來解釋，但是，雖然人類是生物，社會系統卻不能因此就被歸為生物系統的複雜形式。為什

麼不能呢？因為盧曼認為社會系統的構成並不是由生物的物質與能量的交換，而是由**溝通**和**意義**的交換。由於溝通和意義兩者和「蛋白質」基本上是完全不同的，因此對社會學家來說，根本不值得過度考慮生物學的基礎。人類是生物，是「社會性的動物」，對這一點盧曼根本不感興趣。「向生物學學習」對他而言代表著另一種完全不同的意義。

真正啟發他的，是智利的腦部學者溫貝托．梅圖拉那（Humberto Maturana）和他的學生弗朗西斯克．瓦雷拉（Francisco Varela）。梅圖拉那是「理論生物學」的創立者。這位腦部顏色感知專家於一九六〇年代專注研究「生命是什麼」這個問題；他把生命解釋為「一種自我生成並組織的系統」，就像腦部自己製造出所處理的物質一樣，生物體也不斷維持自己的生命、並產生自己。梅圖拉那稱這個過程為「**自生系統論**」（Autopoiese）。當他於一九六九年在芝加哥的一次會議上發表這個基本想法時，與他同年紀的盧曼正開始在畢勒菲爾德授課。盧曼後來聽說「自生系統論」這個構想，立刻被吸引；因為這名智利的腦部學者不僅說明了生命和腦部的自我生成，還重新定義了「**溝通**」的概念。他認為，進行溝通的人不只是傳達訊息而已，他更以他的語言（不論是何種語言形式）組織出一個系統。細菌彼此交流而建立一個生態系統；腦區之間也進行溝通並產生一個神經系統（意識）。盧曼繼續思考著：社會系統難道不也是一個自語言（「符號」）溝通產生的自生系統嗎？

盧曼的計畫很早就擬定好了，也就是以溝通概念為基礎去說明社會系統。他在「自生系統」的想法裡找到了當時欠缺的一塊拼圖。雖然梅圖拉那後來並不贊同盧曼大膽的沿用做法，這位畢勒菲爾德的社會學家卻遠遠超越了那位智利的生物學家和其他所有啟發他的人。盧曼不僅成為二十世紀後半葉最敏銳的社會過程觀察家，他可說是「知識的大陸」、最偉大的理論構建大師；光是把「溝通」這個概念作為出發點就已經是個創舉了。

在此之前，社會學家談的是人、規範、社會角色、機構和行為；但是對盧曼而言，人的行為不再重要，**真正重要的是溝通**；而誰在進行溝通，基本上是無所謂的，關鍵只在於「結果是什麼」。在人類的社會中交流的，並不是如細菌般的物質和能量，也不像在腦部中的神經元，而是「**期待**」（Erwartungen）。然而「期待」如何交流呢？有哪些「期待」會被期待呢？而它又能產生出什麼結果呢？換句話說：溝通如何能造成期待的交流，好讓現代社會系統形成，而且它們是在大致穩定而不受其他影響下運作的？這些系統包括像政治、經濟、法律、科學、宗教、教育、藝術，或者還有愛情！

根據盧曼的理論，愛情也是一個由期待建立的社會系統；或者更精確地說：是由被期待的、固定不變的期待所建立的，即「符碼」。盧曼的《作為激情的愛情》（*Liebe als Passion*）（他在法蘭克福授課的十五年後才將它出版）是一本關於愛情符碼的歷史和現狀的作品。盧曼認為，我們今日對愛情的理解比較不像一種感覺，而更像是一種符碼，而且是一種產生自十八世紀末、資產階級意味非常濃厚的符碼；「我愛你」這句話遠遠超過了像「我

牙疼」的感覺表達，而意味著承諾和期待的整體系統。一個為自己的愛提出保證的人，同時也許諾了他對感覺的可靠性以及為所愛之人付出的關心，也就是願意在行為上做一個符合我們社會其他人眼中標準的「愛人」的人。

對於愛的需求其實源自某種「自我關係」。一個人越不受社會的固定框架所限，他就越需要「覺得自己是特別的」，是「獨一無二的個體」。然而現代社會給與個體的處境頗為艱難，因為現代社會解體為許多單一的社會系統，即自生系統的世界，而它們只在意如何保障系統的延續。在盧曼的說明中，這些系統確實如同生物體一般，遵循著達爾文主義的條件運作；它們利用環境來維持自身的延續，而個體也就沒有太大的發展空間。十年的行政事務經驗，似乎讓盧曼印證了社會系統並不重視個體性。今天，單一的個人分身於眾多不同的領域：家庭裡的父親或母親、職場中的某個角色、保齡球或羽球選手、網路社群的成員和鄰居、納稅人和丈夫或妻子，在這樣的情況下很難建立一個統一的自我認同，他少了一面自我確認的鏡子，讓他在其中看到一個整體、一個「個體」。

根據盧曼的看法，愛情可以實踐這個「**自我表述**」（Selbstdarstellung），這就是愛的功能。由於這個溝通形式很罕見，也因此「不可思議」，但仍是很平凡的溝通形式。這樣看來，愛是很平凡的不可思議，也就是「在他人的幸福裡找到自己的幸福」。人在心裡為對方的設想，將因為愛而產生很大的變化，不再以「一般」的觀察角度去認知對方。這就是愛情獨特的性質：戀愛的人只看得見對方臉上的笑容，卻看不見嘴裡缺了牙的空隙。盧曼以他獨一無二的冷靜客觀說：「與外表世界的關連被淡化，而內心的波動則被激化（意為增強）。愛情必須靠個人的性格資源才能穩定持續。」

戀人協調彼此的期待的過程當然是非常麻煩的，因為那極可能會帶來失望。它是所有符碼中最脆弱的（而這就是愛情的矛盾之處），卻應該保障最高的穩定。戀人越能夠確定他對「穩定」的期待可以得到滿足，那麼這個戀愛關係（無論是正面或負面意義）就會越和諧。完美而和諧的「對期待的期待」（Erwartungserwartungen）雖然很可靠，卻沒有刺激感，因為它正削減了「不可思議性」，而那正是刺激感的來源。盧曼認為，把愛情視為感覺、性欲和尊重之綜合體的浪漫想法，永遠都會是一種苛求。因此，要在另一個人的世界裡找到意義（就算只是在有限的時間裡），其實是很高的要求。

我們得停下來想想：「為什麼會這樣呢？」盧曼並未提供答案。為什麼愛情關係初期的熱切渴望無法長久持續，反而會日漸耗損呢？這真的只是因為可預見的「對期待的期待」嗎？而它在溝通（也就是在期待的協調上）效果不佳的愛情關係裡，耗損得難道不會更快嗎？這個「日漸耗損」的情況是否可能還有個盧曼看不到的不同原因，例如生物化學的原因？

盧曼完全不考慮生物學及其對我們感覺世界的影響，因而招致諸多批評。不來

梅（Bremen）的腦部學者傑哈德・羅特（Gerhard Roth）完全無法理解為什麼盧曼這樣的一位社會學家在將人類視為個體時，竟然完全不考慮生物學的角度。更糟糕的是，盧曼的啟發者梅圖拉那和瓦雷拉還被大部分的腦部學者譏為異類，因為他們的看法並不能通過實驗去驗證或否證。

盧曼的回應非常泰然自若。他認為，只要腦部研究認定在腦部中彼此溝通的不是期待、而是神經元連結，那麼社會學家就大可以認定是期待、而不是神經元連結在進行溝通。根據盧曼的看法，生物學和社會學在功能系統上的獨立性正表現在這裡，因為重點只是：**在一個系統裡重要的是什麼**？即使如此，我們還是可以指出，從生物學的角度來看，盧曼在「愛」的概念上整合了許多非常不同的意識狀態。我們雖然可以為他解釋說，他每次所指的「愛」的概念，在社會的語境中大體上並不容易引起誤會，我們在生活中總是能了解對方當下的意思；然而這卻無法改變一個事實，那就是盧曼很籠統地將「愛」的概念視為我們在他人眼裡「自我表述」的需求。這不僅在生物學、甚至在社會上看來，也只是眾多狀況中的一個。這個「愛」的概念肯定無法完全適用於初墜情網的感覺，愛慕某人並不一定也想在對方眼裡看到愛慕；否則的話，青少年對偶像明星的愛豈不是沒道理可言了嗎？（雖然這種愛可能本來就沒什麼道理。）還有性愛也不見得是想要合為一體。某些人在性愛的刺激點可能正是另一些人不想要的。性愛的誘人之處非但不是要讓自己的主體性受到肯定，反而經常是角色扮演的樂趣，像是演戲一樣。

另一個反對意見是：如果愛真的只是人類的社會符碼，那麼這個概念就不適用於動物世界（我稍後再回來談這個觀點），也不能用在人與動物的相處，不管從任何角度來看，「對動物的愛」都將成為荒謬的冒險。因此，「愛」（Liebe）這個中古德文的概念（原意為「好的、令人舒服的、有價值的」）嚴格地說必須加以拆解。兩性的愛、手足的愛、朋友的愛以及動物界和親情的愛，它們只有一個共同點，那就是付出愛的生物體對另一個生物體表現出強烈的意向，也就是「疼愛對方」。其中還必須區分感官和精神的愛、更複雜的情感以及道德命令，例如基督教的誡命：「要愛別人如同愛你自己。」不過，許多宗教都提到的「愛人如己」，其意義很值得懷疑。愛的感覺是無法強求的，因此以它作為道德的保障也是頗為可議的。「尊重別人，雖然你並不愛他」肯定是比較容易實踐的要求。

動物是否有愛的感受，這當然是個見仁見智的問題。如果我們不知道身為一隻蝙蝠是什麼樣子（見「香腸和乾酪的對岸」），我們也不會知道動物是否會愛，關於這點的看法非常分歧。無論如何，行為研究始終忽視「愛」的概念，並將它拆解成性行為和「結合」（Bindung）。許多行為研究者都有些奇特的想法，其中之一是從人類持久的單一伴侶關係推論出其獨具的愛的能力。這裡至少存在三個的問題：第一個問題是完全沒有提到「父母之愛」，高等哺乳動物裡非常深刻的母子關係，在這裡非常草率地被視為「結合」而晾在一

旁；第二個問題是為什麼我們不把動物界的一夫一妻制也描寫為愛情關係呢？如果是這樣的話，長臂猿和老鷹就有愛的能力，而黑猩猩和鴨子則沒有；最後，我們知道人類也有非單一伴侶的愛情關係，而且從許多「不知生父為何人」的例子來看，這非常可能是自有人類以來就存在的現象。從歷史來看，人類單一配偶制的出現估計比愛的感覺要晚很多。生物學裡常用的理論，亦即演化出「愛」作為一種「社會關係」（Soziales Band）以確保人類特別長的哺育期，現在也有爭議。難怪當有經驗的生物學家被問到對愛的看法時，也只能聳聳肩或皺起眉頭，因為「愛」的概念在生物學裡找不到定義。不過在這裡更勇敢的還是腦部學者，至少人們已經知道，控制我們性欲的是哪些腦區，而其中最重要的是下視丘。顯然男女在這裡是由不同的核心所負責：女性是由「**腹內側核**」，男性則是由「**內側視前核**」控制性欲。（部分神經生物學家認為這正是為什麼男性在視覺上比女性更容易受刺激的原因。）晚近藉助於成像方式的研究更顯示，這兩個核心也與戀愛的感覺有關；如此一來，性欲和愛情兩者之間在生物化學就有了一個聯結，不過我們面對這個結論時還是得小心，因為在成像儀器之外的現實生活中，這兩者還是經常分開出現的。就算愛情的感覺常伴隨著性欲發生，但性欲卻並非總是伴隨著愛情；否則色情圖片或影片的消費者豈不就持續處於戀愛狀態嗎？

愛情裡的關鍵角色是一種名叫「**催產素**」（oxytocin）的荷爾蒙。當男女在享受彼此的性愛歡愉時，兩人體內都會釋放出催產素，其效用可比作鴉片，既有刺激也有鎮靜的麻醉效果。有趣的是，催產素被冠上「專一荷爾蒙」或「結合荷爾蒙」的稱號，竟是因為平原田鼠的研究。平原田鼠是單一配偶制的，和其另一種具有較少催產素受體的近親高山田鼠不同，亞特蘭大埃默里大學（見「文化叢林裡的猴子」）著名的約克斯靈長類研究中心（Yerkes Regional Primate Research Center），以中心主任為首的美國學者們用注射催產素阻斷劑（oxytocin-blocker）的方式，拆散了大量幸福的平原田鼠伴侶，因為他們立刻變得不再忠誠專一，而是像高山田鼠一樣性欲高漲。如果說平原田鼠此時表現的是「無選擇性交配行為」，那麼原本性欲強烈的高山田鼠在施與**抗利尿激素**（Vasopressin）（和催產素非常類似）之後，就變成忠誠專一、兩相廝守的老鼠了。

現在一般相信催產素受體對於人類的相互結合的欲望和能力有重要影響。蒙特雷加州大學的心理學教授波拉克（Seth Pollack）便指出，孤兒體內的催產素低於雙親關係親密的孩子。也就是說，催產素是一種長效接著劑，催產素會啟動產婦的分娩陣痛、決定乳汁供給並強化母子關係。而對兩性而言，它則會讓剛開始的性愛關係延續為長久的伴侶關係。

不過除此之外，戀愛中的大腦還有其他不同的區域以及生化武器在執行工作。有嫌疑的包括與注意力有關的「**腦區扣帶皮質**」、扮演如「報償中心」角色的「**中腦邊緣系統**」以及產生「愉悅」感覺的**苯乙胺**（phenylethylamine）。當然還有其他的嫌疑犯（見「史巴克先生戀愛了」）也不能漏掉，也就是與情緒激動有關的**正腎上腺素**和與亢奮有關的**多巴胺**。若它

們的數值上升，而有讓人入睡作用的**血清素**下降，則會造成某種程度的神智不清。另外還有適量的身體內生麻醉劑，如**腦內啡**和**可體松**（cortisol）。這場喧鬧會在一段時間後自然平息：一般認為三年的時間是戀愛感覺的極大值，三至十二個月則是平均值。根據國際的統計，離婚平均發生在固定關係的第四年，從前看不見的齒縫，此時看得一清二楚。從生化的觀點來看，此刻只有靠催產素才能挽救兩人的關係了。

以上對於「愛」這回事說明了什麼？我們在催產素受體和「在對方眼裡的自我表述」裡面認識到什麼？大腦的現象和盧曼的說法何者為真？凡是新的都讓人感到刺激，凡是驚奇的都讓人興奮，而且不管是負面還是正面的事物；不可思議的比真實的更引人入勝。風險無論是好是壞都讓人著迷。腦部研究和系統理論在這些點上都看法一致。無論在生物化學或是社會學的意義上，愛都是「一個再平凡不過的不可思議」：一個由著名生化模式以及同樣著名社會符碼所規範的例外經驗。我們的腦部害怕無聊，而它似乎就基於這個理由喜歡愛情。因此，沒有什麼比那位傑出的新教牧師潘霍華（Dietrich Bonhoeffer）所說的「愛不要對方的任何東西。愛要為對方付出一切」這句包裝得很好聽的話更可疑了。因為我們大概可以問：為了什麼呢？如果愛真的是對方眼裡的自我表述的話，那麼它就算再無私，也永遠只會反映出我們所認識最刺激的影像：我們自己。

當然，我們還是不知道這個「自己」是誰或是什麼？不過它無疑和我們在生命裡做過或即將做的決定都有很大的關係，因為根據盧曼，決定就是那些讓我們的生活變得不一樣的差別。問題是，我們在做決定時究竟有多大的自由？

第29章
納克索斯島

行動、存在、行動、存在、行動：自由是什麼？

納克索斯島的老城科拉（Chora），就像希臘的許多城市一樣，從海邊沿著山坡攀附在赭黃色石地上。半山腰的某處有一個小廣場和一家小吃店，陽光下，尤加利樹在櫛比鱗次的屋影間巍巍地伸展著紅樹冠。小吃店裡的食物稱得上物美價廉，因此每天晚上店裡總擠滿了背包客和年輕的小家庭。廣場上可聽見有人對著四周高談闊論、女孩們的咯咯笑聲以及兒童如麻雀般的唧喳聲，至少這是一九八五年夏天的景象。當時在基克拉迪群島的那段旅程，對我而言正是一切哲學的起點。我的第一個熱愛，生物學，開始於小時候，當時我正思考為什麼人在吞下了櫻桃子之後不會從肚子裡長出櫻桃樹來；而我的哲學之旅則始於一則格言。就在來到小吃店的第一個晚上，有一塊如墓碑般嵌在牆上的石版吸引了我的目光。上面寫著：

To be is to do（存在就是行動）——蘇格拉底（Sokrates）

To do is to be（行動就是存在）——沙特（Satre）

Do be do be do（嘟比嘟比嘟）——辛納屈（Sinatra）

後來我才知道，這則挺著名的格言其實並不是小吃店裡的人發明的；不過它當時對我而言卻很新鮮，而它引起我興趣的時間也遠遠超過了理解一個文字遊戲所需要的時間。如同前面提過的，我是在這次的旅行中才第一次認真接觸到蘇格拉底，我當時並不知道他是否真的說過「存在就是行動」，不過這不重要，因為我基本上已明白了「存在意味著行動」這個想法。第二個句子才是更值得思考的：行動的意思是存在嗎？這的確令人困惑。我在那之前就聽說過沙特了，我知道他是個非常熱中政治的人、曾經到古巴拜訪卡斯楚（Fidel Castro），到監獄探訪過恐怖份子安德烈．巴達（Andreas Baader）；但是他從來不曾說明為什麼行動就是存在。我們難道不是必須先存在，才能夠做些什麼的嗎？我當時無法理解這句話的意思，而這可能也有個很好的理由，因為今天的我認為，沙特和蘇格拉底兩個人都錯了。唯一有道理的人是辛那屈，而這也正是我在本章所要闡述的。

結束了希臘之旅後，我開始在科隆大學主修哲學。學期剛開始，我就認識了一個同年紀的女孩；她有一頭深色卷髮、清澈明眸和懇切而低沈的聲音。我不知道她是否希望在這裡被提到，所以我們就稱呼她為羅莎莉吧。當我第一次到她的住處時，除了映入眼簾的宜家（Ikea）書架、高掛於織網中的植物和簡單的日式床墊（譯注1）外，特別引起我注意的就是她的枕邊讀物：西蒙・波娃（Simone de Beauvoir）的《名士風流》。這位身兼沙特好友的法國著名女哲學家在書中描述戰後巴黎美好的悲觀主義年代，法國知識份子的代表們，其中當然包括沙特與波娃本人，在無數的挑燈夜話中暢談「存在」的無意義和人與人之間的不了解，而他們共同夢想著透過一個偉大的作為來獲得解放。這本書非常暢銷，雖然羅莎莉當時已經三十多歲了，這本書還是給她很大的啟發，其中的第一個原因當然是對巴黎的嚮往。巴黎在一九八〇年代依然是歐洲最讓人嚮往的城市，至少在大學生的幻想中是如此的。這個光景直到一九八九年的圍牆倒塌後，才由柏林取代許多人心中巴黎原來的地位；第二個原因是，羅莎莉喜歡她在沙特哲學裡發現的「個人的絕對自由」這個想法。沙特認為，社會或心理特質並不會決定一個人，每個人都有自由去做他要做的事，他完全為自己負責。個人的特色是自己「創造」出來的。今天被各地消費產業重新喚起的公式「人應該要不斷創新自我」正是源自於沙特的話：「人的面貌是由其行動刻畫出來的。」行動就是存在。

當時的我也很喜歡「我的所有決定都僅取決於我自己的自由意志」這個想法。然而在那之前，我和羅莎莉卻都沒有積極利用我們的自由意志。與巴黎的那些知識份子相比，我們在科隆的生活頗為無聊，而這只因為我對於生活的膽怯嗎？這個念頭讓我沈吟思索，同時也令我感到不暢快，我隱約感到有什麼不對勁。這難道真的只在於我缺乏勇氣嗎？或者背後還隱藏著什麼其他因素？羅莎莉畢竟還是改變了她的生活：她中斷了大學學業，搬到斯圖加特（Stuttgart）去上演藝學校。然而，演戲也不過只是個職業罷了；羅莎莉參加了「尋找自我」團體，找尋那個神祕的「自我」。當我們見面時，我總是以嚴厲的態度挑戰她，我對她引述當時在科隆大學相當風靡的那位盧曼的話，我後來的博士指導教授將盧曼的理論從畢勒菲爾德引進哲學院。我當著她的面義正辭嚴地說，「我是誰？」這個問題「必然會引向一個渾沌不明的境地，而且人們只能以虛偽的方式從這個境地脫離出來。」這番話絲毫沒有打動羅莎莉。她還報名接受了心理諮商，對此我甚至也有一個盧曼的答案：「心理諮商師對於道德的影響力很難評估，卻肯定令人擔憂。」心理諮商（至少當時的我如此認為）大約恰好與沙特的「行動就是存在」背道而馳。心理諮商是在尋找一個「可拿來作為其他一切之基礎」的存在，而我當時認為這根本就是胡扯。

現在的我則覺得當時自己對羅莎莉的批判太過嚴厲了，我並沒有注意到自己其實正以我私底下懷疑的標準去評斷她，也就是「人是自由而不受內在與外在約束的」。當然這個人必

譯注1：當時年輕世代的品味象徵。

須堅強得足以擺脫這些約束。而我也懷疑是否可以單純只用一個人的作為來評斷他，如沙特所說：「人的面貌是由其行動刻畫出來的。」這難道不是對人太苛求了嗎？沙特究竟為何會這麼想呢？

沙特的重要著作《存在與虛無》提出了一個想法：人是「受到了詛咒」而「成為自由」的。這本書大體上是沙特與其啟發者胡塞爾（Edmund Husserl）以及海德格（Martin Heidegger）的思想討論。胡塞爾是**現象學**（Phänomenologie）的創立者；其中的新意在於他不再像康德一樣，以有著規定和法則的「隱藏的本質」或「內部的存在」去解釋人和世界，而是採用完全相反的方法，如同現代的腦部學者一樣，他也探索我們的「經驗的各種條件」。康德雖然探究認知的條件，卻沒有研究經驗的條件，因為他在不明究裡的情況下就直接以它為前提；相對地，胡塞爾卻把經驗當成重點：我的感官如何向我傳達這個世界呢？由於他並不是生物學家，因此他以許多美麗且清晰易懂的圖像與概念去描繪我們的感官知覺，特別是視覺和認知的關係。他的學生，也就是那位著名而又具爭議性的海德格，則將它們變成了一種生命哲學，一種對世界的「態度」。相對於胡塞爾精闢的概念，海德格的文字則有神祕主義色彩而晦澀難解，而這些文字也正因此而吸引了許多人，包括沙特在內。

沙特出版他的巨著時年方三十八歲。那是一九四三年法國被德軍佔領之際，而那些激起海德格認同感的納粹黨正是沙特的敵人。沙特加入了反抗組織，不過他在思想上依然欣賞海德格，和他的思想辯論更是《存在與虛無》暗藏的戰爭之一。第三帝國的學術泰斗與法國文化界的後起之秀，兩者之間的分歧到了最大的地步：一方是乖僻、愛國、極度資產階級的海德格，具備了社會主義者的政治雙重道德以及小資產階級對性愛的雙重道德；另一方則是瘦弱矮小（僅一百五十六公分高）的沙特，他對資產階級深惡痛絕、企圖擺脫一切政治與性愛的雙重道德、總是挺直身子堅持絕對正直的道路。

沙特的父親是名英年早逝的海軍軍官，母親來自阿爾薩斯。一九四〇年代初，他回顧自己那優秀的、市民階級的童年與青少年時期：他在祖父家長大，受的是私人教師與菁英中學的教育。他為自己訂下了一個嚴格的工作規律，而習得令人驚歎的廣博知識；他固定的閱讀和工作時間是每天早上九點到下午一點、下午三點到晚上七點，並且終身維持這個規律。在哲學上，他深信沒有什麼可信賴的、至高的力量，在人類心中也沒有道德的法則。他感覺自己在祖父家中的多餘，並認為每個人的處境也都同樣是偶然且無助的。海德格視人類的存在為「被拋到生命裡」（ins Leben geworfen），沙特則用自身的經驗印證了這個形容。他以中學教師為職業，到法國許多城市去經歷了多采多姿的生活，其中有部分時間還有西蒙．波娃作伴，而她與沙特也曾有過一段情侶關係。一九三三年希特勒取得政權，沙特就在這一年到柏林住了一年，並開始撰寫富自傳色彩的小說《噁心》。他返國後便與波娃展開他們在巴黎「自由的」生活，他們同居於巴黎一間小旅館中。二次大戰初期，沙特著手創作一本關於啟蒙時

代的作品，部分是在服役期間撰寫的，當時他身陷德國特里爾（Trier）的戰俘營，日子也都還過得去。他於一九一四年因為眼疾而提前獲釋，並與波娃共同創立一個反抗組織，對抗親德的法國軍事傀儡政權「維琪政府」。沙特這時寫了一些戲劇和小說，並開始進行他的哲學專著。在德軍於史達林格勒（Stalingrad）會戰失利後，他再度聯繫反抗組織並積極投入政治。一九四三年春，《存在與虛無》在紙張短缺的情況下仍然得以出版，這時沙特已經是位名人，一位法國知識圈人脈關係良好的重要人物。

《存在與虛無》的書名有個頗為簡單的含義。沙特認為，人類是唯一能夠思考「不存在的東西」的動物，所有其他動物都不具有複雜而完整的想像力，無法去想已經**不再存在的**東西，也無法去想**尚未存在的**東西，而人類卻能發明出從未存在過的事物：他們能說謊。一種生物的想像力越豐富，它就越自由；而相反的（沙特如此認為），這也意味著人類作為「赤裸裸的存在」，根本沒有實體性。動物有固定的本能和行為模式，而人類卻不同，人類必須先找到自己的行為模式：「存在先於本質」。沙特認為，神學家和哲學家一直誤解這個事實，而都想探求規律和模式以定義人類，然而在一個沒有上帝的世界裡，這些由價值以及道德規範所確定的本質也就不再有意義了。人類的唯一存在就是他的感覺：噁心、恐懼、擔心、無趣以及荒謬。沙特稱自己的哲學為「**存在主義**」。

沙特徹底抹煞了前人投射在人類身上的一切，並強調種種**負面的**感覺。對於這樣的嚴厲態度，我們也許只能理解為他對戰爭的經驗。而他對惰性及空無的憎惡也同樣強烈，對他而言，重要的是反抗（納粹）以及建立新的東西，而這個感覺在哲學上則表現於沙特無數的行動號召中：「人就是自己所完成的結果」，或者「只有在行動中才存在真實」，人沒有任何藉口可以無所事事、醉生夢死，因為這麼做只是逃避自己和責任的行為，而沙特認為這就是自我欺騙。

對這位存在主義哲學家來說，在這裡便推論出一個有挑戰性的任務：在他不久後完成的《存在主義是一種人道主義》裡，沙特將哲學家定義為啟蒙者，其責任是教導他人如何自由地生活，並藉此實現自我而成為一個人。沙特認為，重要的是人對自己所作的「規劃」（Entwurf）。「人首先得是個規劃，沒有什麼是先於這個規劃存在的，而人首先將成為他所計畫要成為的人。」根據沙特的看法，意志只是這種「預先規劃」的一個結果：人先為自己擬定計畫，然後才添加上適當的意志。沙特確實這樣主張：「我們所理解的意志，是一個有意識的決定；這個決定對我們大多數的人來說，都是在人們為自己規劃以後才形成的。」這個想法不僅吸引了我的朋友羅莎莉，他還啟發了一整個世代的戰後知識份子，讓他們去過「規劃」的生活。只不過這些強調個人色彩的規劃卻往往相似得驚人：這些存在主義者穿著黑衣，神色憂鬱地往來於地下爵士酒館、大學、電影院和咖啡館，他們獨一無二的地方就在於向時尚妥協。

直到一九八〇年沙特去世前，他的生活都是刺激而精彩的。他是二十世紀法國最重要的知識代表和廣受推崇的道德指標，至於他那關於人類自由的想法是否切乎實際，這一點則是見仁見智。個人真的擁有不受內在與外在約束的自由，就像藝術家設計藝術品一般能規劃自我嗎？倘若沙特是對的，也就是說，為自己所設計的這個「計畫」是在意志之前的，那麼人將不僅能夠擺脫所有的社會期望，甚至還將能夠駕馭他的本能、習慣、願望、角色模式、道德觀以及從小就養成的反應，就像是人只需要勇氣去仔細考慮並改變這些外部與內部情況即可。沙特所謂的「自我實現」就像是對我們的心理的盤點：滯銷品將被清空，架上取而代之的是更吸引人的貨物。你那市儈的教育阻擋了你的前進嗎？擺脫掉它吧！寧可去過藝術家或享樂主義者刺激而無憂無慮的生活！康德早已相信意志有巨大的力量，能夠理性而自由地做決定；不過，他認為自由的行為也必須是善的行為，這卻也是個巨大的限制。沙特也有類似之處，他雖然不相信康德所謂存在於我們心裡的「道德律」，但是「自由是自我決定，而自我決定是好的」卻也是沙特所認定的方程式。

然而，意志自由是有爭議的。如同我們前面曾討論過的（見「利貝特實驗」），現在大多數腦部學者都抱持著與沙特完全不同的看法。對他們來說，人類是不自由的。首先，人類是其天資、經驗和教育下的產物；第二，告訴我們該做什麼的，並不是清楚的意識，而是隱晦的潛意識。就算我能夠擺脫掉外在束縛，我的願望、意圖和渴求卻依然是不自由的；並不是我支配我的需求，而是它們支配著我！正因如此，許多腦部學者認為我是絕對不可能「重新發明」我自己的。

這確實是個令人沮喪的消息，因為我們必須承認沙特的自由哲學是很吸引人的。在穆西爾（Robert Musil）那本當時讓我著迷的小說《沒有個性的人》（*Der Mann ohne Eigenschaften*）裡，一開始便思考生命除了「現實性的感知」（Wirklichkeitssinn）之外，還應該有個「可能性的感知」（Möglichkeitssinn）。我是在一個可怕的萊茵威斯特法倫邦的小地方成長的，打從年少便有個深切的渴望，那就是睜開雙眼去接收世上眾多不同的可能性。然而若是實踐或轉化它們的自由意志根本不存在的話，那麼這個「可能性的感知」又有什麼意義呢？如果我真的因為我的經驗、教育和塑造而在社會框架裡被決定了，那麼我的行為其實只是重複社會程序、扮演角色、滿足規範和遵行社會腳本罷了，而**我的**意志、**我的**想法和**我的**機智，都只是意識形態與文化模式的反射而已。換句話說：我完全沒有意志，也沒有我自己的想像，我只是將它們**記錄**到我的身上。

不萊梅的腦部學者傑哈德．羅特（Gerhald Roth）認為，我的意志和想法在腦部學者的眼中也是如此。那被我視為我的意志自由的東西，其實只是一根被我不當豎起的自由旗幟，其中的理由在於意識極度的自我膨脹。位於額頭後面的前額葉皮質把許多成就都攬到自己身上，但它們其實只是提供服務而已：「我們的知性可被視為一個由專家組成的團隊，被控制行為的邊緣系統所支配。」因此，真正「開放允許」我們行為的那個決定者是在間腦裡，它們是經驗與情緒的專家、感覺領域的管理員，即使它們對複雜的思考和權衡一無所知，雖然如此，邊緣系統還是我們最終行為（只限於被認定是「情緒上可接受」的行為）的唯一決定者。

無庸置疑的，潛意識的黑暗勢力不容忽視，問題只是：它會帶來什麼後果？如前所述，自由對羅特來說是個幻想，而我們的確可以這麼看；但我們也可以去問，意志自由是否真的取決於「我是否完全**透視**我的行為動機呢」？反過來問：我必須透視和控制自己到何種程度，才能讓羅特承認我至少具有一定的意志自由？

讓我們看一個例子：在我有限的可能性的框架下，我相信我認識自己。從前，若是有個偏頗的政治或哲學意見讓我感到憤慨，我會很難控制自己的感覺，因此我在大學裡經常情緒激動。現在，當我在與人爭論時，我會保持冷靜，而且也經常做得到。我從前雖然不想讓感覺失控，卻直到今天才讓感覺乖乖聽命於我的意志，其中的原因在於「經驗」。當我今天與人爭吵時，我會堅定要求自己保持沉著，且一般都會成功。我會說：我的感覺學會了臣服於我知性的控制。這難道不能夠證明「不只是感覺指揮知性，知性也指揮感覺」嗎？當然，這個例子若用放大鏡來看會變得有些複雜，因為我之所以會壓抑我的激動，基本上也和我的感覺脫不了關係。我難道不是經常在這種充滿火藥味的討論之後對自己生氣嗎？也就是說，這個「要保持冷靜」的決定是「在情緒上可接受的」、是情緒所希望的。雖然如此，我還是認為我的自由意志影響了我的脾氣，就算有些事情在我看來是情緒上「不可接受的」，我還是維持了沉著的態度。

這個例子的關鍵點在於：感覺具有學習能力！我小時候害怕的，現在不會再讓我感到恐懼；而幾個月前讓我感到興奮的，現在卻覺得索然無味。這個「感覺的學習」肯定與我的知性有關，因此感覺和知性都融合在我的生活裡，它們彼此影響；就算在某個具體的行為狀態中是由感覺作決定，但長期來看，我的知性在背後也決定著我的感覺。雖然腦部研究目前仍無法說明這個冗長而複雜的作用過程，卻不代表這個過程並不存在，因為如果沒有「具備學習能力的感覺」的話，成年人在面對一切狀況時的反應和決定都與幼童無異，而世界也將一片混亂！

因此我們可以說：沒錯，我們在某種程度上是自由的，因為我們的確能決定自我。不過，這個自由會受限於我們的經驗，我們被我們自己的人生經歷包圍，成了我們自己的框架；然而，在這個框架裡仍然可能會改變，只不過我們應該小心不要高估或低估這個自由，因為如果一個人裹足不前，那麼他就不會有所發展；而一個人若是想依照沙特的想法完全發揮內在自由的話，他的要求將很快超過自己的能力範圍。因為人類並非先自我規劃，然後添加適當的意志；難怪存在主義的高唱入雲、基督教的「愛人如己」以及社會主義在心理方面

的過分要求都已不再流行了。

知性和感性兩者間強烈而又相互的依賴性，說明了為什麼人類的行為如此無法預知，這也解釋了為什麼有這麼多美好的想法和許多遠大的目標，例如酗酒的人想戒酒、職員決定要對老闆說出心中的想法，這些不切實際的生活夢想都無法實現。雖然對個人來說，這些聽起來可能很不舒服，但是對社會卻很可能是件好事。一個「所有人都能絕對依照自己的願望實現自己」的世界，應該也不會是個天堂。而我們也許該想想，許多外在的約束確實有其正面意義：它們給了許多人穩定和安全，若是沒有了它們，恐怕將不會是眾人之福，因為人們應該不會想要脫離家庭、脫離家鄉的溫暖、脫離溫馨的回憶而生活吧。

那麼，針對「是心理決定行為，或是行為決定心理？」這個問題，答案也就是：兩者都對。行為和腦部狀態活躍地交互影響，呈現了由行動與存在、存在與行動組成的無盡連續性：「行動、存在、行動、存在、行動」（Do be do be do）（嘟比嘟比嘟）。至於在這個串聯裡有多少自由的活動空間，則是因人而異，並且它與生活條件也有很大的關係。我是否可以實現自我，也端賴於我在物質上的自由，即我的經濟能力。由此我們便進入下一個與快樂和希望有關的主題：財產帶來的自由和依賴問題。

第30章 馬薩提拉島

魯濱遜的廢油：我們需要私有財產嗎？

我是個好人，而且非常大方，所以我決定將種在我花園裡的兩棵樹送給你：一棵是我鍾愛流連、彎彎曲曲的老櫻桃樹，一棵是非常美麗的柳樹。這兩棵樹你都可以擁有，但唯一的條件是：你必須向我保證不會砍掉它們或對它們做任何的處理。

怎麼樣？這個禮物讓你感到失望嗎？為什麼呢？因為你一點好處也沒得到嗎？沒錯！然而究竟為什麼呢？你回答說，因為如果能夠隨自己的意願處理所擁有的東西，如此擁有它才有意義。原因何在？正因為它是屬於我的！你說，私有財產的意義就在於可以對自己的東西、物品或甚至動物為所欲為；一個你不能支配的東西，就不能算是你的。也許你說得對；那麼我收回我的樹好了。擁有一件東西卻完全不能加以支配是沒有用的。但是為何如此呢？

你說，私有財產是屬於個人的。沒錯；它涉及到個人和物的關係，與其他人無關。這麼說也正確嗎？你說，當然！你指著你的腳踏車說：「這是**我的**腳踏車！」你指著你的夾克說：「這是**我的**夾克！」這個以你對財產的理解為根據的基本原則，早在一七六六年英國人威廉．布雷克史東爵士（Sir William Blackstone）就在他著名的《英國法釋義》卷二裡明確寫道：「沒有什麼比財產權更能刺激人類的想像力、更吸引人類的熱情；財產權是一個人對外在事物的獨佔和控制，並排除這世界裡任何其他個體的任何權利。」

布雷克史東是個前衛人士，在當時很受歡迎。他在世時，該書就印行了八版，一整個世紀都被視為權威之作；而他的目標是不以傳統的想法、而以「自然和理性」為基礎去建立法律系統。對他來說，**財產是個人和物的關係**。而我猜想你也會完全同意事，在你和你的夾克之間的事，與任何人都無關。然而真的是如此嗎？

讓我們再來看看另一位英國人的作品。該書寫於一七一九年，也就是在布雷克史東的釋義出版前約五十年，作者是個經商失敗的生意人，名叫丹尼爾．狄福（Daniel Defoe），書名叫《魯濱遜漂流記》。他於六十歲出版這本書時，已經歷了非常坎坷的人生：他參與過反抗英王的起義、坐過牢、並以菸酒買賣致富；不過好景不常，英法戰爭讓他損失了好幾趟價值不菲的船貨而終至破產。最後他開了一間磚瓦廠並兼職當記者勉強糊口。

他最關心的兩個主題是宗教和經濟。他是長老會教徒，和當權的英國國教對立，也極力爭取宗教寬容；一六九二年的破產對他造成莫大的影響，使他越來越投入政治和經濟的遊戲規則。他在許多文章裡大力鼓吹建立新的財產制度，如廢除傳統貴族的特權、重新整理英國的地產。他對經濟、社會以及文化方面的改革建言源源不絕，而這些建言也確實引起各方討論。對此感到自豪的他甚至為自己在名字中間冠上了自己發明的貴族稱號「De」（「狄福」）。不過，狄福在著作中如此激烈對抗貴族的特權，卻偏偏以貴族稱號自我包裝，不免有點諷刺。一七〇三年，教會和政府當局以「煽動性的誹謗文章」為由使他再次短暫入獄。

他這本暢銷著作寫於和水手亞歷山大．賽爾寇克（Alexander Selkirk）的倫敦邂逅之後，當時賽爾寇克的故事在倫敦曾轟動一時。這名水手在一七〇四年秋天反叛船長，賽爾寇克的五港同盟號船（Cinque Ports）被鑿穴蛤啃蝕破壞，他基於安全考量脅迫不再隨行出海。船長為懲罰他的行為，便將他放逐到位於智利海岸外、胡安費爾南德斯群島（Juan-Fernandez-Archipel）中的孤島馬薩提拉（Mas a Tierra）去。後來五港同盟號果真沈船，船員幾乎悉數罹難；賽爾寇克則獨自在馬薩提拉島住了四年又四個月。一七〇九年二月，一艘海盜船救了他。諷刺的是當年放逐他的那位船長已被降級當船員。賽爾寇克以英雄之姿回到倫敦，但不久後多舛的命運再次把他拋到無邊的大海。狄福的腦筋動得很快，將賽爾寇克的故事改編成一部冗長的冒險小說。他讓這位英雄與世隔絕地生活了二十八年，並加入無數對宗教和經濟政策的觀點。其中的一個重要主題就是「財產」。

讓我們看看狄福筆下的魯濱遜這個角色，了解為什麼財產對他來說如此重要。請你想像自己是魯濱遜，必須在馬薩提拉島生活二十八年。這是一座多山的島嶼，從沙漠般貧瘠的海岸延伸出綠油油的山地景觀，樹林和草叢組成了茂密的植被，山坡上長滿了高大的蕨類植物；氣候冷熱適中而怡人；島上四處都可見到被你不認識的海員所留下的羊群。在你勘察過這個島嶼並發現這一切都還未屬於任何人之後，你開始宣告：這棵蕨類植物是**我的**、這些羊群是**我的**、這隻鸚鵡是**我的**財產、這座由我蓋起來的房子**只屬於我一個人**。你甚至可以說：這條海岸線是我的、這片海是我的。而魯濱遜正不斷這麼做。但他為什麼要這麼做呢？這麼做當然是毫無意義的，因為只要沒有其他人來把你的東西佔為己有，那麼你的所有權根本可有可無。

你將發現，財產的想法其實只有涉及其他人時才會變得重要。我不需要對我的手機宣告它屬於我，但是當有別人想侵佔它時，我就必須向他聲明這個手機是我的所有物。因此，財產並非只是人和物之間的問題，更是人與人之間的一種「契約」。布雷克史東提到「排除所有其他個體的權利」，也承認了這一點。不過，布雷克史東這句關於財產「獨占和控制」的話也許對魯濱遜適用，卻並不適用於我們現在的社會。

對於我花錢買的巧克力棒，我的確可以獨占而控制，可以不經任何人同意就吃掉它。但是在一個不是孤島的世界裡，我卻不能像魯濱遜一樣隨時隨地自由支配我的財產。要是魯濱遜有廢油要清理，他大可倒入海中；而我卻不能將我汽車的廢油任意倒入海中，沒錯，我甚至不可以倒在我自家的花園池塘裡，因為我可能會因污染環境而被舉發；如果我把房子租給別人，就不能不徵求房客的允許或先行告知便擅自進入；我也不能閒置待租的房子；我不能虐待我的狗或把他訓練為鬥犬，這可能使我被控虐待動物；即便這一切，汽車、廢油、花園池塘、房子和狗，都是屬於我的。

財產權是個複雜的議題，「財產權是我和物之間的關係」此刻看起來幾乎站不住腳了。因為財產權一方面應該是人與人之間的契約，另一方面這個物並不單單只是物，更可說是由權利與義務組成的複雜而完整的事物。德國基本法甚至明白寫著「財產權負有義務！」（Eigentum verpflichtet!）然而這就解釋了一切嗎？其實並沒有。

因為魯濱遜的例子還沒完，他雖然到處尋找並標記屬於他的財產，卻也沒有那麼天真。當他宣告島上「漸漸喜愛」的所有東西都是他的財產時，心中很清楚沒有人會來爭奪它們。如果有人問他的話，他會回答說，所有權就是人與物之間的關係，雖然法學家不作此想。魯濱遜對於所有權的聲明，**是他的心理和物的關係**。比起那些不屬於他的東西，他與他的財產關係更加親密。對他而言，屬於他的財產才是重要的，而其他東西則無關痛癢。

人與財產之間的心理關係，也就是對屬於我的物的「愛」，是人類心理最晦暗不明的部分。這一點著實讓人驚訝，因為這個「愛」，對「漸漸喜愛」的對象的渴望和擁有，在我們

的社會中扮演了重要的角色。這個領域的研究先驅，齊美爾（Georg Simmel），是柏林的社會學家，他對心理學的歷程有非常敏銳的理解力。除了許多其他社會現象以外，他還研究對象在人的自我價值感裡扮演的角色。

一九〇〇年，這位當時四十二歲的大學編外講師出版了《貨幣哲學》（*Philosophie des Geldes*）。雖然齊美爾並沒有談到魯濱遜，卻讓我們明白為什麼魯濱遜像狗劃定領域一般在島上四處標記財產。人一旦得到了某件物品，就會宣示為自己的所有物，即使只是如魯濱遜一般象徵性為之。我們也可以說，他把這個東西「融入」自己，變成了自己存在的一部分。這個「融入」的行為有兩個方向：物融入自我，以及自我融入物。用齊美爾的話來說：「『擁有』的整體意義一方面在於觸動心靈的特定感覺和脈動；另一方面，『我』的範圍也得以擴展，超越這些客體的外在，進入它們的內在。」因此，財產權或擁有是經由對象來延伸心理的一種可能性，或如齊美爾所說的「擴展自我」。

我生活周遭的對象，都應該是**我的**對象，並且是「我的存在」的一部分。穿在我身上的衣服，為我的性格塑造顯現於外的樣貌，我在別人眼中的樣貌；我開的汽車也一樣，藉由這輛交通工具，我有了一個**形象**，一個在我和其他人的目光裡的自我形象；擺在我家客廳的設計師沙發不只是勾勒了一個空間，也勾勒了我自己。我的品味表現於外的符號表現我的身分認同；開保時捷車的人、戴勞力士錶的人或留有北美印地安易洛魁族（Irokesen）髮型的龐克族，都是性格色彩鮮明的身分認同。

就算魯濱遜不想把自己設計成某個族群（蓄著大鬍子、穿毛皮褲和撐著陽傘的隱者），卻仍然符合齊美爾所描寫的：擴展自我並延伸到他擁有的物。在小茅屋蓋好之後，魯濱遜成為屋舍主人而感到驕傲，而捉到羊隻並豢養他們，他內心也充滿了當農夫的驕傲。當每個讓他驕傲的時刻出現時，魯濱遜都以他擁有的東西來塑造自身的形象。他必須創造出無人荒島不能反映出來的東西。用齊美爾的話來說：「我的感覺超越其直接的界限，擴大到它只能間接接觸的客體，這證明了佔有它只是意味著人格延身到它裡頭，且在支配它時擴張其領域。」

然而，為什麼人們會在他們獲取的財產裡「實現」自我（雖然程度各異）？為什麼這個「獲取」比「擁有」本身更重要、而且「擁有」相較於「獲取」顯得頗為無趣呢？對於爭取物品的欲望及其伴隨的情緒，至今的研究並不多。齊美爾認為，獵人以及收藏者的工具和武器就是「自我延展」至物的雛形。今天，物的取得（包括形象的取得）是工業化世界裡最重要的快樂來源。一個可能的解釋是，在這些國家裡，其他快樂來源已經沒有價值了。值得爭議的是，「愛情壽命的縮短」是不是消費行為的結果，就如同人們經常說的：愛情成為一個由短暫的歡愉、獲得和拋棄組成的市場。

不過，這個邏輯其實也可能正好相反：由於愛情不能保證天長地久，因此我寧可選擇消費來逃避，因為消費比愛情可靠得多。如此看來，無節制的消費行為可以說是生活的焦慮或

舒適安逸的表象，甚至兩者皆是。因為他人的感覺世界過於複雜，所以我寧願信賴更可靠的客體圖像和感覺世界：一部賓士車五年後還是賓士車；而我愛的人、伴侶或朋友卻無法保證如此。這或許也可以解釋為什麼年紀稍長的人在平穩的生活條件下偏好能維持長久的、價值較高的東西；而年輕人對於情感穩定性的需求則比較低，反而是對快速的變化（如時尚）更有興趣。

從文化史的角度來看，「對物的愛」在工業化國家已經到了前所未有的高峰。因此，我們也正在參與一項巨型的社會實驗：我們的經濟是以全新而急速的「喜新厭舊」的節奏運作；除了某些宗教教派以外，沒有任何社會曾經質疑財產的佔有權。就連共產主義，例如東歐國家的國家社會主義也不反對私有財產。他們禁止的只是私人佔有生產工具，因為生產工具能創造「剩餘價值」，而這個剩餘價值會以資本主義的方式讓佔有的分配更不均。在人類的歷史裡，還沒有任何社會或生活型態像今日的工業化世界如此依賴財產的取得來自我定義。

「財產是什麼？」這個問題並不只是法律問題，也是心理學的問題。因為財產讓自己情感得以穩定延伸，即使有時候會犧牲其他社會延伸的可能性。追求財產對於產權人要求的代價為何，這個問題至今依然不受心理學青睞。相對的，幾個世紀以來不斷討論的是「追求和擁有財產對於社會其他成員要求的代價」是什麼。而在這個問題的開端便存在一個哲學的問題：如果財產真的是一個契約的結果，那麼這個契約是根據哪些基本原理產生的呢？一個公平的社會秩序具有哪些原則呢？

第 31 章

波士頓

羅爾斯的遊戲：正義是什麼？

我們來玩個遊戲：試著想出一個真正正義且完全公平的社會吧！我們有一塊遊戲板和一組棋子，你我兩個人擔任裁判，決定遊戲規則，讓所有參加者都有機會獲得最好的結果。

我們的前提是：一群人共同生活在某個封閉的地方，也就是我們的遊戲板。裡頭有人們需要的所有東西，每個人都有足夠的食物和飲料，溫暖舒適的起居室和足夠的空間。裡頭有男有女，有老有少。為了使我們在這個理想的社會真的可以從零開始，我們規定在遊戲板上的人都對自己一無所知：他們不知道自己的賢愚、美醜、強弱、年紀或性別。在他們的個性、偏好和能力之前掛著一片「無知之幕」，他們是一張沒有生平記錄的白紙。

這些人必須看看他們怎樣和平相處。他們要有規範，才不至於陷入混亂和無政府狀態。

當然，他們首先都想滿足自己作為人的基本需求：要能取得飲用水、要有足夠的食物和溫暖的寢室。其他需求都還未知，因為無知之幕讓他們無法看清和評估自己；因此人們得聚在一起，在所有一切都還完全不確定的狀況下找尋規則。

你認為人們首先會在哪個基本原則上達成共識呢？這個問題可是一點也不容易，因為在無知之幕背後，沒有人知道他在真實生活裡是誰，也沒有人可以預見什麼是對他最好的。無知之幕讓人個別的需求不能影響其決定，它應該要承諾公平，並確保所有人共同的需求都得以實現。由於人在無知之幕的另一邊的真實情況中可能並不具備一個好的初始條件，因此我們建議應設想自己為最弱勢的角色，最好是採取一般大眾的立場，並積極支持一些也能照顧到最弱勢者的公平規則。因為沒有人會甘冒風險，沒人能夠評估自己是否承受得起風險，所以這組人列出所有的建議來分配一切重要的基本物資。接著他們為這些建議規定一個大家最能接受的優先順序，好讓每個人都保證得到最基本的自由和物資。為了避免有吃虧或佔便宜的情況，我們可以訂出以下的規則：

一、每個人都擁有相同的基本自由。個人的自由只能因為涉及其他人自由的緣故而加以限制。

二、社會和經濟上的差異必須符合如下的條件：

1. 所追求到的富裕必須也能為最弱勢者帶來最大可能的好處。
2. 存在公平的機會均等。一切物資原則上必須是開放給所有人的。

您相信或至少同意以上所描述的嗎？倘若如此，您就是美國哲學家約翰．羅爾斯（John Rawls）（這套模式的原創者）的知音了。羅爾斯在成為哲學家之前有過一段非常精彩而豐富的人生。他在家中排行老二，有兩個兄弟在一年內相繼死於白喉；其中一個是他的么弟，而他是被約翰傳染後死亡的。羅爾斯的父母都熱中政治：母親積極參與婦權運動，而當律師的父親則是活躍的民主黨員。羅爾斯就讀昂貴的私立中學，之後則進入享譽盛名的普林斯頓大學。然而就在此時，美國宣佈加入二次世界大戰戰局；羅爾斯被徵召入伍，到太平洋地區、新幾內亞和菲律賓擔任步兵。美軍在廣島和長崎投下原子彈之後，羅爾斯來到日本，並在廣島親眼見到原子彈造成的可怕後果。這時軍方提供他晉升軍官的機會，他卻因震撼太大而辭去職務。他回到大學裡完成關於道德哲學的博士論文，主題為「人類性格批判」。作為哲學家之後的羅爾斯一帆風順。一九六四年他來到麻州波士頓附近，在著名的哈佛大學擔任政治哲學的教授。然而他不是傑出的演說家，說話結巴、面對人群時顯得羞怯，但在同事、學生和朋友面前則是個文雅的紳士，總是態度謙遜且專注傾聽。人們在他的辦公室裡看到他脫了鞋把腳放在沙發上，大腿擺著一本筆記本。與人談話時他總會不斷做筆記，更將談話內容加以整理並送給對方。他從不覺得自己是個大哲學家，而只是個把探討哲學視為與他人共同思考的人罷了。一九九五年起他經歷好幾次的中風，這也嚴重影響了他的工作。羅爾斯於二〇〇二年去世，享年八十一歲。

雖然羅爾斯寫了四部著作以及數量豐富的論文，卻只有一本書會與他共同在哲學史留名。這本書也許是二十世紀後半葉最著名的道德哲學作品：《正義論》（*A Theory of Justice*）。書名雖然聽起來平凡無奇，卻是現代道德哲學的偉大嘗試。其背後的基本原則極為簡潔明瞭：凡對所有人都公平（fair）的，就是正義的。而一個社會若是符合自由且平等的人們所設想的，那麼它就是公平且正義的社會。換句話說，如果每個人在知道自己的社會位階以前都贊同對某個社會制度，那麼該制度便是正義的。

其首要原則是：在一個自由的國家裡，所有人民都享有相同的基本自由。然而，由於人們的天賦和需求各異，因此在這個國家裡便自然會逐漸產生社會和經濟的差異。有的人比其他人更有能力、更有商業頭腦或只是運氣更好，而這便足以讓他別人更富有，這是難免的。為了使國家仍繼續依循著公平的基本準則，羅爾斯又定了第二個原則：社會和經濟的差異雖然無可避免，只有在符合「最弱勢者仍能從中享受最大可能之好處」的前提下才能被接受。

羅爾斯後來表示，該書其實只是寫給幾個朋友看的，沒想到造成了極大的轟動。它被譯為二十三種語言，在美國銷售了超過二十萬冊。這個成功讓羅爾斯堅定繼續修改他的理論。

他花了三十年的時間修正這個模型，不斷加以補充和增訂。從哲學史的角度來看，這個模型背後的想法其實已經有很長的歷史。希臘哲學家伊比鳩魯（Epikur）（見「遠方的花園」）就曾經希望國家應該建立以一個共同合意的契約為基礎：一個理想的國家，就是其社會成員在心智完全健康的情況下自願以契約來建立的國家。英國哲學家霍布斯（Thomas Hobbes）和洛克（John Locke）於十七世紀便擷取了這個想法，並設計出精心琢磨的契約論；連盧梭也寫了《社約論》，相對的，契約理論在二十世紀卻已陳腐過時。維根斯坦甚至嘗試將道德倫理從哲學裡整個剔除掉；關於人類應該如何生活的言論，對他來說都是顯得不合邏輯而無意義的。因此，當羅爾斯於一九六〇年代末重拾社會契約這個古老的傳統時，讓人倍感驚訝。

從政治上來看，他的理論在那個不穩定的時局裡並沒有什麼人買帳。一九七一年，越戰到了最膠著的狀況，也造成國內反政府的大規模示威抗議。西方世界到處都有關於國家和財產制度、基本權和個人自由的激烈辯論，資本主義和社會主義形成水火不容的對峙情勢，而雙方都在越南和捷克各自露出醜陋的面貌。就在這樣的背景下，羅爾斯的著作完全不經意地出現，成為了一個大和解的嘗試。然而，他那套強調社會衡平的系統對右派人士而言過於左傾；對左派人士而言他卻是畏首畏尾的自由派。如此具爭議性的敵友界線，使這個極為縝密的正義理論成為哲學界的震撼彈。

保守的批評者喜歡詬病說，羅爾斯所設想的初始狀態並沒有多大意義。盧梭早知道那只是個幻想，而羅爾斯當然也清楚這點。關於他們的認知價值其實見仁見智；但批評者認為，每個人都知道在真實世界裡的一切並非如此，而且這還有個很好的理由：因為正義和公平根本不是人類真正的動力。羅爾斯所謂以初始狀態建構正義的要求，在現實中其實遠不如他所描述的那麼明顯。比正義更重要的是自私以及對自由發展自我的要求，而這個動力可以在所有社會裡觀察到的。十八世紀的道德哲學家亞當．斯密（Adam Smith）不就曾剴切指出，引領社會向前的（無論在經濟或是道德）並不是正義，而是自私嗎？「我們不會期待肉店老闆出於善心給我們食物，而是為了他自己的利益。」為了得到好處，肉店老闆必須以盡可能公平的價格來賣肉，不是賣得價格比其他店家低，就是至少要考慮到其顧客的經濟能力。如此便產生了一個運作的群體，也就是一個「自由的市場經濟」。

根據亞當．斯密的《道德情操論》，財產的追求就像「一隻隱形的手」一般引導我們，並「在不經意中，也就是我們不知情的情況下，促進社會的利益」。亞當．斯密於二十世紀的信徒，其中首推羅爾斯在哈佛的同事諾齊克（Robert Nozick），都以這個方式來為社會的現狀辯護，因為每個社會都是人類真實動力下形成的不同結果。而其他的動力則不是像建築師在製圖板上規劃出來的那樣。因此諾齊克認為，羅爾斯想以公平原則找到群體的規範是大錯特錯的，因為社會並不需要這種基本準則。為什麼人類在競爭有限的天然和社會資源時，就不能理直氣壯地享受他自然擁有的才能、平白獲得的天賦以及幸運得到的起跑點優勢呢？

為什麼他的成功總是必須要為其他人帶來好處呢？若是他的成功大體上也有利於他人，這難道還不夠嗎？對諾齊克來說，羅爾斯是個完全低估人類真實天性的假社會主義者。

羅爾斯是個社會主義者？這個看法在真正的社會主義者當中只會引來尖酸的笑聲，而他們的批評點也是那虛構的「初始狀態」。他們認為就算人類在無知之幕的背後再無知，也都還是自由的人格。把「人」的意志設定為正義理論的起點卻並非毫無問題的。眾所周知，在社會裡並非所有人都是完全自決和自由的，例如兒童以及重度智障者，他們因為懵懂無知而不能參與決定。如果單純考慮成年人的需求和利益的話，那麼人們大可以將他們（至少是孤兒以及無親屬之重度智障者）排除在外。如此看來，就算是在虛擬的結構裡，「所有人都均等」仍是個困難的起點。也許所有人在原則上都具有「相同的需求」，但光憑這點卻不會使他們變成「相同」的。

如果我們把羅爾斯的初始狀態理論應用在不同的國家或地區的話，這個平等問題將變得特別棘手。雖然「相同的需求」能讓社會繁榮和進步，但是它難道不會使這個社會將其他社會排除在外嗎？彼得・辛格（見「香腸與乾酪的對岸」）解釋說，富裕國家的人民可能會在考慮所有人的利益下達成協議，將利潤在國內加以分配，卻不會分享給其他國家的人民。也就是說，「世界上所有人都具有相同的需求」遠比羅爾斯所認為的困難得多。再者，關於財產的問題也是莫衷一是。諾齊克覺得過於左派的，在左派批評者眼中仍然太過右傾。「財產所有權」對羅爾斯來說還是屬於政治上的基本自由。財產權讓人們成為獨立的個人，並有助於建立自尊心。只有尊重自己的人才有能力尊重他人，也就是做符合道德的行為。對若干左派的批評者而言，財產權在羅爾斯的理論裡非常重要，有些人甚至太倚賴它了。關於這點是很有爭議的，雖然羅爾斯並不樂意在這點上爭論；《正義論》書末有個完備而仔細的索引，其中卻獨缺「財產」和「所有權」。

儘管羅爾斯非常努力尋找一個政黨中立並且讓每個人都能接受的基本原則，但是他仍然無法讓所有人都滿意。不過這並不稀奇，因為不曾有一本哲學著作能夠讓所有人都贊同。就算有人要寫這樣的書，也必定無甚重要性可言。如果我們不帶任何左派或右派的政治角度來檢視三個對羅爾斯理論最重要的批評的話，我們可以說：

造成意見分歧的第一點就是社會模型，也就是建立在虛擬結構（初始狀態）上的價值問題。這個初始狀態（與其他契約理論不同）並不是自然狀態，而是社會狀態。因為傳統自然狀態（例如霍布斯）中所有的性質，在這裡都找不到：如暴力、無政府狀態和無法治狀態。羅爾斯的初始狀態比較像是很文明的合作；其物質的基礎（足夠每個人的物資）比較令人聯想到瑞士，而非撒哈拉沙漠或十七世紀霍布斯所處的貧窮而悲慘的英國；另外，一切大自然的困難和匱乏都被排除，好讓人類發揮善良天性並順其發展。倘若羅爾斯的初始狀態充斥著災難和匱乏，那麼在無知之幕下的「團結一致」也不會持久：一個即將發生洪水的地方，沒

有人會討論機會均等的問題，而是為自己爭取船上的位子。

第二點是：正義是否真的如羅爾斯所言，是社會中如此關鍵性的因素？初始狀態裡優先順位第一的是自由，自由會被第二優先的正義所限制，而正義又是由機會均等和社會衡平決定的。第三位是效率和富裕。正義的高位值使得羅爾斯受人尊敬、讓人喜歡他的理論。像科威特如此獨裁卻富裕的國家，在他眼中的價值並不如一個貧窮的民主國家。他的批評者則把其他的「物資」，如無限制的自由、穩定或效益等「物資」，看得比正義更重要；他們寧可要一個富裕、穩定卻無正義的國家，也不要一個公平卻貧窮的社會。然而，當功利主義者將富裕所帶來的快樂總額放在天秤上（見「貝爾塔姑媽不應該死」）時，羅爾斯卻堅持正義的總額。功利主義者的準則是：「對眾人而言是好的，也就是正義的。」羅爾斯卻堅持：「合乎正義的，對眾人而言才是好的。」討論得再多，這兩個「**價值**」依然不會有絕對的高低之分。也許有一些比較討喜或不討喜的價值，但是價值的天性正在於它們是主觀、而不是可以客觀證明的。即便是像羅爾斯如此縝密的理論，也無法擺脫這個問題。

第三點是「理性」的問題。羅爾斯的哲學家立場剛好符合制憲者的立場。他理性、衡平、邏輯且公平地設計出一個普遍適用的秩序，這個秩序幾乎考慮到所有男人和女人的需求（可惜排除了重度智障者）。他同時認為自己的基本原則也適用於其他所有人，不過重點在於是否每個人都像羅爾斯一樣明智、堅定而理性呢？「感覺」和「情緒」這兩個關鍵詞和

「財產」與「所有物」一樣，都未見於索引。雖然《正義論》還是經常提到「財產」問題，「感覺」問題卻幾乎不受重視。這一點尤其令人感到驚訝，因為整個理論可說都是以一個感覺為基礎，也就是「正義感」！在無知之幕下的初始狀態中，這個正義感的來源是自私。我自己的風險會引發恐懼感，因此我尋找能夠減輕恐懼感的普遍性規則，因為這些規則可以保護每個人。如此說來，正義感就是被疏導過的恐懼感囉？我們無從得知，因為羅爾斯不談感覺。

他在理論中並沒有交代一個具體的感覺，而只是提出了一個「對正義的感知」，也沒有清楚解釋其心理學背景。因此其他類似的感覺，如醋意和嫉妒，也會面對類似的問題。羅爾斯尤其苦惱的是，佛洛伊德關於正義的理論正是建立在感覺的基礎上：只有吃虧的人才會大聲疾呼要求正義！而羅爾斯卻和馬克．豪瑟（見「站在橋上的那個人」）的看法接近，覺得道德感是人類的天性。只不過羅爾斯並沒有深入探討被他視為基礎的這個本能。這可能也因為他和康德一樣，都非常傳統地視之為先天的理性法則，而不是一種感覺。

正義或富裕何者更為重要，這個問題是羅爾斯與功利主義的分水嶺（見「貝爾塔姑媽不應該死」）。如果像邊沁和密爾（John Stuart Mill）等功利主義者提出「如何從每個自由之個人的快樂需求產生出一個正義的社會」這個問題，那麼羅爾斯就必須表示一個正義的社會如何能夠為所有人帶來自由以及快樂。對邊沁和密爾來說，國家是「必要之惡」；羅爾斯則認為它是個有道德的立法者。這條線劃分了至今政治的陣營。正義究竟是國家的責任，還是個人的自我道德責任？邊沁和密爾認為，凡是只涉及到個人的利益，且其行為不至過分限制或影響社會其他成員的話，國家並沒有插手的餘地；國家扮演的角色應該像個夜巡者，只有在發生火災時才啟動警鈴。羅爾斯卻認為國家應在許多地方注意利益的衡平；它比較像是明智的領導者和盡心盡力的教育學家。個人生活型態的多元性（羅爾斯去世前關心的最大主題）不能威脅到整體社會的多元性。他認為一個對所有不同政治、世界觀或宗教團體都無限包容的國家，很容易毀壞自己的運作基礎。換句話說，當私人的多元性危害到政治的多元性，也就是它終止的時候。

這兩個理論都反對齊頭式的平等，例如國家社會主義。一個一味追求平等的社會是違反人類天性的，將會停滯不前或走下坡。就連其精神領袖馬克思和恩格斯在《共產黨宣言》裡也承認：「個人的自由發展是所有人自由發展的基礎。」

有趣的是，每個關於正義的理論（包括羅爾斯的在內）都認為正義是幸福的基礎，雖然正義在關於幸福的哲學裡似乎並不是最重要的。尤其是羅爾斯以他誠懇而客觀的態度來定義快樂：「人的**幸福**定義為在合適的情況下最理性而長遠的人生計畫；當一個人在實行這個計畫時有些成就，那麼他就會感到幸福。簡而言之，善就是理性需求的滿足。」羅爾斯在總結裡用「善」這個詞取代了「幸福」，如此理所當然的作法頗令人驚訝，因為「善是幸福」是對人類天性極為荒唐可笑的看法。從心理學來看，《正義論》當然還有修正的空間；然而，如果幸福並不是源自善，那麼其中還缺了什麼呢？

第32章 萬那杜

幸福之島：快樂人生是什麼？

世界上最快樂的人們生活的地方沒有柏油路，也沒有什麼值得稱道的地下資源。他們沒有軍隊；居民都是些農夫、漁夫或餐館的工作人員；他們的溝通頗有障礙，因為他們生活的國家有世界上最高的語言密度：二十萬居民使用一百多種不同的語言；這些最快樂的人平均壽命偏低，約六十三歲。一位當地報紙的記者說：「這裡的人們很快樂，因為他們要求不多且容易滿足；生活圍繞著群體、家庭以及互助合作。這是一個人們不必擔心、煩憂的地方。」他們唯一會害怕的就只有熱帶風暴和地震。

如果我們採信「新經濟基金會」（New Economics Foundation）在二〇〇六年公佈的「快樂星球指數」（Happy Planet Index），那麼萬那杜（Vanuatu）便是世界上最快樂的國家。「萬那……什麼？」沒錯，這個國家確實存在。它是位於南太平洋上默默無聞的島國，老一輩的人也許在學校裡的世界地圖上還曾看過「新赫布里底群島」這個舊名。調查裡問到對生活的期待、一般的滿意度以及人們和生存環境的關係。根據這項調查，最適合人類的環境就在一個火山島上，人口密度約為每平方公里十七人；溫和、陽光充足的氣候，茂盛的植被；在宗教上融合了自然宗教、新教、英國國教、天主教和基督復臨會；簡樸卻實在的工作，且有許多是自由業者；政治上採國會民主制，有個權力很大的總理、一個無實權的總統和英式的法律制度。不過，這項調查的發起者，包括環境組織「地球之友」（Friends of the Earth），根本不想知道得如此詳細。他們原本只是想知道人類必須干預大自然並破壞環境到何等嚴重的地步，才能創造出讓自己快樂的條件。而最後優勝者萬那杜提供的答案是：要獲得快樂並不需要以破壞環境作為代價！

與這些火山島相較，工業化世界中的富裕國家，那些先進、平均壽命很高的國家以及具有無限消費、休閒和娛樂可能性的地區，它們的快樂因子可說是少得可憐：德國的排名在八十一位，是歐洲第四快樂的國家，只落在義大利、奧地利和盧森堡之後，不算太糟；廣受讚譽的北歐國家如丹麥（112）、挪威（115）、瑞典（119）和芬蘭（123）則全都排在名單的下半部；中國、蒙古和牙買加等國家比它們都還快樂得多；生活品質感受最糟的則是在所謂「自由的國度以及強者的故鄉」美國（150）、寶石與油礦豐富的科威特（159）以及卡達（166），這些國家的公民都享有政府年金而不必工作。在一百七十八個國家中，幾個可憐

的倒數國家包括了俄國、烏克蘭、剛果、史瓦濟蘭和辛巴威。

我們暫且先不去想萬那杜快樂的日子其實也所剩無幾了，因為全球暖化和上升的海平面在不久的將來大概也會把這座「亞特蘭提斯」（Atlantis）給沖毀。我們更想知道的是：究竟有什麼是我們可以向南太平洋這群快樂的人們學習的呢？他們給我們上的第一課很簡單明瞭，而且也肯定是調查者所要達到的目的，也就是：財富、消費、權力和長壽並不能讓人快樂！特別是當前，即使在富裕的西方國家中，民眾的平均所得不再增加的時候，這個訊息更顯得有趣。我們推測，正因為如此，聰明的經濟調查中心如「新經濟基金會」才會研究金錢究竟能帶來多少快樂，而收入和財產是否真的適合用來測量一個社會的快樂與成就。「快樂經濟學」（Happiness Economics）在這方面是個很有助益的新興研究領域，而得到的認知結果也非常重要。比如說，快樂經濟學家透過問卷調查發現，美國人的實際收入和生活水平從一九五〇年代至今增長了一倍；而自認為快樂的比例卻並沒有相對地增加，反而在過去五十年內呈現了幾乎不變的狀態。另一項研究的精確計算得出，人均年收入約從兩萬美元起，快樂的程度就不再隨收入增加的比例提高。對於這個「快樂增長不足」的現象，一個根本的解釋是：「獲取」本身雖然可以（短暫地）帶來快樂，「佔有」卻不能。（見「魯濱遜的廢油」。）某個要求一旦被滿足，馬上就會產生新的要求，因為人們很快就會習慣所擁有的東西並視為理所當然。因此，財富是相對的概念，人們的富有程度總是依據自己的主觀感覺，而其周遭的人則通常提供比較的標準。例如，一個在德國領取失業救濟金的人，就算能以這些錢成為加爾各答的財主，也不會因而覺得自己很富有。

奇怪的是，我們的生活對於這個研究結果幾乎無動於衷。「有足夠的財富而不必工作」至今仍是工業國家中人們最普遍的生活夢想。正因為如此，我們辛苦幹活並投入生命中最多的時間，即使我們大部分的人永遠都無法達到真正「自由」的境界。財富和聲望位於我們個人價值體系的最高位階，甚至超越了家庭和朋友。這並不讓人訝異，因為快樂經濟學家列出的價值等級表正好與其相反。他們認為，沒有什麼能比與他人的關係（家人、伴侶、孩子和朋友）帶來更多快樂；第二優位是在考慮各人健康和自由狀況下，覺得自己能對社會做些有用的事。如果我們相信這個表列的話，那麼富裕的西方世界裡的大多數人都有著錯誤的金錢價值觀。他們「有系統地」做著錯誤的決定，追求一個可能永遠達不到的安全感；他們為了更高的收入而放棄自由和自主權；他們購買自己不需要的東西，為的是吸引他們不喜歡的人的目光，用的是不屬於他們自己的錢。

這個錯誤看法的問題在於：不僅我們的心性，同時還有我們整個社會體系，大體上都建立在這個物質定位上。早在一九五〇年代時，作家波爾（Heinrich Böll）有一篇短篇小說《職業道德沈淪軼事》（*Anekdote zur Senkung der Arbeitsmoral*）：在一個地中海的港口，正午的豔陽下躺著一名無所事事的貧窮漁夫。有一位觀光客對他說話，並試著說服他應該去捕魚。

「為什麼呢？」漁夫想知道。「好賺得更多的錢啊！」觀光客回答。他迫不及待地計算著，多少次的額外漁獲就可以讓這名漁夫變成一位富人和擁有眾多雇員的老闆。「目的何在呢？」漁夫又想知道。「為了擁有足夠的財富，好悠閒地躺在陽光下享受寧靜的生活呀！」觀光客解釋說。漁夫聽了之後回答說：「但是這件事我現在就可以做了啊！」接著繼續倒頭睡去。

我回想起這個故事，是因為我在中學時就必須讀。這篇故事收錄在我們的德文課本裡，然而我當時的那位年輕女老師對這篇文章卻頗不以為然。我大部分的同學很快就接受了這個故事給我們的教訓，「乖乖地」冷卻自己的學習熱誠。但老師卻仍不斷質疑為什麼一篇態度如此消極的故事竟會出現在課本裡，而且被視為有教育意義。她支持故事裡的那位觀光客，並努力說服我們：漁夫如果有更多錢的話就可以負擔更好的醫療保險，退休金也將更有保障。不過這篇小說畢竟是波爾、而不是ＡＯＫ保險公司寫的。波爾真的會想要主張確保穩定的資產階級生活、避免不必要的風險嗎？

可以確定的是，比起我那位德文老師對於保障的渴望，快樂經濟學家們應該更欣賞漁夫的態度。他們認為一個國家的離婚和失業率比國民生產總值更能說明國家的幸福程度。而他們也有意付諸實行，他們不以國民生產總值來測量人民的滿意度和政府的成效，現在需要的是一個「國家滿意指數」，而這確實是當下應該做的思想改變。在這方面特別積極投入的是英國倫敦政經學院（London School of Economics and Politocal Science）的經濟學家理查・萊亞德（Richard Layard）。萊亞德十分確定：生活中除了不斷想要擁有一切之外，還有更多能夠帶來快樂的事物。不停追求（比他人）更多財富和地位的人，會表現出病態上癮行為的症狀。追逐物質會造成永遠不滿足的狀態，以致於不會再有持續的快樂產生。

這麼說來，所有工業國家致力達到的經濟成長並不能為人們帶來快樂。恰恰相反的是，人們將為這個成長付出很高的代價，也就是更不快樂。就算我們今天擁有更多的食物、更大的汽車、可以隨性就搭飛機到馬爾地夫去玩，我們的心靈狀態卻不會隨著購買力增加而變得更好，無論我們多麼沉醉於這個幻想裡。萊亞德認為這只有一個邏輯的結果：由於人們對損失的恐懼大於獲利帶來的快樂，因此工業國家的政策必須做出思想的改變，也就是充分就業以及社會和諧比國民生產總值的成長率更重要。所以，應該追求的是眾人的快樂，而不是經濟的成長。

萊亞德的主張是否合乎現實，這點是見仁見智。我們也不打算在這裡爭論，不過其中的道理卻很清楚：決定我們是否快樂的，並不是富裕和金錢，甚至不是年紀、性別、外貌、聰明才智和教育程度；更重要的是性生活、孩子、朋友、飲食和運動；而最重要的是社會關係。根據「世界價值觀」調查（World Values Survey）（對全球人類社會文化、道德、宗教和政治價值最最大規模的統計），離婚對於幸福造成的負面效果等於損失三分之二的收入。有趣的是，報告也證明：對快樂的期望非常有助於快樂的本身，因為幾乎每個人對於快樂都有

個完全屬於自己的想像和渴望。對快樂的夢想伴隨著我們，即便它只是一個由我們的掛念、心痛或匱乏混合而成的想像。

撇開所有關於快樂的統計數據不談，快樂也總是非常個人的事情。有一句廣為流傳的俗諺說：我必須找到我自己的快樂。猶太裔德國哲學家馬庫色（Ludwig Marcuse）於一九四八年在《快樂的哲學》（*Philosophie des Glücks*）裡說：「我的快樂是當我與自己達到最深層的和諧的那一刻。」然而這所謂的和諧究竟指的是什麼呢？它聽起來非常像羅莎莉的論調（見「行動、存在、行動、存在、行動」）。若是真的沒有一個「我」存在，而只有八個不同的我的狀態，那麼何謂和諧呢？在這裡誰和誰和諧呢？快樂的狀態是否比我的其他狀態更「接近本質」呢？當我快樂的時候，我真的就更接近我自己嗎？

現在該是再次求教於腦部研究、回想幾個老朋友的時候了：血清素和多巴胺（見「史巴克先生戀愛了」和「一個再平凡不過的不可思議」）。每個躺在陽光下放鬆身心的人，對於「快樂和身體化學有關」這個說法都不會感到驚訝。陽光能提高興致，用神經生物學的說法來說，也就是陽光能導致釋出血清素，也難怪生活在萬那杜的人比我們更容易露出笑容，因為氣溫決定脾氣。此外，關於產生快樂的機制的腦部研究，經常都被嚴重簡化：有好的感覺時左腦會活躍，而不好的感覺則與右腦有關。這有點讓人想起十九世紀初期粗略的腦部分區圖。其實那是感覺和意識、邊緣系統和前額葉皮質之間頗為複雜的交互作用。其實有某些物質如咖啡因、酒精、尼古丁和古柯鹼的作用，才可以如此簡單解釋。這些物質都能提高「興奮傳輸器」多巴胺（有時候也包括血清素）的產量，導致短暫的興奮和滿足感。對於複雜和長時間的快樂狀態卻仍沒有任何解釋。相對來說，在複雜性不算高的快樂，以享受一頓美食為例，視覺、嗅覺和味覺都有其個別的重要性，甚至連餐廳氣氛、對食物的期望和期待，對於快樂的感覺都很重要。

大部分的快樂情況，例如在調情、性愛、飲食、旅遊或運動，其背後的刺激點都是期望和實現兩者的作用。大多數神經化學的快樂理論在這裡就結束了，雖然真正有趣的才正要開始：巧克力能帶來快樂，因為吃它的時候能釋放血清素，光是它的香味就能讓身體產生對抗疾病的物質。基本上好的氣味都能促進血清素的製造，不過眾所周知的是，更多的巧克力、長期服用的毒品和持續散發的花香，卻不足以使人快樂。因此我們必須接著來看下一個觀點，也就是：期待。一個跑步者偶爾會有亢奮狀態，因為長跑會釋放腦內啡，所謂的「跑者愉悅感」（Runner's High）。但是當他打破自己的紀錄或在一次賽跑中獲勝時，他將又會體驗到完全不同的快樂感受。這個「額外的快樂」並非來自身體在跑步時的自然反應，而是由於前額葉皮質，因為只有它知道紀錄的數字。所達到的成就會褒獎選手，為他帶來快樂，因為一個期待被實現或甚至被超越了。

難怪今日腦部學者都致力於探究感覺和意識如何精確而縝密地進行交互作用，因為快樂

的感覺經常不只是單純的情緒而已。「笑」能夠讓某些憂鬱的病患開朗起來，今天甚至出現了「笑治療師」這個行業，那是不能用「簡單的反射」來解釋的。研究顯示，光是想到不好的經歷就能導致實驗對象免疫系統的削弱；相反的，若是喚醒他美好的回憶，能立刻改善情緒並增強抵抗力。

快樂的感覺是非常複雜的事；它一方面代表正面的情緒、強烈的喜悅、興奮和欣喜，也更加敏感，感官也更清醒、敏銳而開放；另一方面也有很大的意識作用：對事物與環境抱持正面的看法、以及正面的認知與回憶。在墜入情網或有重大成就時，一切都似乎突然顯現美好的光彩。和諧、一致、強烈、統一、自由和意義等抽象的想像，都混合在這個印象中。自我滿意度會瞬間升高，自我價值感會膨脹，有時甚至到了令人暈眩的程度。一個處在快樂狀態的人，會因為其外爍的行為引人注目，表現出友善、熱情、自發、靈活和創造性。在自己的眼裡，他的能力甚至大到能夠移山。

不過眾所周知的是，這樣陶醉的和諧狀態並不能持久，而這也可能是好的。太多的血清素會讓人變得冷漠，過量的多巴胺則會導致精神錯亂、權力欲望、自大狂和瘋癲，因為短時間之後，腦中的感受器會對這些化學武器遲鈍而麻木，而神奇效果就減弱。想用人為方式延長這種短暫狀態的掙扎結果終告失敗，而以染上毒癮、病態渴求愛情和成功收場。

沒有人可以在持續與自己處於絕對和諧的狀態下生活。持續專注於當下、把時間和周遭一切拋諸腦後，安住於此時此地，這是東方哲人的美好想法，但從心理學來看，它們卻是苛求。從神經化學來看，他們是把例外視為一般的狀況。強烈的快樂感覺是我們生命海洋裡的「幸福島嶼」。但是這樣的狀態當然不是一個成功人生的普遍藥方，反而更像是一個不切實際的期待。

只有當期待符合現實時，才有可能達到持續的快樂，若是快樂和痛苦狀態根本上是「自製」的話，那麼它們只是一個與自我相處的問題；換句話說，也就是與自己的期望態度相處的問題。唯有如此，才能解釋處於艱難環境的人可能比享有特權者更快樂這件事。馬庫色希望「與自己和諧」，也就意味著：與自己的期待達成一致，並且包含我所期待的「他人的期待」。用盧曼的話，也就是「對期待的期待」。

一般都知道，與自己的和諧狀態，如果沒有也和周遭的人和諧相處，那就沒有太大的意義了。這也是為什麼有些遠東地區的生活理想在寺廟之外就很難實踐的原因。

我在一九八〇年代中期服國民役時，遇到一位社會工作者。他當時說了一句挑動了我情緒很久的格言。他的目標（如果我沒理解錯誤的話，他認為那也是對所有人來說最好的人生目標）是從自己的期待中解脫出來。我的天啊！這是一個多麼過分的期待！那也許是我對於生活所有想像得到的期待裡最大也最不可能的期待，因為一個沒有期待的人生是不可能的。問題並不在於我們如何擺脫它們，而是我們如何為自己剪裁出自己的期待。還有一句智

慧的格言是這麼說的：總是盡可能降低期待的標準，這樣才能避免失望。我們的確是可以這麼看，但這並不是個誘人的想法。因為低標準的期待透露出了兩件事：一是對生活的強烈恐懼；一是在面對失望時有著明顯的困難。這麼說來，不是更應該學習如何有效克服失望嗎？因為一個期待很少的人，在他身上多半也不會有太多事情發生。

即使如此，這種提倡知足寡欲的道德格言還是能得到許多大哲學家的支持。因為快樂和生活樂趣很少是他們偏愛的主題。因此，他們有不少人頂多只關注「滿足」，這個持續性較高的快樂前身。康德即為一例，對他來說，唯一符合現實的快樂就是滿足其道德義務。然而，就這樣把義務和快樂劃上等號，可說是一個拙劣和膽怯的嘗試；相對來說，歌手艾迪·皮雅夫（Edith Piaf）把它們區分開來，就讓人耳目一新：「道德就是以完全沒有樂趣的生活方式活著。」因此，將康德無趣的後半生拿來當作快樂生活的典範，其實也並不是那麼合乎情理的。

快樂和滿足感並不相同。我們應該小心別讓自己把「追求樂趣」直接轉換成為「避免痛苦」的策略。當然，這兩者都是生活的一部分，而每個人在生活的豐富性裡也都有他自己的著重之處。我們應該不難將周遭的人及朋友歸類為「追求樂趣者」或「避免痛苦者」，因為這樣的方向認定無疑與教育和性格有關。然而，雖然與「追求快樂」相比，許多宗教和哲學家更擁護「避免痛苦」，但那是沒有根據的。而備受歌頌的「知足常樂」都是老人們的想法，這個生活智慧幾乎無法引起年輕人的興趣。

這至少是費城賓州大學著名的心理學家和快樂研究學者馬汀・塞利格曼（Martin Seligman）的看法。對他來說，每個理論都有箇中道理：快樂是「個人的享受」、「人所懷抱的希望」以及「達成幾個值得追求的目標」。真正的快樂是由這一切組成的，其中包含舒適的生活（即享受）、好的生活（即對個人渴望的投入與實現）以及有意義的生活（實現某些目標）。這些聽起來都很有說服力，但問題是：人們該如何完成這樣的人生呢？我可以自由地形構自己的快樂嗎？如果有的話，我又該怎麼做呢？

雅典

遠方的花園：快樂學得來嗎？

對某些人來說，他是所有哲學家中最有處世經驗的一位，某些人則認為他是「那隻最不道德的豬」。伊比鳩魯出生於公元前三四一年希臘的薩摩斯島（Samos）。他在世的時候就是個傳奇人物，死後傳奇性更是有增無減。然而，關於他的生活至今仍有許多不解之謎，因為我們對他所知的一切幾乎都來自單一的資料來源，而其傳記作者的生活年代比伊比鳩魯晚了五百年。據說伊比鳩魯十八歲時來到雅典，當時的統治者是亞歷山大大帝。亞歷山大死後，雅典人起義失敗，於是伊比鳩魯隨著父親來到位於今日土耳其的以弗所（Ephesos）。三十五歲時，他再次回到雅典並買下一座花園，著名的克波斯（Kepos）。這座花園很快便成為雅典重新綻放的民主的中心。社會各階層的人都聚集到伊比鳩魯那裡，一個形同教派的祕密社團過著財產共有的群體生活。這個花園也歡迎婦女和奴隸，因而惹惱了許多雅典人。人們議論著這位大師和他的怪異行徑，狂歡縱慾和集體性交的謠言不脛而走。然而真正到過伊比鳩魯的花園的人都知道，入口的小門上寫著一句話：「進來吧，陌生人！一位友善的主人將以豐富的麵包和飲水款待你，因為你的渴望在這裡不是被激起，而是被滿足。」直到他於西元前二七〇年去世為止，伊比鳩魯維持了他的花園將近三十年。而後克波斯成為一個機構，且繼續存在了近五百年。

我們只能從側面間接得知伊比鳩魯究竟在他那神祕的花園裡做了並教導了些什麼，因為這位大師的著作裡只有少許的斷簡殘篇。反而是他的眾多信徒和同樣為數眾多的反對者的作品保存了詳盡的記錄。由於門生和敵對者勾勒出的形像差距極大，因此很難分辨何者為真。後世（尤其是那些疑神疑鬼的基督教徒）更進一步，將伊比鳩魯的名聲扭曲至荒誕的地步。

伊比鳩魯思想的極端性和超越時代性，在於它以一個在哲學裡少見的方式，完全只信賴感官可經驗的生活。伊比鳩魯拒絕一切超感官的事物，神與宗教對他來說毫無意義。他認為，就連「死亡」的意義也不應該在日常生活裡過度強調：「你要習慣去相信死亡對我們而言並無價值。因為一切善的和一切惡的都是感知的問題。……只要我們存在，死亡就不存在；但如果死亡來到的話，我們也就不存在了。」對伊比鳩魯來說，唯有以經驗的方式才能認識世界；他雖然很看重邏輯的理性，但是他認為我們所有的想法都和我們的感官認知理解

有關，而不願意探究經驗世界以外的領域。伊比鳩魯不想像許多希臘哲學的前輩一樣，去設想一個世界本質、存在和狀態的總體計畫。事實上他根本不想完整解釋任何事，因為他隨處都發現知識的漏洞和解釋的不足。他不構作完備的認知理論，反而提出以下的問題：在人類有限可能性的框架裡，什麼是成功的人生呢？伊比鳩魯的聰明才智足以讓他知道，這個問題並沒有簡單的答案。他必須考慮到人類矛盾的天性。

人類生來就是要享受「樂趣」的。樂趣是好的，而無趣是不好的。從每個小孩子的身上都能看出人類的情緒，對樂趣的追求就像「火產生溫暖、雪是冷的、蜂蜜是甜的」一樣，是毫無爭議的。成年人也同樣追求樂趣，然而大多數的樂趣，性愛、美饌、醇酒，都不能持續很久。幸福的小島無法擴建成為一塊大陸。這些東西並不適合作為長久快樂的基礎，雖然我們還是應該去享受它們，卻絕不能高估它們。此外，伊比鳩魯也不相信過度的樂趣，過度的享受總會很快失去價值。細細品味一小塊乾酪，可能比一頓盛筵的樂趣更多。為了持續提高生活樂趣，我們應該克制如孩子般的貪得無饜。換句話說，我們必須節制需求，讓樂趣能夠長久維持下去；不過那唯有藉助理性才能做到。這個認知幫助我們發展出可靠而穩定的策略，使我們避免持續依賴短暫而快速的刺激。

其中一個方法，是提高感官的敏銳度，不僅享受重要的時刻，就連生活中許多片刻也同樣用心去感受。另一個方法在於逐漸消除恐懼。既然強烈的樂趣無法經常發生，那麼我們至少可以試著降低無趣的感覺：如減少對未來不必要的恐懼、抑制野心、限制對金錢和財產的需求；因為上述種種所帶來的樂趣不多，卻反而會造成有害的依賴：「我們也把不依賴外在事物視為是非常有益的……，因為我們堅信，那些沈溺無度的人所需要的其實是最少的；而一切自然的東西都很容易取得，無意義的東西則很難取得。」伊比鳩魯認為，能帶來長久快樂的不是財富，而是社會關係：「人生快樂幸福的智慧提供的一切中，友誼是最重要的。」

如果我們接受伊比鳩魯的思想，那麼一名「伊比鳩魯信徒」就是個平和穩定的人，他能從生活中的許多小樂趣裡找到快樂，克服內心恐懼並且與他人和睦相處。直到他後來的反對者，尤其是基督教徒，才把不信神的伊比鳩魯歪曲成道德敗壞的大師，並將他的觀點扭曲得面目全非。然而從心理學來說，伊比鳩魯卻已遠遠超越基督教的思想；因為他發現了身體和精神，肉體和心理之間不可分的交互作用，並以它作為自己哲學思想的中心。他教導世人的，我們今天還可以在「正向心理學」（尤其在美國甚為普遍的現代研究方向）的看法裡找到。正向心理學的代表們尋找讓人快樂必須滿足的條件，他們設計一些可訓練人們變得快樂的方法，因為心理學家和伊比鳩魯都認為，快樂是可以也必須去積極創造的，快樂不會自行產生。光是沒有疼痛、壓力和煩惱並不足以構成快樂。有許多人生活無虞匱乏，卻一點也不快樂，反而感到無聊。換句話說：快樂雖好，但仍需付出代價。研究快樂的學者把這些代價整理成一系列實際的規則，在此請讀者不必太過嚴肅，容我為大家一一介紹。

第一個規則叫作「**積極性**」。我們的腦部渴望被操練。腦力停滯會讓人情緒不佳，我們只要休息一天，就會有大量的神經元死亡。不動腦的人會造成智力減退，而這個過程一般會產生無趣，因此慵懶無力會很快發展成憂鬱症。我們的荷爾蒙會因為多巴胺供應不足而受到不良影響。我們雖然不需要一刻也不停地積極活動，但是過於慵懶對快樂卻是沒有助益的。比方說，運動就是很好的事，因為智能會以建造新的神經元來獎勵身體的鍛鍊。興趣也會提高生活的樂趣。例行公事雖然有時可能是有意義的，長久下來卻不會使人快樂。不同的調劑和新花樣可以是快樂的來源。由於維根斯坦對追求快樂抱持著懷疑的態度，因此他遵奉的信條完全相反：「吃什麼根本無所謂，所以只要總是吃一樣的就行了，」這可說是不快樂的指導原則。

第二個規則叫作「**社會生活**」。伊比鳩魯無論在私人生活或是公共生活上都並不汲汲於成為焦點。但是他發現，幾乎沒有什麼快樂泉源比社會關係更來得持久。友誼、伴侶和家庭能夠創造出讓我們很舒服的氛圍，和伴侶、朋友或是孩子共同經歷一些事情，可以提高快樂的經歷。男人在覺得安全的時候，其體內會釋出催產素，女人則會釋出抗利尿激素，也就是前面曾提到的平原田鼠荷爾蒙（見「一個再平凡不過的不可思議」）。生活在緊密社會關係的人，也就不會獨自面對煩惱和困境。難怪一個好的伴侶關係和比較頻繁的性愛，對於生活樂趣來說比金錢和財產更顯重要。

第三個規則叫作「**全神貫注**」。伊比鳩魯花了很多時間來教導他的學生們如何享受當下：花朵的香氣、萬物形體的美麗、一塊乾酪的滋味；專注的享受能夠提高生活樂趣，這不僅適用於事物，也適用於人際關係。我們與某人的交往越密切，我們的感覺和同理心也就越深刻，從腦部研究的觀點來說，就是要盡情享受你的意識狀態，至少是那些對你有益的意識狀態。無論我們做什麼事，我們都應該全心全意去做。一個在享受美食時想著自己會變胖、或是在談話間不斷看錶的人，會錯失許多體會。偶爾想一想未來，可能是有必要的，但是不斷想著未來，卻會破壞當下。生活是什麼呢？就是人們面對當下事物，卻熱切想著別的計畫。

第四個規則叫作「**切合實際的期待**」。能否快樂視我們的期待而定。經常出現的錯誤是過高或過低的自我要求，而這兩者都會導致不滿意：對自己苛求的人必然會有壓力；自我要求過低的人則會因缺乏多巴胺而會「缺少動力」、「漫不經心」，而缺乏熱情可能又會造成自我要求過低的惡性循環。

第五個規則叫作「**正面的思想**」。這可能就是最重要的規則了。伊比鳩魯和正向心理學都同意快樂的感覺並非偶然，而是「正確」思想和感覺的結果。他們認為正確的思想可以產生樂趣、避免無趣。心理學家們有個特別的竅門，也就是要求：「假裝你自己是快樂的，那麼你就會變得快樂！」這說來容易；然而我若是過得不好的話，我將很難提起勁來假裝自己的心情很好。俄國作家、同樣也是敏銳的心理學家杜斯妥也夫斯基（Fjodor Dostojewski）曾經一針見血並語帶詼諧地說明這個正面思想的道理：「一切都是好的。一切！人之所以不快樂，是因為他不知道自己是快樂的，僅此而已！就是這樣，沒錯！誰能夠認清這點，就會立刻快樂起來，而且是馬上，就在當下。」

認真說來，重點是我至少可以自由評價我生命裡的事件。當然，這個自由的程度有多大，是見仁見智的。在自己的生命之書中，我寧可逗留在美麗的、抑或是悲傷和無趣的篇章？有些人能找到人生比較積極正面的部分，有些人則相反。有一條可能的道路，就是在評價自己感覺時了解知性所扮演的角色。為什麼我要陷在負面情緒裡這麼久呢？雖然我並無法自由選擇事物給我正面或負面的感受，但是我仍然多少可以自由「評價自己的感受」，而且這是個我可以努力得到的自由。要在感受當下或是在隨後整理自己的情緒，是一門很偉大卻可以習得的藝術。（見「行動、存在、行動、存在、行動」）

有個方法是，當負面感覺出現時，立刻把它寫下來。這些負面感覺會一開始就被腦部皮質徹底透視而有所減弱。寫下一些相反論點可能也會有所幫助，正向心理學家還鼓勵我們寫一本快樂日記，就可以學習記得美好的事物。另一個快樂心理學的智慧格言是：「別太嚴肅看待自己，要能跳脫出來笑你自己！」不過這也是知易行難。我們難道不是得先具備這個能力，才能將其付諸執行嗎？不過這句格言總是讓我想起我的朋友路茲。在一次管理訓練營中，心理訓練師要求所有學員更隨性一些；這時我朋友的一名瑞士同事果真掏出了原子筆，在他那畫有格線的筆記本上認真記下：「要更隨性些！」學會笑自己是個很有益卻又非常有挑戰性的目標，也是對自己很高的期待。避免某些不快樂的來源，則比較容易習得。最常見的來源是「和人比較」。而在此有個不變的定律是：你一旦開始去比較，就注定輸了！我看起來不像雜誌裡的模特兒（也許她「本人」也不是長這樣）；我的收入不如事業成功的同學；我不像許多其他人那麼風趣；或者更糟糕的：我不像我的兄弟姊妹那麼**快樂**。只要你是這麼想的，你也就不會快樂。

第六個規則是「**不要過度追求快樂**」。**泰然面對不幸**是很大的藝術。在許多不幸當中也還是有些好事。有些生重病的人說，他們自從有了病痛之後，反而活得更深刻。危機、困難，甚至厄運，也可能是有益的；有些危機可能是個轉機，而我們常常不知道「它們的好在哪裡」。一般人總會抱怨無法改變的事，而快樂心理學家特別要我們避免如此。

最後，第七點是「**樂在工作**」。它與第一個規則「積極性」關係密切。工作能夠使我們積極主動，而大部分的人都需要這個壓力，好讓自己有足夠的事做；當然，這並非適用於每一種工作，不過卻經常是這樣的。工作是最好的心理治療，而失業的痛苦正是在心理上缺乏自我治療。不工作的人容易覺得自己一無是處、頹廢、委靡不振，也就是多巴胺和血清素都過少。對此佛洛伊德也有相同的看法；他認為快樂在於「能夠愛和工作」。

以上是快樂的七個規則。當然，關於其中一、兩個規則還有它們的功效，我們可能會有所爭議，因為這些規則並非如此簡單，只將它們點出來並不夠。快樂心理學家至今忽略得最嚴重、同時也是最有趣的問題是：我自己個人的遊戲空間究竟有多大？雖然正向心理學充分利用腦部研究的每一項新的研究結果，但是「我可以要我想要的嗎？」這個基本議題卻經常被避而不談。如果我沒有實踐的自由，那麼再聰明的格言對我來說又有什麼用處呢？這個問題似乎仍然是個非常值得探討的領域。

關於快樂的問題就這樣說清楚了嗎？在哲學上也許是的；在心理學上卻還有許多事情有待發現。為什麼有些人過著如此一成不變的生活，讓人很難相信他們不是已經這樣過了好幾輩子了？為什麼有些人總是知道做什麼會讓自己感到舒服？為什麼大多數人似乎只是懵懵懂懂、不明所以地隨波逐流？也許這不是因為有些人比其他人更懂得快樂，因為生活一成不變的人並不總是比較快樂的人。快樂被我們高估了嗎？快樂的人生和成功的人生，兩者最終是否根本不是同一回事呢？是否存在比快樂更重要的東西呢？

第34章 烏托邦

母體：人生具有意義嗎？

「我要告訴你為什麼你會在這裡。你在這裡，因為你知道些什麼，一些你無法解釋的事，但是你感覺到了，你的一生都感覺到這個世界有什麼不對勁。你不知道它是什麼，但它存在，而且就像在你的腦中有一塊碎片般讓你感到發狂。是這個感覺把你帶到我面前的！」

「這個世界有些不對勁，」不過請你別在關於哲學史的著作裡找這幾句話，因為你找不到的。說出這幾句話的人是墨斐斯（Morpheus），安迪與賴瑞・沃卓斯基（Andy & Larry Wachowski）兄弟執導的電影《駭客任務》（*Matrix*）中的一個角色。這部影片是二〇〇〇年的賣座強片，而且它的成功可說是實至名歸。在過去，很少有一部哲學性這麼高的、探討存在與不存在的電影，它令人聯想到尚・考克多（Jean Cocteau）一九四九年的作品

《奧爾菲》（*Orpheé*）。

《駭客任務》講述的是電腦駭客尼歐（Neo）的故事。他從前面提到過的墨斐斯那裡得知他以及所有其他人類自以為所生活的世界其實並非真實世界。那是個虛幻的世界，一個由網路化電腦「母體」（Matrix）創造出來的虛擬空間。當人類把地球破壞到無法居住的地步後，電腦就掌握了世界控制權。它們取得指揮權，創造出母體，並利用人類來作為能量的來源。為了能充分榨取人類，它們將人類放在裝滿營養液的容器中，並對他們灌輸虛假的幻夢人生。受到墨斐斯的鼓動，尼歐終於從母體中解脫出來，最後他成為基督的化身、人類的救世主。

這部電影中存在許多其他作品的影子，特別是波蘭科幻小說家史坦尼斯勞・萊姆（Stanislaw Lem）的小說《星球日記》和《哥林如是說》。而「生活在虛擬不真的世界」這個題材，也可以在美國作家丹尼爾・加洛耶（Daniel Galouye）被翻拍成電影兩次的小說《異次元駭客》中發現。此外，這部電影還嘗試處理法國哲學家尚・布希亞（Jean Baudrillard）的思想，並使用了一系列來自基督教諾斯底派（Gnosis）的題材。不過「地球上的一切存在都只是虛假的存在」的智慧財產權既不屬於沃卓斯基兄弟或加洛耶，也不屬於萊姆或布西亞，它應該歸給希臘哲學家柏拉圖。

西元前三七〇年左右，柏拉圖在其重要著作《理想國》（*Politeia*）卷七、那著名的「洞穴譬喻」描述一個奇特的場景：有一群人自小就生活在地底洞穴，他們被鎖鏈固定在岩壁上，頭和身體都無法動彈，眼睛只能看見位於前方的洞壁，所有的光線都來自一堆在他們身後燃燒的火。在火與他們的身體之間會有人扛著塑像和物品經過，而這些物品的影子便投射到洞壁上。這些囚犯只能看到物品、他們自己以及其他囚犯的投影。就算那些扛物品的人說些什麼，聽起來也像是影子們在說話一樣。住在洞穴裡的人並不知道他們身後那些他們感受不到的事物，因此將影子視為唯一真實的世界。沒有拯救者讓他們脫離這個存在。如果其中有一名囚犯獲釋而來到陽光下，那麼他雖然了解洞穴裡發生的一切是怎麼回事，卻無法讓其他的囚犯也明白；因為他所說的超乎他們想像的範圍。這名頓悟的人將受到譏諷和嘲笑，人們會說他「是從上面帶著受到毀壞的眼睛回來」。為了避免自己也遭受同樣的命運，他們從現在起打算預先處死任何想拯救他們的人。

柏拉圖在寫這個寓言時壓根兒沒想到要寫成科幻電影或心理驚悚片的劇本。他只想指出哲學的理解必須一步步擺脫感官事物，才能進入事物的本質。柏拉圖對感官認知能力的重視程度明顯低於抽象的理性。儘管如此，他還是以他的「洞穴譬喻」成為了《駭客任務》的想像世界之父，因此我們應該再多花點時間來談談它們。在《駭客任務》中，雖然尼歐在虛幻的生活裡顯然過得並不差，但他還是選擇跳出來。這究竟是為什麼呢？我們甚至可以比電影所呈現的更進一步，把人類在母體的生活塑造成天堂。當人與母體聯結時，他可以自由選

擇想要過的生活；他可以選擇自己是喬治克隆尼（George Clooney）或史考莉喬韓森（Scarlett Johansson）享受著精彩奢華的生活，或是以小羅納杜（Ronaldinho）或卡卡（Kaká）的身分射進人生的球門，並每天在夢想的伴侶身邊入眠。不過和電影情節不同的是，在我們的例子裡，與母體聯結的人知道自己希望的是什麼，雖然這個世界感覺起來完全像真的一樣，他卻知道這個世界並非真實的。你認為人們會想要持續生活在這個狀態下嗎？

也許你剛開始會覺得這是個頗令人興奮的經驗，一種不帶風險且全身投入的**第二個人生**（Second Life）。但是要這樣過一輩子嗎？一個總是處於成功經歷的人生會是怎麼樣的人生呢？當中的一切都呈現待命狀態，就只為了隨時讓人感到快樂，這將是多麼可怕的人生啊！

顯然有些東西比快樂更重要，因為一個附帶保證書的快樂將使我們覺得極度乏味。生活中的一切都是因為反差才有價值的，我們可以期望得到很多快樂，卻不能期待一個永恆持續的快樂。愛爾蘭詩人兼劇作家、同時也是位聰明哲學家的蕭伯納（George Bernhard Shaw）早就認知了這一點：「快樂一輩子？沒人可以承受它！那將會是人間地獄。」然而，生活在母體內之所以令人如此毛骨悚然，並不只是由於單調快樂的恐怖而已，更嚴重的是要去想像我們不能夠決定自己的人生。「自我決定」是個非常重要的資產，因此由他人決定的快樂對大部分人來說並不是個誘人的想法。也就是說，快樂必須由自己創造和爭取，平白送上門的快樂則會失去價值，如果不是因為存在著失敗的可能性，勝利又有什麼意義呢？而如果我們在看書的時候都知道一定會如心中期待的有個圓滿的結局，那會多麼無聊啊！這麼說來，正如俄國作家托爾斯泰（Leo Tolstoi）所說的：「快樂並不在於你能夠做你想要做的事，而在於你總是想要你所做的。」

我不知道你是否認同，不過對我來說，托爾斯泰的回答非常接近人們常說的「人生的意義」。不過今天有許多哲學家拒絕認真探討這個問題，因為他們認為那只是市井小民的警語或膚淺的迷信。人生意義的問題從前像是一種「嚴肅音樂」（E-Musik），而今卻變成了一種「休閒音樂」（U-Musik），不過它依然曾經是非常受到重視的。當兩千四百多年以前希臘人建立了今日被稱為「西方哲學的基礎」時，他們所嘗試的正是解答這個問題，雖然古希臘並沒有直接符合德文的「人生的意義」（Sinn des Lebens）的語詞。不過基本上問題是一樣的：什麼是重要的？何者的重要性較高，何者較低？

我們在書裡頭認識了許多哲學家，他們都各以自己的方式為這個問題提供一個直接或間接的答案。就像一場舞台劇結束時所有演員鞠躬謝幕一樣，我們也應該請他們其中幾位再出來簡短說幾句話。

近代以前的哲學家如笛卡兒並不關心這個問題。對他來說，世界的普遍意義並非人的問題，而是一個上帝已經提出的答案。也就是說，中世紀、文藝復興以及巴洛克時期的人們不

必煩惱人生意義的問題。教會已告訴他們上帝對人的想法和意圖是什麼，而這樣就夠了。直到「我們以自己的意識取代上帝所創造的宇宙秩序而成為世界中心」，我們才直接面對人生意義的問題。對人生意義的探討其實是十八和十九世紀之交才開始的。

對康德來說，人生的使命在於履踐道德義務。如前所述，這個說法頗為單薄；盧梭則認為人生的使命是能夠且依照自己的本性過生活，人類應該可以不必去做任何他不想做的事；邊沁卻認為，人生使命在於獲得對自己和別人最大可能的樂趣；而裴利眼中的人生使命則在盡可能「造福大眾」。

這個問題的探討在十九世紀中達到鼎沸。康德、費希特和黑格爾之後的哲學家，在面對前人留下的巨著時只能徬徨地聳聳肩。哲學在之前自我吹噓得如此嚴重，聲稱自己能解釋一切的人生問題，但事實上我們卻仍然看不出究竟什麼是成功的人生，這些雄偉的思想建築全都建立在對實際生活看法的薄弱基礎上。

叔本華、齊克果（Sören Kierkegaard）、費爾巴哈（Ludwig Feuerbach）都試著以自己的方式重新回答這個問題，甚至馬克思也曾間接嘗試過。叔本華堅決否認人的存在是「為了快樂」。由於人是意志的奴隸，因此沒有所謂自由而且更高層次的意義。唯有藝術，尤其是音樂，可以帶給人更高層次的樂趣。尼采和佛洛伊德也以此為出發點，對他們來說，「人生的意義是什麼」的問題本身已經是身體或精神軟弱的表現，因為一個健康的人並不需要更高的人生意義；他想快樂的話，只需要是（尼采認為的）音樂或（佛洛伊德認為的）愛與工作。馬赫認為，「人生的意義為何」這個問題隨著「我」的瓦解也同時消失了。如果蝴蝶和飛蛾不再擁有相同的「自我」，而小孩和老人的也不同，那麼我們也不值得為所有的生命套上一個共同的意義了。而對於真正重要問題的感覺，馬赫稱之為「思維經濟」（Denkökonomie），並不會浪費時間去思考「人生意義」。

二十世紀大思想家的特別之處，就是他們拒絕給與清楚的答案，並聲明這不屬於自己的權責範圍，尤其是維根斯坦。他認為「人生意義為何」這個問題是「無意義的問題」，而這個問題的先天本質也使它不會有正面的答案。「因為即使是經過長久懷疑而最後明白生命意義的人，也無法說出這個意義在哪裡。」沙特則認為人生意義在於透過行動來實現自我。由於整體來說世界並無意義，所以我有創造我個人意義的自由，且這個「持續進行的工作」（work in progress）隨著每個個人的出生至死亡而產生、維持、最後結束。對彼得．辛格來說，這種意義的創造卻是對社會有害的。他認為重點是要把「善的石頭」往前方滾動，讓世界「成為一個更美好的地方」。

演化生物學雖然也有其對生命意義的解釋，不過我們最好避而不談。對美國生物哲學家丹尼爾．丹奈特（Daniel Dennett）來說，「適應與突變」這兩個演化原則也適用於人類文化的一切問題上：自然的意義同時也是人類的意義。然而，對盧曼這樣的社會學家來說，這根

本是胡說八道，因為「意義」是透過溝通才產生的；而意義是人類獨有的複雜演化成就，因為語言的符號溝通並不能追溯到以追求「強健」和延續健康後代的基因。人類並不單純只是「自然」，否則他大概也將沒有能力以科技破壞他自己的生存基礎，這與生物學普遍生存原則的適應理論明顯矛盾。

顯然腦部研究也無法解答人生意義的問題。「意義」並不是個科學的測量單位、物件或電生理學的過程，因此意義是看不見自己本身的，或者換句話說，就像磅秤一樣，磅秤也不會顯示出自己的重量。

關於人生的意義問題，我們只能夠主觀地回答：我在我的人生裡看見了什麼意義？原因很簡單：「意義」並不是世界或自然的性質，而是典型的「人的構思」。「意義」是脊椎動物腦部的想法和需求，因此我們不可能在世界裡找到一個「意義」，我們必須為我們自己賦與意義，而意義問題也就是「一個人」的問題。即使是我們在探究自然界的客觀意義，也總是以人類的想像去思考，而人的想像又取決於我們的意識，也就是人類的邏輯和人類的語言。

我們之所以渴望意義，大概是因為知道「我們有一天會死」。每一天、每個小時、每一秒都漸漸走向死亡，這對腦部來說並不是個美好的念頭。某些古人類學家正是用這個認知來作為動物和人類的界限所在。

也就是說，探詢人生意義的問題，便是人類特有的預感。而這個問題就和所有人類的認知一樣，是視個人的經驗而定的。因此，我們最多也只能找到**我們自己**的人生意義而已。但是為什麼當我們在談論這個話題時，總是喜歡只是籠統地說「人生意義」呢？人生為什麼就應該只有**這一個**意義而已呢？不過，對於這**唯一**意義的需求其實也很符合人性。我們在「人生意義」的問題的思考，顯然多過「究竟為什麼要尋找人生意義」以及「根據哪些標準來尋找人生意義」。換句話說：我們研究一切，卻獨獨漏掉了我們的「尋找」。有些聰明的詩人覺得這是十分有趣。路易斯．卡羅爾（Lewis Carroll）在《愛麗絲夢遊仙境》裡說：「當其中沒有意義時，就為我們省了許多事，因為我們也就不需要去找尋意義了。」而處世經驗豐富的英國格言家艾許萊．布里安（Ashleigh Brilliant）更進一步地說：「寧可人生是無意義的，也不要有一個我無法贊同的意義。」

因此，「人生有個特定的意義」也許不是個美好的想法，而且，對人生意義的尋求也經常會在年事已高時有所改變。年輕人還會找尋客觀的意義、一個人生目標，年紀大了則比較會問：我的這一生到目前為止有意義嗎？換句話說也就是：我是否正確地過了**我的**人生？而這時對意義的探求已無法滿足其原本抱負宏偉的認知要求。原本是哲學的思考，變成了心理學的總結，甚至可能是自我辯護。而重點其實不是「意義」，而是「實現」：我是否在我的人生裡成就了什麼曾經讓我高興，而且至今依然讓我欣慰的事？

許多生物學家肯定會贊同：生命的目的就是去生活。若是大自然能夠思考的話，它顯然也會是這麼想的。不過蛋白質和氨基酸這類物質與「意義」的性質不同，因此英國科幻小說家道格拉斯．亞當斯（Douglas Adams）的小說《銀河電車指南》大概提供了一個最好的自然科學的答案。在這本書中，外星人構思出了一台名為「深思」（Deep Thought）的電腦，只為解答「人生、宇宙和一切其他」這個終極問題，於是電腦開始計算。「深思」在計算了七百五十萬年以後說，你們不會喜歡這個結果的。它不情願地吐出了「四十二！」這個終極答案，這個答案確實令外星人感到失望，然而「深思」卻為自己辯護。它雖然不認識維根斯坦，卻也不約而同地說這個被輸入的問題是個無意義的問題。如果問題本身就語焉不詳了，而答案對他又有什麼意義呢？為了避免衝突和不愉快，「深思」建議由它自己設計一具更大的電腦，從那個答案回溯找出正確的問題。於是電腦設計好了，並開始找尋問題。這個找尋的過程就是：地球。然而地球卻從未能找到那真正的問題。最後，就在這個程序即將結束之際，因著一個「超空間迂迴軌道」的交通計畫，地球被炸毀了。

也許真的只有作家和格言家才能認清事實。物理學家兼文學家喬治．利希騰堡（Georg Christoph Lichtenberg）曾說：「我相信人類最終是個自由的本質，以致於他有權利成為他所相信成為的那個人。」而這也完全適用於意義的問題。在我最喜愛的青少年讀物，羅伊德．亞歷山大（Lloyd Alexander）的《派典傳奇》（*Prydain Chronicles*），裡頭年邁的魔法師達爾本（Dalben）對他那企圖探索意義的養子泰倫（Taran）解釋說：「尋找答案的過程經常比答案本身來得重要。」還是兒童和少年的我就像泰倫一樣，對這個答案感到有些不悅，它給我一種膽怯、畏縮的印象；雖然這個答案是出自一位年老而有智慧的魔法師之口，但我當時總覺得那是個藉口。然而今天的我卻認為達爾本的話並沒有錯，至少是在像探尋人生意義這麼巨大的問題上，因為唯一真正知道人生意義為何的，是蒙提・派森（Monty Python）。他們在自己的同名電影中說道：「現在，我要來告訴各位什麼是人生的意義了；其實，那真的沒什麼特別的，你只要試著對別人友善、別吃太油膩的食物、偶爾閱讀一本好書、讓朋友來探望探望你、並且與其他所有種族和國家的人和諧共處就好了。」而如果你問我的話，我的回答是：**保持好奇求知的心，讓你的好主意付諸實現，用生命來豐富每個日子，而不是用日子來堆砌生命**。

（全書完）

廣　告　回　函
北區郵政管理登記證
北臺字第000791號
郵資已付，免貼郵票

104　台北市民生東路二段141號9樓

英屬蓋曼群島商家庭傳媒股份有限公司城邦分公司　收

請沿虛線對摺，謝謝！

書號： 1MC009X　　書名：我是誰？

請於此處用膠水黏貼

讀者回函卡

謝謝您購買我們出版的書籍！請費心填寫此回函卡，我們將不定期寄上城邦集團最新的出版訊息。

姓名：________

性別：□男 □女

生日：西元 ________ 年 ________ 月 ________ 日

地址：________

聯絡電話：________ 傳真：________

E-mail：________

職業：□1.學生 □2.軍公教 □3.服務 □4.金融 □5.製造 □6.資訊
□7.傳播 □8.自由業 □9.農漁牧 □10.家管 □11.退休
□12.其他 ________

您從何種方式得知本書消息?

□1.書店□2.網路□3.報紙□4.雜誌□5.廣播 □6.電視 □7.親友推薦
□8.其他 ________

您通常以何種方式購書?

□1.書店□2.網路□3.傳真訂購□4.郵局劃撥 □5.其他 ________

您喜歡閱讀哪些類別的書籍?

□1.財經商業□2.宗教、勵志□3.歷史□4.法律□5.文學□6.自然科學
□7.心靈成長□8.人物傳記□9.生活、勵志□10.其他 ________

對我們的建議：

____

____

____

____

請於此處用膠水黏貼

國家圖書館出版品預行編目資料

我是誰：對自我意識與「生而為人」的哲學思考 / 理察.大衛.普列希特(Richard David Precht)著；錢俊宇譯. -- 二版. -- 臺北市：啟示出版：英屬蓋曼群島商家庭傳媒股份有限公司城邦分公司發行, 2022.10
面； 公分. -- (Knowledge系列；9)
譯自：Wer Bin Ich? und wenn ja, wie viele?
ISBN 978-626-96311-5-5(平裝)

1.CST: 人生哲學 2.CST: 自我心理學 3.CST: 腦部

191.9 111014834

啟示出版線上回函卡

Knowledge系列009
我是誰：對自我意識與「生而為人」的哲學思考

作　　者／理察・大衛・普列希特（Richard D. Precht）
譯　　者／錢俊宇
企畫選書人／周品淳
責任編輯／周品淳

版　　權／吳亭儀、江欣瑜
行銷業務／周佑潔、黃崇華、周佳葳、賴正祐
總 經 理／彭之琬
事業群總經理／黃淑貞
發 行 人／何飛鵬
法律顧問／元禾法律事務所 王子文律師
出　　版／啟示出版
臺北市104民生東路二段141號9樓
電話：(02) 25007008 傳真：(02)25007759
E-mail:bwp.service@cite.com.tw
發　　行／英屬蓋曼群島商家庭傳媒股份有限公司城邦分公司
台北市中山區民生東路二段141號2樓
書虫客服服務專線：02-25007718；25007719
服務時間：週一至週五上午09:30-12:00；下午13:30-17:00
24小時傳真專線：02-25001990；25001991
劃撥帳號：19863813；戶名：書虫股份有限公司
讀者服務信箱：service@readingclub.com.tw
城邦讀書花園：www.cite.com.tw
香港發行所／城邦（香港）出版集團
香港灣仔駱克道193號東超商業中心1F E-mail: hkcite@biznetvigator.com
電話：(852) 25086231 傳真：(852) 25789337
馬新發行所／城邦（馬新）出版集團【Cite (M) Sdn Bhd】
41, Jalan Radin Anum, Bandar Baru Sri Petaling, 57000 Kuala Lumpur, Malaysia.
電話：(603) 90578822 傳真：(603) 90576622
Email: cite@cite.com.my

封面設計／徐璽設計工作室
排　　版／極翔企業有限公司
印　　刷／韋懋實業有限公司

■ 2010 年 9 月 1 日初版
■ 2023 年 5 月 4 日二版 1.5 刷
定價 450 元

Printed in Taiwan

 ISBN 978-626-96311-0-0

The translation of this work was supported by a grant from the Goethe-Institut which is funded by the German Ministry of Foreign Affairs.
感謝歌德學院（台北）德國文化中心協助。歌德學院（台北）德國文化中心是德國歌德學院(Goethe-Institut) 在台灣的代表機構，四十餘年來致力於德語教學、德國圖書資訊及藝術文化的推廣與交流，不定期與台灣、德國的藝文工作者攜手合作，介紹德國當代的藝文活動。
歌德學院（台北）德國文化中心 Goethe-Institut Taipei 100 臺北市和平西路一段 20 號 6/11/12 樓
電話：02-2365 7294 傳真：02-2368 7542 網址：http://www.goethe.de/taipei
電子郵件信箱：info@taipei.goethe.org